デカルト研究

デカルト研究

——理性の境界と周縁——

谷 川 多 佳 子 著

岩 波 書 店

イヴォン・ベラヴァル先生の思い出に

デカルト研究　目次

第一部 生成

若いころのデカルト

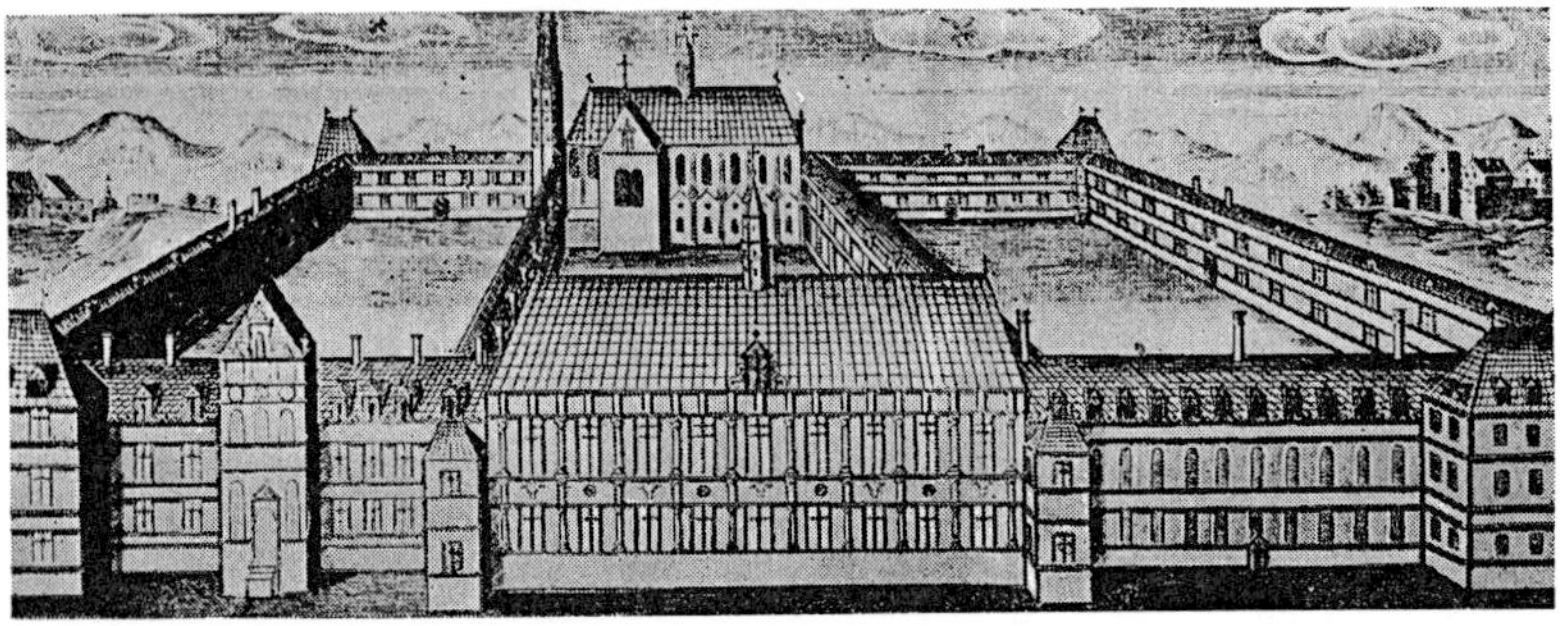

ラ・フレーシュ学院(1610年頃)

第一章　若きデカルトの彷徨——『思索私記』周辺

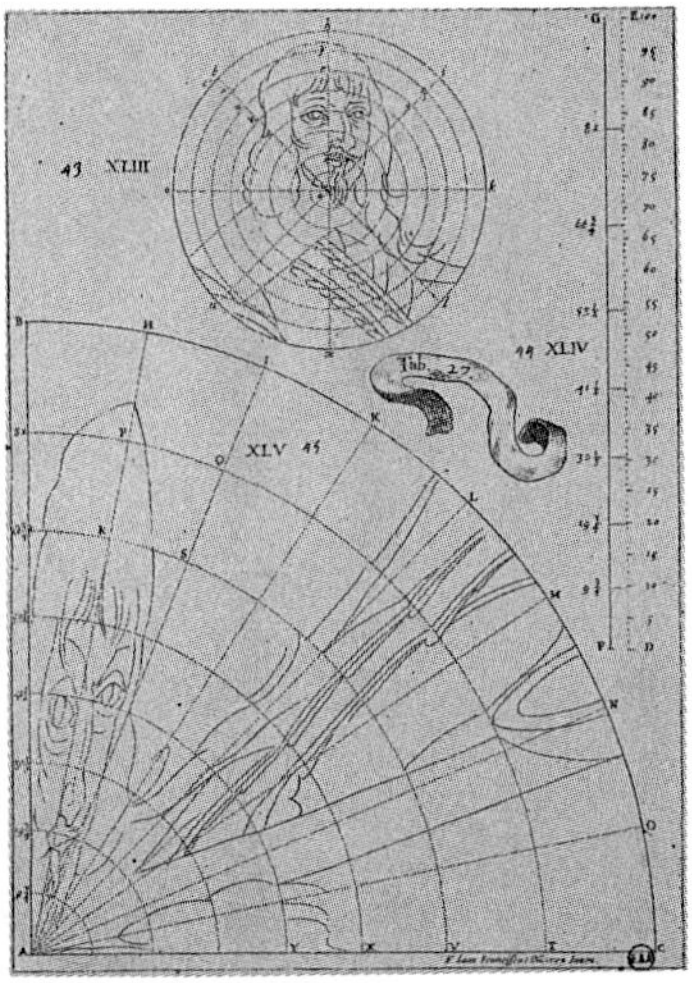

ニスロン『新奇な遠近法』(1638)図版

一　諸学の連鎖

1　世界という劇場、記憶術、ルルス思想

デカルトが若いころ記した一冊の羊皮紙のノート『思索私記』には表紙に一六一九年一月一日の日付があり、そのなかに『プラエアンブラ』『パルナッスス』『オリュンピカ』などの名がつけられた手稿や覚書がある。(1)そこには、当時のルネサンス黄昏期という知的環境のなかにいた若きデカルトの姿がみられる。まず『プラエアンブラ』を見よう。冒頭には次のように記されている。

「出番を告げられて顔に恥ずかしさの感情が現れないよう面(persona)をつけた役者たちのごとく、私は世界という劇場に登場するにあたり、これまでは観客として過ごしてきたのだが、[これからは]仮面(larva)を被って進み出る。」(A. T. X, 213. アダン＝タヌリ版全集、略号 A. T. 以下巻数、頁)

全集の校訂者アダンは、デカルトがラ・フレーシュ学院で参加したことのある劇の上演を思い出したのではないか、

薔薇十字文献の挿画「風」

と註釈しているが、ロディスは、この表現がデカルトの慎重さをあらわすのか、あるいは二面性をあらわすのかと問いつつ、デカルトが以後の生涯求め続ける「隠れて生きること」への願望につなげていく。のちにデカルトは時にオヴィディウス、時にセネカを引いて、この気持ちをあらわすことがあり、デカルト思想のストア的側面と指摘されることにもなるであろう。[2]「恥ずかしさの感情」pudor は、「恥辱」honte ではなくて、「はにかみ」timidité ないし「気後れ」trac であろう。[3]

「面」persona は、顔を覆うものではあるが何よりもまずその役者を示すものであり、それに対して「仮面」larva は謝肉祭《カーニヴァル》やイタリア風演劇の黒い仮面――赤面することなくあらゆる酔狂に身をゆだねることのできる――であろうと、ロディスは「世界という劇場」にバロック時代に多くみられた芝居のイメージを想像する。[4]「世界という劇場」からはまた、一六世紀の百科全書思想、すなわち当時復興したルルス主義を受け継ぐ「世界劇場」も想起されないだろうか。「劇場」の理念は記憶術とも結びつく。人間概念や世界に存在するもののすべてを記憶にとどめ、それらが、ことごとく場所とイメージによって配備され想起されるべき劇場が考えられていた。一六世紀後半に読まれたジュリオ・カミッロの『劇場の理念』は、巨大な円形劇場や天上・地上の事柄すべての理念を含む七つの尺度の探究を宇宙論のテーマに近づける。さらに一五九〇年リヨンで刊行されたジャン・ボーダンの『自然界の劇場』では、自然界・天界の構成因一つひとつが厳密かつ完璧に秩序づけられていくという要請が根底にある。[5]実在の「鏡としての」原理、すなわち――ことばとものとの照応関係が共通の前提にあり、実在の本質を構成する理念の結合との連関をとらえる方法や普遍学、すなわち世界のアルファベットを解読する「普遍の鍵」、およびそれと緊密に関係して、人間概念のすべてと全自然現象を系統的に秩序整然と配備する、という企てが一六世紀末葉の時代を覆っていた。記憶術の「新奇な部分」は論理学や修辞学の問題とも絡み合っていくとともに、ルルス思想の復活や人工言語・普遍言語の発明にもかかわっていく。ルルスの『大いなる術』への関心の再燃、魔術や神秘学的気運とも関連していく。そして記憶術をめぐる諸論争はロッシによれば、一七世紀の哲学のふたつの大きな課題、方法の問題(ないし学問を導く着想論理の問題)と系統的学問分類(ないし知識の百科全書的構築)の問題とに影響を及ぼすことにもなる。(6)

コルネリウス・ハインリヒ・アグリッパは一五二七年に、ルルス『小さき術』註解の巻頭で、この術の普遍的かつ一般的な「着想」力と知識全体を秩序だてる「百科全書的意図」を強調したが、それは彼ひとりにとどまらないのであった。普遍的実在界の鍵とか、実在界の区分そのものにかかわる論法として論理学を解そうとするようなテーマは、ルルス思想においては宇宙の体系そのものと対応するような学問と概念の全体を要請する気持ちと密接に結びついている。このような論理的・百科全書的傾向が、神秘主義的傾向、論争的・合理主義的傾向とともに時代の主導的モチーフとされていたのであった。(7)

『オリュンピカ』の次の一節も、当時ピエトロ・ダ・ラヴェンナからシェンケリウスにいたる記憶術に繰り返されている、抽象概念の表示のための物体イメージないし感覚イメージの利用に関連する理論との結びつきが、ロッシによって指摘されている。(8)「想像力が物体を考えるために図形を用いるように、知性は精神的なものを形象化するために、風や光などの、ある種の感覚的物体を用いる。」(A. T. X, 217)

ミシェル・フーコーも、ルネサンスの知のあり方を支配していたものが「類似」や「類推」であることを、ピエール・グレゴワールの『驚異の術体系』を始めとして、デラ・ポルタやカルダーノ、カンパネッラらイタリアの自然哲学、自然魔術の一七世紀初めに刊行された多くの仏訳テクストなどを引いて鮮やかに示している。(9)そこには事物を近づけたり離したりする、共感 sympathie と反感 antipathie の空間があり、類推のすべての連鎖はそれによって支えられ保たれ重層化されているのであった。そこには「共感」に結びついた象徴的イメージが充満していた。デカルトのこの時期のテクストも、ある意味でロディスの言うように、こうしたルネサンス文化の枠のなかにあったといえよう。[10]

デカルト自身一六一七―一九年頃ブレダ滞在期おそらくドイツに出発する頃からルルス思想や記憶術への関心をもちはじめている。ベークマン宛書簡で、ルルスの術の「鍵」やアグリッパの書物にふれ、ベークマンに情報を求めているのである(一六一九年四月二九日、アムステルダム、A. T. X, 164-166)。[11] シェンケリウスの『記憶術』(一五九五)にふれたのもこの時期であろう。[12] このシェンケリウスの書への註解と批判の一節は、一六一九―二〇年頃に書かれたと推定され、『思索私記』の物理‐数学の領域のノートと、最終部分の散在する諸テーマ(角灯と釣、永久運動、自動機械など)の間にみいだされる[13](A. T. X, 230)。そこでデカルトは、記憶術の論者がわりあてたと同じ機能を想像力にみとめ、記憶術そのものは実用性を欠くものではないとも言っているが、シェンケリウスの記憶術をいかさまだと批判する。想像力および事物を原因に還元することによって、発見したものすべてを包括できるとして、「あらゆる学問に記憶は必要ない」という。そして「原因を理解する者は……脳のなかで消えてしまったイメージを再形成するだろう」といって、そこに「真の記憶術」があるとする。ここで事物を「原因」に還元していくやり方は、オカルト的記憶術が、一度記憶に刻まれたイメージが追加や補足のイメージを組織していくような、仮想の原因にあらゆる事物を還元していくやり方を想わせる、とイエーツは指摘している。イエーツはさらに、シェンケリウスの弟子であったヨハンネス・ペップとの関連を指摘し、消え去ったイメージすべてを描き出すことを可能にする「原因の刻印」は、オカルト記憶術者が容易に述べたことであったという。[14] だが無論デカルトはこの方途はとらない。「原因」から、新しく「真の記憶術」を考えていくのである。「私の考察からは別のやり方がみちびかれた。連繫のある事物のイメージ群から始めて、すべてに共通な新しいイメージを加えていく。あるいは少なくとも、それらイメージ群を、近接するイメージだけでなく他のイメージにも関連するような唯一のイメージによって結びつけていく」(Ibid., 230)。そこで引かれる例は省略的でわかりにくいが、降りる階段の真ん中で投げられた槍と、それに向けられた矢であり、「真実の、あるいは虚構の意味」による関連が求められていく。[15] こうしてデカルトはシェンケリウスの『記憶術』に対して、真の記憶術を対置し、シェンケリウスの作品にみられる見せかけにすぎない秩序を、相互依存的関係にあるイメージの構成によってできるような「的確な秩序」で置き換えようとする。つまり、単なる外的な結びつきにすぎない記憶術に対して、相互連関的な内的関係の秩序に置き換えようとするのである。

2　学問の連鎖と分類

『プラエアンブラ』中の学問の連鎖についての次の一節にも、「仮面」のイメージがみられる。「諸学は今日、仮面(larva)に覆われている。ひとたび仮面が除かれると、きわめて輝かしい姿をあらわす。諸学問の連鎖を洞察する人にとって、一連の数系列と同じくらい、それらの記憶は難しくない。」(A. T. X, 215)

諸学問の統合性は、一六世紀百科全書派においては宇宙《コスモス》の統合性との関連で語られ、ときにはそこに、諸学問を自然の階梯として樹木になぞらえるイメージもみられる。[16] たとえば『驚異の術体系』(一五三一―八七)を著したトゥールーズのピエール・グレゴワールにおいて学問の百科全書をつくりあげる試みがみられる──ロッシによれば、それはベイコンの『学問の尊厳と発達について』に匹敵するほどの関心の広さと威容をもつ。その百科全書は問いを発し、検討を重ね、議論し、回答する方法だけでなく、あらゆる知が関わるべき等級や細胞までも示していく「術の鏡」を拠り所とし、百科全書的知への渇望が、あらゆる学問の本質的相互交流性という確信につながっている。[17] 学問の多様性とその隔絶の背後に、深遠な一元性・関連法則・共通の論理が隠されていて、個々の学問の仮面がはぎとられると、やすやすと記憶できるような学問の連鎖が理解可能となる。そしてあらゆる学科や知の全部門に、単一の方法あるいは術が適用可能となるのである。そこには、創造と配列をつかさどる精神の理念が反映している宇宙という前提がある。このような視点から、たとえばヴェネトのヴァレリオ・デ・ヴァレリイスは、一五八九年に上梓された『黄金の術』において、学問の樹というルルスの企てをふたたびとりあげ、修正、補足している。[18] いずれにせよ、一六世紀の百科全書思想においては、知の連鎖・統合性は宇宙《コスモス》の本質的統合性につながる。そこには、学問の樹、自然の階梯のイメージがみられる。デカルトのテクストには、こうした百科全書思想の問題が垣間見られるとともに、さきほどの記憶問題とも結びついてくる。また「世界劇場」も、あらゆる事物の配列として、これらの問題につながりうる。[19] なお『オリュンピカ』の次の一節も、当時のルルス註解者たちがやったように宇宙の単一性と調和を力説したものだというロッシの指摘とともに、同時代の知的状況いわば哲学的流行への、デカルトの関わりを感じさせる。[20]「事物においては活力、愛着、慈愛、調和は一つのものである。……あらゆる有形のものは調和を通じて作用する。」（A. T. X, 217-218）

学問連鎖の概念は、デカルトの同時代人たちにも数多くみられた。たとえばルルス崇拝者でその翻訳者、医者であり魔術師でもあったジャン・ドーブリーは、見かけ上の学問の多様性を克服する叡智の必要性、学問連鎖の意味を強調する。「学理の諸部門——無知な者たちは……あたかも複数であるかのごとく諸学問と呼んでいる——が、互いに連鎖していることなどないとして、全部門の十分な知識がなければ最小部門も知解できないことを疑う者がいる。ピコ・デラ・ミランドラの創世記註解……がそれを教えてくれる」[21]（『弁明』一六三八）。さらに「仮面に覆われた諸学」は薔薇十字の『哲学の法悦』に共通するとの見方もある。一六一九年に出たこの著者不明の書物は、一六一九年一一月一〇日に見たというデカルトの夢——バイエの伝記によれば今は失われた、『オリュンピカ』の手稿の一部にあるという──、特にその第三の夢に対応する可能性がある。[22] そこで語られる薔薇十字入会志願者には、デカルトの夢の「我、イカナル道ヲ歩ムベキカ」に似た問いが、王冠をいだく女性──「自然」の象徴──によって発せられ、さらにその志願者を導く青年は次のように語る。「自然は現在のところ学者や哲学者にはほとんど知られていない。私のあとに従い、正しい道を歩むのでないかぎり、だれも彼女に出会うことはできない。」

他方フランシス・ベイコンにも、『学問の尊厳と発達について』第三巻で、学問の樹のルルス的イメージ、普遍学、その他の学問の母胎……という構想がみられる。ルルスに関してベイコンは、あからさまな非難とうけとれるような一節で一度ふれているだけであるが、ベイコンのこの書は、ひろい関心と威容をもつ、学問の百科全書的試みともいえ、ルルスを継承する一六世紀百科全書思想へのつながりが見られる。[23] ベイコンは次のように言っている。「知識の分布と区分は、一つの角で出会ういくつかの線のように一点でだけ接するのではない。木の枝のように幹で出会い、そこには全体性と隔絶がある。」「知識」はそのあと非連続となり、別れて四肢の大枝となる。それゆえ分類以前の「一なる普遍学」を打ち建てる必要があるのだ、と（『学問の尊厳と発達について』二-五二）。ベイコン同様デカルトもまた、ルルス的伝統のイメージのなかに方法的意味を探っていたのかもしれない。[24] しかしデカルトが『プラエアンブラ』のテクストにおいて、初歩的ではあるが数学のモデルを示していることはきわめて重要であろう。それに、残された『思索私記』のテクストの相当な部分は物理-数学的研究のノートに占められているのである。シェンケリウスの記憶術に対して、相互依存関係から構成される「秩序」を強調していたことも銘記すべきであろう。

伝記作者バイエの記述によれば、統一を求めた諸学をデカルトは、失われた草稿『良識の研究』[25] において分類している。『良識の研究』は次の事柄についての考察である。「われわれのもつ知への欲望。諸学問。学のための精神の仕組み。徳を伴う学問である知恵を獲得するために保つべき秩序、意志の働きを知性の働きに結合させつつ」(*Vie*, II, 406)。この草稿は六ないし七つの節からなり、そのうちの五－2が諸学とその学び方、そしてそのあとが諸学問の分類となっている(A. T. X, 202)。

内容は次の三つに分けられる。第一は、人間に共通の最も単純で最も知られた原理から演繹される学問。第二は、実験と観察によって学ばれる学問。第三は、精神の容易な能力、訓練による習慣を要し、自由学芸を含む[26]。第一群は知性による形而上学と想像力による数学によって構成され、第二群は知性が想像力の助けを借りた学問であり、第三群は習慣に結びついたものとなる。バイエによれば、デカルトが主軸としていた学問は主に、知性に拠る真の哲学と想像力による数学に結びつけられる。さらにそれは、「人間に共通のものによって、最も良く知られる」とあり、のちの『方法序説』冒頭の「良識《ボン・サンス》」bon sens についての有名な一文を思い起こさせる[27]。なおバイエは「良識」bona mens を「ボン・サンス」bon sens と仏訳しており、これは後の『方法序説』のラテン語訳とも適合する[28]。

『良識の研究』におけるこのような学問分類は、フリーシャウアーによれば、まずベイコンに結びつけられる[29]。ベイコンは、人間の学問の最良の分類は、学問の宿る理性的魂の三つの能力から取り出されるとして、学問における人間の知を、知性の学問、記憶の学問、想像力の学問の三つに分類する。そこで歴史は記憶に、詩は想像力に、哲学は知性に関わる(『学問の尊厳と発達について』二－一)。ここで注意すべきは、諸学を各々の対象によって分類するのではなくて、そこに役立たされる能力によって分類することである。フリーシャウアーによれば、ベイコンのこのような分類のやり方は、スペインの医者ファン・ウアルテの『諸学問のためのインゲニウムの検討』[30](一五七五)を基にしている。宗教裁判にもかけられたこの有名な著作は、当時ヨーロッパで大きな関心をもたれていた人間の「インゲニウム」ingenium(生得的知力・精神・構想力)を扱っている。そしてこの書の第一章にはまったく字義どおりにベイコンと同じ学問分類がみられ、人間の知的能力は知性・記憶・想像力の三つに分類され、それを基にした学問分類が展開される。しかも、この書の英訳は一五七五—一六二〇年に四つの版が刊行されているのであり、ベイコンがこれを用いたことが考えられる[31]。

フランスにおいてはピエール・シャロンが、その名高い『知恵について』でこの学問分類の示唆を示しており、他方デカルトが丹念にシャロンを読んだことは知られている[32]。そしてまた、デカルトが直接にウアルテを読んだ可能性も否定できない。ウアルテの書の仏訳は一五八〇年に刊行され、以後一五八八、一五九七、一五九八、一六〇七、一六〇八、一六〇九、一六一四、一六一九、一六三一、一六三三、一六三四、一六四五、一六五〇年と版を重ね、しかも同時に複数の版元から出版されている。デカルトが若いころ広くヨーロッパで読まれていたこの書に触れた可能性はあるのではないか。ちなみに、デカルトが『思索私記』の次の段階で書く『規則論』の題は *Regulae ad directionem ingenii* で、直訳すれば『インゲニウムを導くための諸規則』である。

ロディスの指摘によれば、デカルトが直接にベイコンを読んだのではなくて（学問分類を扱う『学問の尊厳と発達について』のラテン語版刊行は一六二三年であったから）、仏訳の出たウアルテや、丹念に読んだシャロンを通して、デカルトはこうした学問分類に関わる、時代の共通のテーマに触れていったと思われる[33]。そして同時にデカルト独自のずれもかいま見える。すなわち、ベイコンやウアルテとの重要な差異がすでに見られる。デカルトの学問分類には「記憶」があらわれていない。「記憶」はウアルテにもベイコンにも主要な三つの知的能力の一つとなっていて、ウアルテは文法や法律を、ベイコンは歴史を「記憶」に結びつけている。そしてウアルテもベイコンも、「想像力」を詩などの芸術を養うものとしていた。それに対して、デカルトは「想像力」を数学につなげていくのである。

二　魔術、薔薇十字

1　自然魔術

デカルトは、若き日々とくにラ・フレーシュ学院時代の学問を『方法序説』のなかで回想しているが、そのなかに次のような一節がある。「教えられていた学問では満足せず、最も新奇で稀なものとされている学問を扱った書物に、手に入る限り、すべて目を通した。」(A. T. VI, 5)

この「新奇な学問」sciences curieuses についてジルソンは一七世紀末の辞書(Furtière, Dictionnaire Universel, 1690)を引いて次のように註釈する。すなわち、僅かな人にしか知られていない学問。錬金術、鏡やレンズを用いて常ならぬものを見せる光学の一部門のように特別な秘密をもつ学問。占星術・手相術・地相術のように未来を見ると考えられる学問。カバラや魔術なども付け加えることができる。[34]

錬金術や占星術に関しては学院時代に、彼の数学の師フランソワ神父とともに占星術や錬金術の書、ルネサンス学問に関する書物を、ある程度批判的だった可能性はあるとしても、熱心に読んだことが推測される。[35] フランソワ神父はのち一六九〇年に刊行するその著『星辰の影響を論ず』では、こうした「新奇な」学問を批判し否定しているのだが、そこにおいてもなお、自然法則を利用して驚異を行う白魔術を評価しているのである。[36] デカルトが当時ベスト・セラーだったジャンバッティスタ・デラ・ポルタの『自然魔術』を読んだことはほぼ確実であるが、[37] 機械工学の前身のような面をもつ魔術には強い関心をもっていたと思われる。自然魔術への関心は学校を出た後も持続している。たとえば『パルナッスス』に次の断片がある。「アルキタスの鳩は、直線運動をしないよう、両翼のあいだに風車をもつであろう」(A. T. X, 232)。タラントのアルキタスへの言及は古代ローマ以来みられるが、コルネリウス・ハインリヒ・アグリッパの『オカルト哲学』でも触れられている(38)。

魔術は自動機械にもつながる。フランセス・イエーツは近代科学の本質的要因の多くを魔術にあったとする観点から、機械科学の成長をルネサンスの魔術的伝統の帰結とみなす(39)。そこでは魔術思想は人間＝マグス＝宇宙の諸力を操作するものとして機械技術にも結びついている。ルネサンスの機械的技術も、歩く像や空飛ぶ人工鳥、歌う泉など劇場の大仕掛けのからくりというような神秘的驚異の術として、魔術的雰囲気をもつものであったし、また魔術思想は、ピュタゴラス思想の数学的神秘主義を重視して、学問における数学の特権的重要性をみとめている。著名な建築家サロモン・ド・コーらは数や比例にもとづく芸術や学問――音楽や遠近法や絵画や機械学――に通暁していた。彼らはまた、比例や遠近法や幾何学による庭園を設計し、そこに機械学の最新技術を用いた装飾用の歌う噴水やその他の飾り、驚異の仕掛けなどがつけられる。庭園内に造られた洞窟には仮面劇や音楽的な雰囲気にあふれ、空気力学的に調整された喋る彫像も制作される……(40)。

こうした自然魔術は光学トリックにもかかわり、デカルト自身も魔術的な技術を工夫していたと思わせる記述がある。たとえば『エクスペリメンタ』の一節。

「庭園のなかで樹木その他のさまざまな形象を表す映像を作り出すことができる。更には、ある角度から見ると何らかの形象を表しているように生け垣を刈り込むこと。

更には、穴を通して部屋に入ってくる日光がさまざまな数字や形象を示すようにすること。

更には、部屋のなかで空中に焰、火車、その他の形象を出現させること。すべて幾つかの鏡によって光線を一箇所に集中させることによって行われる。更には、部屋のなかで、太陽が常に同じ方角から射し込むように思わせたり、西から東へ動いているかのように思わせたりすることができる。それはすべて放物面鏡による。そのためには、日光が屋根の上で、その焦点が屋根に開いた穴の正面にくるような凹面鏡にあたり、次に同じく、この小さな穴に焦点をもつ別の凹面鏡にあたって、部屋のなかに平行光線を放射するようにしなければならない。」(A. T. X, 215-216)

こうした光の遊戯への関心はのちになっても続いていく。デカルトがこれを「奇跡の学問」とまでよび(一六二九年九月、宛先不詳)、一六三〇年代になっても、レンズ技術者で多芸な発明家であったヴィル＝ブレシウに、兵隊の一団が部屋を横切って眼前を通り過ぎていくというような映像を見せたという話もあるし(*Vie*, I, 259; 一六三一年夏、ヴィル＝ブレシウ宛)、次章二節2項で見るように、光に関しての技術的面への関心は持続する。

たしかにこの時期のデカルトには、自動人形・自動機械や光学トリックなど自然魔術と共通するものへの関心と嗜好がみられる。だが、それらは当時の人々に共通の時代的な関心の対象であったともいえる。[41] そして所雄章氏の指摘するように、五つの段落に分かれたこの断章も、「光と影の遊戯」という主題のもとで、その簡単な場合から次第に複雑な場合へという配置的構成のもとに五段落が配列されている――このようなことは後に明示されるデカルトの方法の四規則の一つを垣間見せないだろうか。そしてデカルトの光への関心は将来的に『屈折光学』と『世界論』とにまとめられていくような、光への幾何光学的(光線の屈折と反射)アプローチと光への宇宙論的アプローチへの方向をとることになるだろう。[42]

前者の幾何光学的な方向では、すでに『パルナッスス』に属するテクストのなかに、媒質の密度と光の屈折・反射についての考察がみられる(A. T. X, 242-244)。それは『数学抄書』Excerpta Mathematica の「断片一」(A. T. X, 285-

289)、「断片二」(Ibid., 289-297)、「断片一〇」(Ibid., 310-313)などの資料をへて、『屈折光学』における正弦の法則へいたる。そして後者の宇宙論的方向は、自然の全現象を機械論的に説明することをめざす『世界論』において結実する。すなわち、別名『光論』と題されたこの書において、「光を生じさせる」太陽と恒星、「光を伝える」天空、「光を反射する」遊星と彗星と地球(Ibid., VI, 42)についての記述を試みるのである。

自動人形や自動機械のイメージも、本書でこれから扱っていくように『人間論』などで多くみられ、動物機械論の主要なモデルともなっていくが(五章一)、そこでの機械や物質はルネサンスとは異なっていく(五章二)。イエーツは、魔術から逃れた機械論は、ルネサンスのアニミズムを追い払い、降霊術師のかわりに機械論哲学者を登場させる哲学となる、という。[43] デカルトもたしかに自然魔術のうちの機械や技術の側面には強い関心を向けているが、その背後にあるルネサンス自然哲学やオカルト的なものに、やはり或る一線を画しているのではないだろうか。

『音楽提要』の次の奇妙な一節も魔術との結びつきが指摘される箇所であるが、検討してみよう。「太鼓に張られた羊の皮は、別の太鼓で狼の皮が鳴り響くと、沈黙する」(A. T. X, 90)。ロディスがデラ・ポルタの『自然魔術』が源だとする[44]この一節は、どのように解釈されるのか。ポルタからの伝聞によるであろうこの事実は、前後のコンテクストからは肯定的に受け止められているようすがある。[45] デカルトは「最も親しい者の声は敵の声よりも快い」ことの根拠を、「情念の共感と反感」に求め、その事例として太鼓の皮の奇妙な現象を引いているようにもとれる。共感と反感の理論が自然魔術全体を貫く基調の一つであり、この事例がポルタから得たものだとすれば、この節全体はポルタを基礎としているし、ポルタの理論はフィチーノにまで溯りうる。他方『音楽提要』全体は、イタリアの音楽理論家ツァルリーノに負うところがきわめて多いことが指摘されている。

だが石井氏の綿密な分析によれば、[46]『提要』全体に、魔術の共感 - 反感の原理、一般に小宇宙 - 大宇宙の照応理論が積極的に介入している明白な証明はみられない。独創的といわれるリズムあるいは拍子と身体運動との関係も、心理現象あるいは生命現象との類比ではなく、物理現象との対応によって説明しようとしているし、協和音導入のし方も、数の神秘性（ピュタゴラス＝プラトン主義につながる）ではなく、聴覚の識別能力によっている。協和音の使用に関しても、ツァルリーノの小宇宙－大宇宙の図式によるのではなく、われわれの精神の満足・注意力に説明の根拠を求めていく。これらの説明様式は一貫しており、それはきわめて科学的・近代的な様相を呈している。ただ太鼓に関するこの一節（ポルタを基にしているような）だけが異質なのである。石井氏はこれを次のように解釈する。[47]この一節は、『提要』全体のなかでは序の部分にあり、そこではまず、『提要』が音響学・自然学の論文であるよりも音楽の論文であることが明示される。それゆえ、いわば客体である音の性質の側（自然学）と、人間の主体の側（人間学）の両面の考察が必要とされる。自然学は音楽における音の性質すべてを明らかにしたのでなく、音の長短・高低のみであり、『提要』の公理群は快を感じる音の関係の原則――算術的比例はその典型――を確立したうえで、人間学的事実に力点をおいている。そして、物理的（自然学の原理）には同一の、友の声と敵の声が、なぜ快と不快の差異をもたらすのかというのが、この段落の問題である。それは「情念の共感・反感」（傍点は筆者）として説明される。これは宇宙全体を貫く共感－反感の原理の適用とみるよりも、自然学の側からはまだ説明不能な現象を人間学の側から説明しようとしている、というのが石井氏の視点である。たしかに曖昧さは残る。だが少なくとも、この一節だけをとりだして『音楽提要』を魔術的と断定するのは難しい。『提要』全体の流れに「近代的」「科学的」なものがあること、そしてこの作品がベークマンに捧げられたものであることを忘れてはならないように思われる。

2　薔薇十字

『思索私記』のテクストの象徴的な、ときにはアレゴリーともとれる記述は、薔薇十字との関連が指摘される。そのなかの『オリュンピカ』の今は失われた部分に語られた「三つの夢」、バイエにより記され、一部は引用もされている一六一九年一一月一〇日にデカルトがみたというこの夢は、原テクストが失われ、脚色もありうるバイエの証言しか残っていないことから、現在にいたるまで多くの論議をよんでいる[48]。薔薇十字研究家ポール・アルノールの分析によれば、第一と第二の夢は、アンドレアエの『クリスチアン・ローゼンクロイツの化学の結婚』、第三の夢は著者不明の『哲学の法悦』をモデルにしたものだという[49]。たしかにこれら薔薇十字テクストと夢のあいだには類似するイメージ群および連関がみられる。さらに、「三つの夢」に続く『オリュンピカ』のテクスト断章群——バイエとは別にライプニッツにより筆写された——には次のような断章がある。

「超越的なもの《オリュンピカ》を捉えるに適した感覚的なもの。風は精神を、時間を伴った運動は生命を、光は認識を、熱は愛を、瞬間的活動は生命を、意味している。」(A. T. X, 218)

田中仁彦氏の解釈によれば、風＝精神、光＝認識というアレゴリーが、オリュンピカ的なものを捉え、図形を用いる方法に対比されている[50]。また先ほど引用した次の断章にも同様のアレゴリーがみられる。

「想像力が物体を捉えるために図形を用いるように、知性は精神的なものを形象化するために、風や光などある種の感覚的物体を用いる。」(Ibid., 217)

田中氏はさらに、このようなアレゴリー的手法で『創世記』の解釈さえ試みられ、創造の隠された秘密が探られようとしているという。

「神が闇から光を分けたと『創世記』が言うとき、それが意味しているのは神が悪しき天使たちから善い天使たちを分けたということである。何となれば、欠如から有性を分けることはできないのである。ゆえに、それは文字どおりに理解することはできない。神は純粋なる知性である。」(Ibid., 218)

田中氏は『オリュンピカ』の諸断章が薔薇十字のテクストと深い関係があることを示し、『オリュンピカ』の題名そのものも、『化学の結婚』の「オリュンピカの塔」を想起させ、『パルナッスス』も、トリアノ・ポッカリーニの『パルナッススからの告知』を連想させるという[51]。そして『プラエアンブラ』末尾の次の記述。

「……この書は、全世界の博学者たち、別して、ゲルマニアにおける最も著名な博学者たちに、薔薇十字会員たちにふたたび捧げられる。」(A. T. X, 214)

フランセス・イエーツが『薔薇十字の覚醒』で明らかにした薔薇十字の思想的政治的運動は、まさしく若きデカルトの彷徨期、『思索私記』を記していた頃と時期を同じくしている[52]。当時、薔薇十字の多くの著作がドイツで刊行され、一六一三年から一六一九年にかけて四三冊、一六一九年から一六二〇年には一五冊が数えられている。たとえば錬金術的医師ミヒャエル・マイアーは『黄金のテミス』(フランクフルト、一六一八)において薔薇十字団員を、自然研究と世界の改革に没頭する勤勉な医師・化学者として描いているし、シュペルバーの『神の啓示を受けた尊敬すべき薔薇十字友愛団の反響』(ダンツィヒ、一六一五)では古代の叡知の継承者としての薔薇十字団が語られる。フランスでは一六二三年から一六二四年に最初の著作が現れる[53]。

デカルト自身の薔薇十字に関する記述は、さきほどの学問分類に関して引用した『良識の研究』にみられ、ある時期少なくとも薔薇十字に強い関心を抱いたことは、バイエとポワソンの証言により、間違いないようだ[54]。バイエの伝えるところでは、デカルトは「いろいろの人から聞かされた多くの信じ難いことと、この新しい結社のうわさでドイツ中がもちきりになっていることとを考え合わせて、心が動揺するように感じ」、激しい「競争心」を抱いたという。そして『良識の研究』で次のように述べているという。「この問題に無関心でいるべきではないと考えた。なぜなら、もしこの人たちが詐欺師であるなら、……名声を享受させておくのは正しくないし、もし彼らが知るに値する新しいものをこの世にもたらしているならば、……その学問の中に自分が今まで知る機会を得なかったものがあるのだから。」それゆえデカルトは、「これら新しい学者たちの誰かを探すことを自らの義務とした。彼らを親しく知って対話をするために……」(*Vie*, I, 87-88)。バイエはこの後、薔薇十字の話を述べたあとで、次のように『良識の研究』に記された内容を記述する。デカルトは「この結社に属すると名乗る者ないしその可能性ある者を、誰ひとり発見できなかった。……それゆえ数年後、自分は薔薇十字について何も知らない、とためらいなく言うことができた」(Ibid., 90-91)。そしてこれについてバイエは、『良識の研究』の次のラテン語テクストを引用している。「Necdum de illis quidquam certi compertum habeo(私は今なお彼らについては何も確かなことを知らないでいる)」(Ibid., 109)。そしてこれは、デカルトが「あらゆる学問」「あらゆる学者」を「軽蔑」していた時期で、バイエの敷衍によれば、「真理探求のために取るべきやり方について最大の困惑を覚えていた時期」であった(Ibid., 90-91)。ポワソンの記述によれば、デカルトは一六一九年春に「あるドイツの学者たちの話を聞いて、捜しにいく決心をした。[55]彼らは自然学を研究し、この学問を人間に有益なものとするのに必要な実験をするため互いに結びついている……」(A. T. X, 197)。そしてバイエによれば、デカルトは次の冬にはドナウ川ほとりのノイブルク公国にいたのであり、「ほとんど近づけない、ドナウ川ほとりの丘のうえ」の、薔薇十字に関わるマニュスクリプトが引かれている。[56]

当時の薔薇十字文書の流布、同時期の薔薇十字運動と密接に関わった反カトリック－ハプスブルグの政治・宗教の動きと戦争から、いわば状況的にデカルトの薔薇十字への関心を説明する試みは可能であり、デカルト自身の薔薇十字否定の言も（*Vie*, I, 88 ; A. T. X, 193）、イエーツのように、当時の政治状況に強いられたとする見解もある。(57) デカルト自身が薔薇十字に加わったかどうかについては、肯定する立場も、否定する見方もある。裏付けや資料が決定的に不足している以上、明確な結論を得ることはできないが、わずかに残されたいくつかの痕跡を追ってみよう。

まずデカルトは、いつどこで、あるい誰からどのように薔薇十字の情報を得ていったのだろうか。ロディスは、ブレダ滞在中にデカルトがすでに知っていた可能性を認めるが、ベークマンがオカルト的学問に冷淡であり、その『日記』に薔薇十字への言及がみられないことなどもあげ、確言は避けている。石井氏は、ベークマンがこの運動にまったく関心を示していないこと、デカルトの同時期のテクストに薔薇十字について何の痕跡もみられないことをあげ、否定的である。(58) 状況説明だけでなく、デカルト自身のテクスト、残された資料をもう少し検討したうえで周囲との関わりを考えてみよう。石井氏は、バイエとポワソンの資料を分析して――特に「デカルトの動揺」に注意を払い――、デカルトが薔薇十字の情報を得たのは、一六一九年の炉部屋滞在期であり、かつ「三つの夢」以前だっただろうとする。そこで浮上するのがウルムの数学者ファウルハーバーである。ライプニッツ写本によるデカルトの『立体の基礎の演習』(59) は、ファウルハーバーの『図形数、あるいは新しい未聞の驚異の術による解析的数論……』（フランクフルト、一六一四年）と密接な関係があることが、ミローによって認められ、近年コスタベルによっても、デカルトのテクストがファウルハーバーの方法と明らかな類似を示し、細部においてもそれにつながる諸点のあることが指摘されている。(60) そこでデカルトがファウルハーバーのこの本を読んだことは推定されうる。伝記作者リープシュトルプは両者の出会いを語っているが（A. T. X, 252）、現在、出会いの事実を疑う史家もあるし、しかも「炉部屋」がウルム近郊だったという従来の説は田中氏の綿密な検討によってほぼ覆され、ノイブルクであることが想定されている。(61) こうして、デカルトがファウルハーバー自身に会った可能性はいっそう否定的である。コスタベルの注釈からは、それがファウルハーバーの弟子たちであった可能性が示唆され、デカルトが『思索私記』で引いている（Ibid., 242）ペトルス・ローテンの『哲学的算術』やベンヤミン・ブラメルスの著書をこの時期に読んだ可能性もありうるだろう。[62]

これらドイツ人数学者、とくにファウルハーバーの著書にはカバラ主義の応用が主要な関心としてあり、薔薇十字の普遍学につながるものであった。デカルトはこの時期に書かれたと思われる数学的断章で、「ドイツ人たちのカバラ」とその不思議な生産性に驚嘆しているごとくに記している（Ibid., 297）。けれども『立体の基礎……』は、カバラのひとかけらもみられない数学的合理的なものであり、ファウルハーバーなどの同時代の数学者たちと異なって印象的なほど、神秘主義的傾向はまったくみられないのである。『立体の基礎……』は『図形数……』とは密接なつながりをもちつつも、デカルトの独創性が評価されるものである。たとえば日時計の方法を多面体のモデルに適用するやり方は、ファウルハーバーや弟子たちの著作には対応するものがまったくみられないし、また分数や無理数の表記の不明瞭さにデカルトが困惑しているようすもみられ、これらの著作のデカルトへの影響は部分的でしかありえなかったろう、とコスタベルは指摘する。[63] 彼らの不明瞭、「説明不可能」inexplicabilis をデカルトは問題とし、のちに『規則論』でそれをはっきりと斥けていくのである。[64] デカルト自身『プラエアンブラ』で次のように記している。

「若かった時、創意に富んだ発明を前にして、私は、それを作った人の解説を読まなくても、自分の力で同じものを発明できないかどうか考えてみた。そこから徐々に私は、確実な諸規則を行使していることに気がついた。」

（A. T. X, 214）

たしかにデカルトは、いかなる問題であれ、その解を他人に求めるよりも、まず、そして常に、自分の力、自分のやり方で見いだすことを求めていた。それは後の『規則論』で次のように明瞭に述べられるであろう。「示された対象について、他人の考えたところを求めるべきではない。……例えば、他人のなしたすべての証明を記憶に留めても、われわれの精神が実際あらゆる問題を解き得るのでなければ、われわれは決して数学者とはならないし、またプラトンとアリストテレスの議論をすべて読んだとしても、示された事柄についてしっかりした判断をくだし得なければ、われわれは決して哲学者とはならないのだから」(『規則』三。以下、個々の規則に言及するときは『規則』と略記)。そしてそれはすでにベークマンとの共同研究でもそうであったのだ。[65] デカルトがカバラに一定の評価を与えたとしても、それを自らの方法とすることはなかっただろうことは十分に察せられ、その普遍学の構想も薔薇十字とは異質な基礎をもつことになるであろう。

いま見た断章につづく『プラエアンブラ』末尾の「……ゲルマニアにおける薔薇十字にふたたび捧げられる」という一節にも、デカルト独自のコンテクストをみる必要がある。[66] この節の全文を引こう。

「ポリビウス・コスモポリタヌスの『数学の宝庫』。ここではこの学問のあらゆる難問題を解くための真のやり方を世に伝え、それら難問題について人間的知力《インゲニウム》によってはこれ以上のものを達成できないことを論証する。もろもろの新しい奇跡をあらゆる学問において示すことを約束している者たちに躊躇いを喚び起し(の遅延を告発し)、彼らの無謀を斥けるために。さらに、この学問のあのゴルディアスの結び目に夜も昼も捕らえられていて、知力の油を空しく費やしている多くの人々[67]の痛ましい労苦を和らげるために。全世界の博学なる方がた、別してゲルマニアにおける最も高名な薔薇十字兄弟団の方がた(F・R・C)にふたたび捧げられる。」(A. T. X, 214)

「ポリビウス・コスモポリタヌス」という名はデカルトの扮する偽作者名で、[68]「コスモポリタヌス」は、いかなる国、いかなる党派にも属さないという意味で「全人類の学者たち」につながることが指摘される。[69]『数学の宝庫』の「宝庫」Thesaurus は、パラケルススをはじめ自然魔術の学者らによって多く用いられていることを指して、デカルトの論争的・挑発的皮肉をここにみるグイエの見解がある。[70] だがこれはまた、「夢」においてデカルトが「諸学の宝庫」を開示されていることにつながり、その「宝庫」の一端を見せるべく意図されているとも考えられよう。[71] バイエの伝記によれば、デカルトがこの頃こうした著作を執筆する計画をもっていたことが知られているが、さらにこの著作が、当時デカルトが最も熱心に研究していた数学に関するものであったことは、表題からばかりでなく、一六一三年にピティスクスという数学者がまったく同名の数学書をフランクフルト・アム・マインにおいて刊行していることからも明らかであろう。[72]

「ここではこの学問のあらゆる難問題を解くための……論証する」の文については、デカルトが「まったく新しい学問」についてベークマンに語ったことを受けているようだ。[73]「どのような種類の問題はどういうやり方で解けて、その他のやり方ではだめかを、証明したいと思います。それゆえ幾何学において新しく見いだすべきことは、ほとんど何も残らないでしょう」(A. T. X, 157)。『プラエアンブラ』のこのテクストではそれに加えて、「人間的知力によっては」という点が鮮明に示されていることに注意しよう。デカルトは『プラエアンブラ』でこの一節に続けてさらに次のように述べている。「すべての人の知力《インゲニウム》にはあらかじめ一定の限界が定められていて、それを超えることはできないのだ」と(Ibid., 215)。

次の「もろもろの新しい奇跡……」から、この『数学の宝庫』の目標が述べられるが、「新しい奇跡〈nova miracula〉を約束する人々」とは、「普遍」を求め、その「鍵」を手にしたとするルルス主義者を初めとするルネサンスの新しい思想家たち、当時流行の哲学者たちを指すであろう。原文〈ad quorumdam, . . . vel cunctationem provocandam〉を、「……あの者どもの遅延を告発し」と訳すか、[74]「……あの者どもの心に躊躇いを呼び起こして」と訳すべきか、[75] 決定的判断はできないが、前者の場合、デカルトは、自分は真の「鍵」を所有すること、少なくとも数学において「あらゆる難問を解くこと」を示したのに、彼らは何も示していないとして彼らの約束の遅延を告発することになるし、後者の場合は、彼らがあらゆる学問で奇跡を約束して不可能事を言い立てていることに対して躊躇いの気持ちを生じさせることになろう。そしていずれにしても、彼らの無謀を次のように非難するのである。「人間的知力によってはそれ以上のものを達成できないことを論証する。」この書を提示して人知の限界を明らかにすることによって、人知の限界を超えた不可能事の遂行を言い立てる者たちにその不可能性を示し、自分は人間の知の限界を自覚し、それゆえ、ここまでしか解けないと論証した、しかし彼らは人間が神になり得るかのごとくに語り、実現できないことを約束しているのだ、と。(76)

しかしながら薔薇十字は、「全世界の博学なる方がた」の次元にあり、「空しい約束をしている者たち」とは一線が画されている。先にみた『良識の研究』などのテクストによれば、デカルトが薔薇十字を特別に意識していたのは明らかであるし、『数学の宝庫』を捧げるべき理由はあったと考えられる。かれらとの「競争の衝動」はある意味で「驚くべき学問の基礎」へのみちびきともなりえたし、(77)ファウルハーバーの著作からも強い刺激を受け、その仕事のある面を評価しているからである。けれども、ファウルハーバーの数学や薔薇十字の基盤、カバラ主義は、結局のところデカルトとは異質であった。『数学の宝庫』が薔薇十字への呼びかけであるという解釈は正当性をもつと思われるが、(78)『宝庫』はそれのみを目的としていたのではなかったであろう。(79)デカルトの「驚くべき学問」はたしかにオリュンピカ的超自然学をも含むであろうが、天上の力をも支配することをめざすヘルメス＝カバラ的なものとは異なり、神と人間精神の認識を深めることによって、両者の根本的差異を自覚し明らかにしていくことにある。(80)薔薇十字の魅力をみとめ多くの貴重な刺激をうけながらも、やはりデカルトは、独自の新しい学問を求めていったと思われる。後でみるように(第三章)デカルトの哲学は、神に対する人間理性の有限性を強調するものとなるであろうし、人間精神の有限性の自覚と「普遍」にいたる知の構築は、「順序（秩序）」の原則を中核とする、方法の重視となるであろう。その萌芽はすでにこの時期に瞥見されるのである。

3　魔術的学問との差異——「まったく新しい学問」へ

ロッシはベイコンの場合を、魔術との連続面をもちつつも、それと非連続な新しい科学思想を生み出したことを強調した。従来ベイコンは中世ないしルネサンス思想としてとらえられ、その魔術思想の側面は大きな位置を占めていた。ベイコン自身、魔術や錬金術に肯定的評価を与えており、それを人間の努力の究極目標としさえした(81)。たとえば最晩年の著作『森の森』において、多忙のなか時間にせかされたこともあってか、資料として当時の現存のものから雑多なものをとりいれている。アリストテレス「気象学の諸問題」、プリニウス「自然誌」、デラ・ポルタ「自然魔術」、カルダーノ「精細さについて」、スカリジェロ「カルダーノへの反論」等々。ベイコンにおいてテレジオの影響が多大であったことは知られているが、ここにおいても魔術や錬金術の影響は一層明白であり、さらに重要なことにベイコンはルネサンス自然哲学の基本理論を踏襲した側面をもっているのである。それは初期の作品から存在しており、『森の森』では次のように説明される。すべての実体は識別能力をもち、二実体が接触すると、快いものは受け入れ、苦痛なものは除去されるという選択が生じる。実体が他から変化させられたり、他を変化させたりするときは、識別がその作用に先行している。牽引と反発として知覚されるすべての事物のあいだには、普遍的連鎖が存在するのである(82)。

しかしベイコンは魔術を肯定的に評価しつつも、その形而上学的、神秘的側面からは影響を受けていない。ただこの伝統から、自然の下僕としてその操作を援助し、ひそかに巧妙に、人間の支配に服せしめるという科学の観念、そして力としての知識という観念を借用していったといえる。『学問の尊厳と発達について』第二巻には「自然の驚異から技術の驚異」への移行を援助する自然誌という概念が見いだされる。機械的技術の共同研究と進歩という性格が、技術と魔術を分かつものであって、知識の多様な分野における研究のモデルだとされる。そして新しい哲学は技術的手続きを謙虚に分析することにもとづき、新しい哲学の機能は、一つの技術から他の技術へ方法を置換することによって、技術を進歩させること以外に、技術の領域に、今まで除外されていた学問を組み入れることとなる。[83] 科学を研究者による共同研究とみなし、継承される実験のための規則を与え、進歩を確保するための明白に規定された厳密な方法の重要性を強調するのである。ベイコンはその魔術批判を通じて、これと異質な知を生み出していったともいえよう。つまり、秘教的ではなく公共的な知、イルミナティ＝マグスによってではなく方法的に到達する知であり、それは暗号や象徴記号でなく、明確なタームで表現され伝達される知識なのである。ベイコン自身早くから「人間の理性よりも想像力と結びつき馴れ合っている学問は、数は三つ、占星術・自然魔術・錬金術だ」と言って魔術を批判しているが、ルルスに対しても、その方法を、ある学問の用語を知っている者が、問題となっている他の学問の大家としても認められるようにしようとする詐欺とみる。『学問の尊厳』四－2において、自然の諸要素とカテゴリーを象徴化して象徴《シンボル》のあらゆる可能的結合を支配する法則を立て、これによってあらゆる問題に解答を与えようという試みは、アリストテレスの論理学以上にさえ「字句主義的」だと批判するのである。[84]

デカルトがベイコンの著作に親しみ、両者のヴォキャブラリーや概念に共通のものがみられることは、書簡や、『思索私記』から『規則論』にいたるテクストにみられる。[85] そしてベイコンの『大革新』の企てとその学問の構想がデカルトに影響を与えたであろう点は多々指摘され、特に『方法序説』第六部には具体的なつながりがはっきりと認められている。[86] さて『方法序説』第一部では、魔術的学問への接触を示唆し若き日に学んだ学問を総括したあと、「錬金術師の約束にも、占星術師の予言にも、魔術師のまやかしにも……もう容易には騙されない」と、はっきり否定している（A. T. VI, 9）。ルルスの術に対しても関心をもっていたことはベークマン宛書簡などを通して先にみたが、ドルドレヒトで出会った、ルルスの術を使えるという博識な老人の言うことを、「真実を語るよりも、無知な者の称讃を得たいためではないか」と疑わしく思っている[87]（一六二九年四月二六日、アムステルダム発、ベークマン宛、A. T. X, 164-165）。いかなる論題でも同じテーマで優に二〇時間も連綿と絶えず違ったかたちで話し続けることができると自慢している『小さき術』の老信奉者を前に、こうしたことに多大の興味を示しているデカルトであるが、「書物からのみ」得た饒舌、真理究明よりも世間の称讃獲得をめざすものという印象をもつ。そしてこのようなデカルトの「疑い」は、一八年後に確信となって、『方法序説』第二部で自らの方法の四つの準則を述べる直前に、ルルスの術を「知りもしないことを、わけもわからずに話したりするのに役立つ」（A. T. VI, 17）と断言するにいたるのである。[88]

魔術的学問については『規則論』の段階になると、「ある体液を追い出し、他の体液を引き留める薬を医者から借りてくるようなことはしない」し、「月が光によって暖め、隠れた性質によって冷やす、という戯言は言わない」というように、具体的批判を積み重ねているのがみられる（『規則』九）。占星術者については、「諸天界の本性を知らず、その運動を正確に観察したことさえないのに、それらの作用結果を示しうると思っている」（『規則』五）といって、「諸天界が外科医に及ぼす感応力」（『規則』八）にも触れているが、このような占星術批判はベイコンと同じ流れに位置するとみられる。そして、「多くの人のなすように、自然の秘密、諸天界の動きがわれわれの下界に及ぼす、未来の事物の予言などを大胆に論議し、それなのに人間理性がこれらの事柄を見いだすのに充分なのかどうかを問うたことがない」、とはっきり批判するのである。[89] すでにみたように、デカルトは、自然魔術に関してその、いわば合理的部分に主として反応する傾向がみられ、その背後の自然哲学や物質の隠れた性質を取り込もうとはしなかったのであった。ベイコンがルネサンス自然哲学の側面を踏襲したのと対照をなすであろう。物質についても、これから四章や七章でみていくが、身体的記憶については、物質の隠れた性質を排除した機械論的説明がなされるし、また当時読まれていたヴァニーニらの「隠れた力」や生理学的想像力は否定され、『世界論』では物質について、ルネサンス自然哲学の物質観を完全に排除した定義がなされることになろう。

こうしてデカルトは、ルネサンス魔術思想にも、時代のさまざまな思想にも、学校のスコラ哲学にも充足されることなく、新たな知の形態を生み出していくことになる。ミシェル・フーコーはその一端を、時代のエピステーメとの関連で次のように語っている。(90) ルネサンスの知のあり方を支配していたのは「類似」や「類推」で、そこには「交感」sympathia と結びついた象徴的イメージが充満していた。先に引用したデカルトのテクストのかなりの部分はこのような知の枠組みのなかにあったといえる。だが一七世紀になると、こうした「類似関係」は錯誤や混同の機因となり、もはや「知の基本形式」ではなくなる。古典時代の思考法は、「類似」や「類縁」・「類推」を排除する。そこで引用されるのが、デカルトの『規則論』冒頭の次の章句である。「人々の習慣として、二つのもののあいだに或る類似を認めるごとに、両者の相違点についてさえ、一方だけについて真であることを確かめた点を、他方にあてはめてしまう」(A. T. X, 359)。「類似」への批判はすでにベイコンにみられ、『ノヴム・オルガヌム』のイドラ論がフーコーによって引かれる。「洞窟のイドラ」も「劇場のイドラ」も、われわれが学んだものや、われわれの心のなかから入ってきた誤った諸理論に類似していると、書物が思い込ませたものだ。「人間の精神は、固有の本性によって、実際に見いだされる以上の秩序と類似を想定してしまう傾向がある。自然は例外や差異で充満しているのに、精神はあらゆるところに調和や対応や類似をみてしまう。天体の物体がすべて完全な円を描いて運動するという虚構もこれに

由来する。」(N. O. I, 45)

以降デカルトのとる道はベイコンと異なる。フーコーは、デカルトが「類似」を排斥するのではなく「比較」comparaison という行為によって普遍化し、純粋な形式を与えていくのだ、という。それは純粋で注意深い「直観」と、それらを明証性によって結ぶ「演繹」による操作となる。「人間理性のあらゆる仕事はほとんど、この操作を可能にすることにあるだろう。」(『規則』一四)

この操作のモデルとなるのが数学であり、その端緒は僅かではあるが、さきほど見た『オリュンピカ』や『プラエアンブラ』のテクストにもみられ、ロディスが指摘するところでもあったし、ベイコンやウアルテとの差異を示すものであった。グイエはさらに、これらのテクストにおいてデカルトは、象徴言語を数学的モデルについてだけ考えていたとまでいう。記号と意味のあいだ、自然のなかに記された関係を展開する「象徴」と、数学とその記号の「象徴」を区別するのである。ただやはりロディスの指摘するように、一六一九―二〇年の時期に、グイエのいう「ルネサンスの精神に激しく抗う若きデカルト」を断定するのは難しいように思われる。[91]

一六一八年の自然学者イサク・ベークマンとの出会いは、当時の若きデカルトの思想の形成に重要な意味をもった。ベークマンの影響下に記された断片『物理‐数学』physico-mathematica は、ラ・フレーシュ学院でのスコラ哲学やルネサンス人文主義に充たされなかったデカルトが、自然学に数学を応用するという構想を与えられ、新たな自然観の基礎を手にすることを示している。[92]『物理‐数学』には、流体力学や自由落下の問題についてのベークマンとの共同研究の跡が記されている[93](A. T. X, 68-78)。

そして一六一九年三月二六日ベークマン宛の書簡でデカルトが語る「まったく新しい学問」の構想は、前年秋からこの年の春にいたる彼の知的活動の総決算として位置づけられる(Ibid., 157)。そこでは「新しい四つの証明」が語られるが、その具体的内容は『パルナッスス』のなかに詳細な記述がある。それらによると、デカルトは角を等分する問題(角の三等分から始まり、四等分、五等分……を同一原理に基づいて行っていく)と、二次や三次の代数方程式を解く問題に、さまざまなコンパスを用いて挑戦している(A. T. X, 240-245)。そこでのデカルトの独創性は、幾何的代数と記号的代数の統合を企てるという着想であり、しかもこの努力は、複雑なものから単純なものへの還元の形で示されている。[94] 数学史からみれば、デカルトは連続量(幾何学の対象)と離散量(算術の対象)を統一的に扱う一般的学問をコンパスを媒介として建設しようとしているといえよう。[95] さてこの書簡において、「まったく新しい学問」は次のように定義される。

「いかなる種類の量であれ、連続量であろうと、分離量であろうと、量のかたちで問われうるあらゆる問題を一般的に、だがそれぞれその本性に従って解くことを可能にする学問。」(A. M. I, 7)

この学問は、量に関する一般的処理を無条件で約束するものではないだろう。「それぞれその本性にしたがって unaquaeque juxta suam naturam」という限定があり、幾何(連続量)と算術(分離量)の区分をデカルトは一応は尊重している。そして「現代的に」記号的代数をも含む算術、図形の性質を研究するだけではなく、連続量としてやはり「代数」の学問となりうる幾何。こうして「新しいコンパス」を通して、いわば新しい代数としての幾何的代数が構想されていく。[96]

もとより「新しいコンパス」は万能ではなく、厳密な解を得ることのできない曲線の存在をデカルトはいくつか認めている。しかしこうしたものも、数学的に不満はあっても自然学的には有用であり、『思索私記』には、直線、曲線の共通尺度としての「数学的糸」funis mathematicus が「機械学において」のみは承認できる、と記されているのである(A. T. X, 229-230)。デカルトにとって数学は自然学のためのものであったといえよう。[97] コンパスを補助とした新しい学問の限界も指摘されるが、[98] ともかくデカルトはこれによって、その進む方向に何らかの光を見いだしたといえよう。この手紙に次のように書かれている。「これはただ一人の人間の仕事ではあり得ない。この仕事は完成されるということはないでしょう……。信じ難いほど野心的な企て……けれどもこの学問の暗い混沌のうちに何かは知らぬ光が認められます。」(A. M. I, 7)

いずれにせよ、『思索私記』の後半三分の二以上(A. T. X, 219-248)はかなりまとまった断片群を構成して、数学・応用数学・数学的自然学の特殊問題を論じている。記憶術に関する一断片が例外であるが、これも数学的学問との対比において記憶術について述べたともいえよう。順序的にも、ベークマンとの出会いから始まり、彼との一六一八年秋の共同研究、「四つの証明」関係、その他、となっていて、デカルトの知的活動の主要関心とその痕跡を窺うことができる。[99] こうして、当時さまざまの思想や学問に充たされることのなかったデカルトは、数学を武器に自然学に応用するという構想をもちつつ、新しい哲学を切り開いていく。ただしデカルトは、数や数学を神秘化することはない。ルネサンス魔術の一源泉となっていたプラトン＝ピュタゴラス主義と決定的に異なる所以である。そしてまたデカルトは、確かに数学を愛好し数学の並外れた天分を有していたにもかかわらず、生涯数学に全関心を占められることはない。彼がベークマンとの出会いを機に再び数学に関心をもったとすれば、それはその新しい「用法」(『方法序説』の表現)を知り、いわば新たな「道具」を手に入れたからといえよう。その「用法」の見極めがつくと、数学への関心は再び失われ、他にせがまれてしかこの学問にたずさわることがないであろう。[100]

第二章　デカルト哲学の形成――『規則論』をめぐって

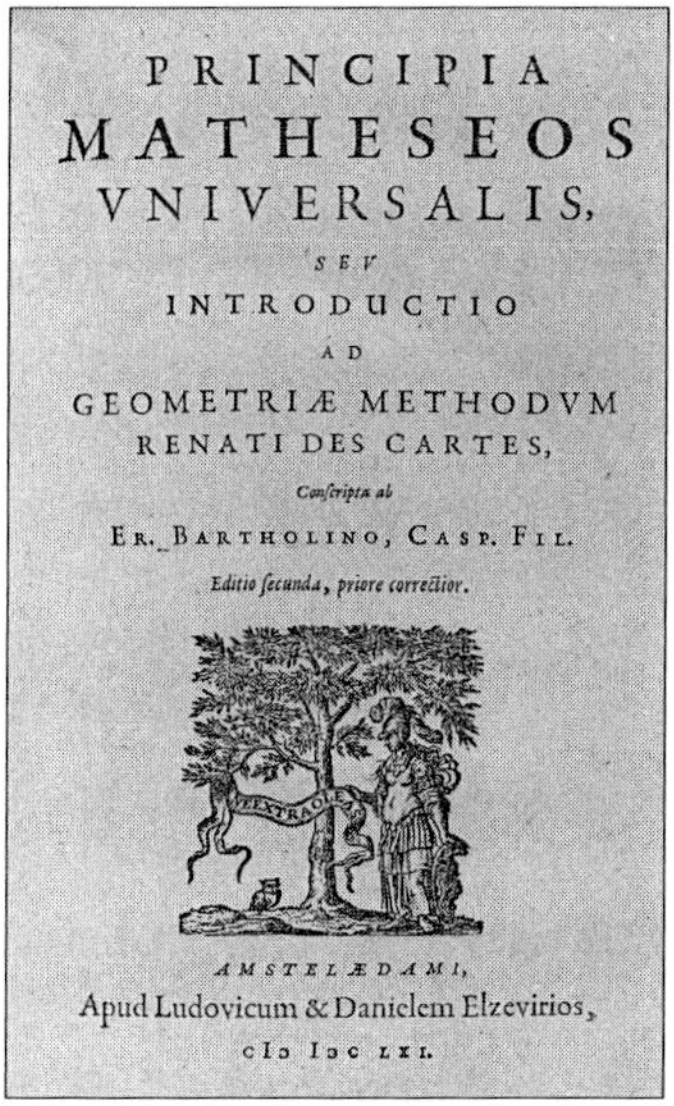
PRINCIPIA
MATHESEOS
VNIVERSALIS,
SEV
INTRODUCTIO
AD
GEOMETRIÆ METHODVM
RENATI DES CARTES,
Conscriptæ ab
ER. BARTHOLINO, CASP. FIL.
Editio secunda, priore correctior.

AMSTELÆDAMI,
Apud Ludovicum & Danielem Elzevirios,
cIↃ IↃC LXI.

「普遍数学の原理」(『幾何学』への序論)

一　普遍数学 Mathesis universalis

1　『規則論』

ルネサンスの魔術的学問やスコラ学など、当時の主流であり、あるいは流行であった思想や学問に触れ、多くを学びつつも充足されなかったデカルトは、しかしながら「まったく新しい学問」という表現に示されるような独自の方向が垣間見えたのであり、『規則論』の段階ではその方法論的考察が形をなしてくる。

『規則論』*Regulae ad directionem ingenii*、直訳すれば『知力《インゲニウム》を導くための諸規則』は、テクストそのものが多くの問題を孕んでいる。この未完の原稿は一六二八年頃に書かれたと推定されるが(1)、デカルトの生存中は出版されることがなかった。遺稿として、ストックホルム目録中に「論文F――綴じあわされた九冊のノート、真理の探求における精神指導のための、有用かつ明白な規則論を含む(2)」と記され、箱詰にされて船でフランスへ送られる。船はパリ近くのセーヌ川のうえで転覆する。遺稿は三日間水に浸されたのち引き上げられ、乾かされてほとんどが修復可能であ

フランシス・ベイコン

ったという。

この後クレルスリエが遺稿を保管するが、整理し刊行することを果せずに世を去る。その間かれは、同時代の学者や知識人の希望する者たちに遺稿を閲覧させていた。そのなかで、ライプニッツやアルノー、ポワソンらの著作にその証言が見られる。

クレルスリエは遺稿をジャン＝バティスト・ルグランに託して世を去った。ルグランもまた、デカルトの全著作を刊行する意図をもったが、果せなかった。彼はバイエにデカルトの伝記を作るよう依頼し、バイエは『規則論』を含むデカルトの手稿を閲読した。そして部分的ではあるが、『規則論』の要約を記し、初めて、他の手稿に比べての『規則論』の重要性を強調したといわれる。

遺稿はそれ以後、ルグランからマルミオンという哲学教授の手にわたるが、その後の足取りは消失してしまう。原本は消失したけれど、写本・翻訳・断章の引用などがさまざまな形で残されている。写本にはまず、一七〇一年アムステルダムで **R. Des-cartes Opuscula posthuma, physica et mathematica**（**P. et J. Blaeu**）の題で刊行されたアムステルダム本（**A**）がある。一九〇八年刊行のアダン＝タヌリ版「デカルト全集」のテクストは原則としてこれに基づき、最も権威ある写本とされている。稿本そのものは今日伝わっていない。

つぎに、一六七〇年にライプニッツがアムステルダムの医者から買い取った写本がある。ライプニッツ自身の訂正が書き込まれ、王立ハノーヴァー図書館に保存されて今日に至り、ハノーヴァー本（H）とよばれている。

この二つの写本に対して、一九六六年『規則論』の校訂本を刊行したジョヴァンニ・クラプリは第三の写本を想定する。彼は、一六八四年に「デカルト著作集」**Alle de Werken van Renatus Des Cartes** の第三巻として刊行された『規則論』のオランダ語訳 **R. Des Cartes Regulen van bestieringe des Verstants** を検討した。**H・H・**グラツェマケルの刊行したこのオランダ語訳テクストの欄外には、数多くのラテン語原語が書き入れられている。オランダ語訳文からラテン語原文に遡る作業を通して、欄外のラテン語も照らし合わせつつ、アムステルダム本（A）ともハノーヴァー本（H）とも異なる、オランダ語訳の基となった写本（N）をクラプリは想定する。こうして、すべてアムステルダムで現れた三つの異なる写本が存在することになる。消失したストックホルム原本との対応関係を確定できないまま、三つのテクストの間には異同が残されている。(3)

異同は、同時代人たちの引用したテクストや内容にもみられる。バイエの伝記『デカルト殿の生涯』（一六九一）によれば、『規則論』の題は「真理の探求においてわれわれの精神を導く諸規則」**Règles pour conduire notre esprit dans la recherche de la vérité** となっており（*Vie*, II, 404）、内容についても三六の規則が構想されていた（Ibid., 405-406）。われわれの認識対象は「単純命題」「単純命題群」**propositions simples** と「問題群」**questions** のふたつに分けられる。初めの一二規則は「単純命題」を扱い、「通常の方法」で説明される。「問題群」については、「完全に概念化できる」問題を次の一二規則で扱い、「不完全にしか概念化できない」問題を最後の一二規則で扱うことになっていた。しかし実際は二一までしか書かれず、しかもそのうち最後の三規則は説明がないという。さらに、アダン＝タヌリ版やガルニエ版、クーザン版などにより一般に通っているこの題名にも異同があった。(4) バイエの記述でも「真理の探究」la recherche de la vérité が加わっていた。H版は **Regulae de inquirenda veritate** とし、ライプニッツは常に「真理」vérité を導きの方向として、**Regulae veritatis inquirendae, Methodus veritatis inquirendae** などの名で言及している。N版は「読者への序言」で「真理の発見において知性を強化する」ことを目指した「規則」であることを付け加えている。そしてストックホルム目録では、原本草稿に「真理の探究において精神を導くための有益で明晰な規則論」Traité des règles

utiles et claires pour la direction de l'Esprit en la recherche de la Vérité という展開的な題がとられていた(A. T. X, 9, 351)。
このように『規則論』はテクストそのものが異同を孕んでいた。デカルト自身生前、この著作を完成もせず――企図をもちながら完成しなかったというのはデカルトの場合他にないようだ――、刊行もしなかった。『思索私記』のようなメモやノートの集積でもないし、『世界論』のように状況のために刊行を断念したというのでもない。しかもデカルト自身、この著作について直接語ることも、示唆することもなかった。[5] そしてこれから本章で検討していく『規則論』の重要概念の多くは、デカルトの後のテクストではほとんど消えてしまう。「普遍数学」mathesis universalis や、「最単純本性」naturae simplicissimae の複合という概念などは、『方法序説』以降のテクストではほぼ消失してしまうし、「直観」intuitus、「人間の知恵」humana sapientia なども徐々に消えていく。[6]『規則論』の題名の「知力《インゲニウム》」ingenium もみられなくなる。[7]
ゲーベはこうしたことを、デカルトの自己批判作用によるものだとして、特にデカルトがこの時期ベイコンの『ノヴム・オルガヌム』を読んだ(あるいは再読した)ことを強調する。おそらくはその影響のもとに新しい科学技術的学問を基礎づける方向にむかい、『規則論』への自己批判的な働きをなしていくのだという。たとえば「普遍数学」の消失などもこれによって説明される。[8] 他方マリオンは、当時デカルトの受けた教育のなかでアリストテレスのテクストそのものが読まれた可能性やアリストテレス註釈書にもとづくスコラ学の実際から、デカルトがそれらの概念や語をどのように自分自身の意味にずらし、移し変えて、新しい内容をこめていったのかを、『規則論』のテクストをアリストテレスの諸概念に対比することによって示していく。[9] デカルト自身、『規則』三で直観を定義したあと次のように言っている。「……直観という語の新たな用い方、及び今後私がこれと同様に通常の意味を離れて用いざるをえないであろう他の語の用法が、奇異に感じられることのないように、ここで一般的に注意しておくが、私はかかる名称が学院で近来どのように用いられてきたかを少しも顧みない。というのは、同じ名称を用いて全く異なることを意味させるのは難しいから。私はただ、一々の語のラテン語としての意味を注意するだけである。そして特別な語の見当たらない場合は、もっとも適当と思うものを、私自身の意味に転用するであろう(transferam ad sensum meum)。」(A. T. X, 368)

たしかに、ベイコンやアリストテレス主義などの、同時代の語の枠のなかにありながらも、『規則論』のデカルトは多くの概念に独自の新たな意味を与え、新しい学問を切り開いていこうと苦闘している。そこで現れてくる言葉がまだ決定的に新しいものとはなりえないとしても。

2　普遍数学の構想

前章末尾でみた「ある全く新しい学問」は、『規則論』の普遍数学の構想につながっていく。『規則』四の後半部において要請される、「秩序(=順序)」と「計量的関係」に関する普遍的な学。

「……秩序(ordo)あるいは計量的関係(mensura)が考察されるすべてのもののみが、数学に関係し、そしてそのような計量的関係が、数・図形・星・音・あるいは他のいかなる対象において求められるかは問題でない。従って、特殊な素材に関わることのない秩序と計量的関係について求められうるすべてのことを説明する、ある一般的な学問がなければならない。そしてその学問は、外来語によってではなく、すでに古くから存在し、その用法も受け入れられている名称によって普遍数学(Mathesis universalis)と呼ばれるべきである。なぜなら、その他の学問が数学の部分と呼ばれる場合の理由となるすべての事柄は、これに含まれているから……。」(A. T. X, 377-378)

「普遍数学」の名称は当時一般的には、算術と幾何学双方に先立ち、それらに応用できる一般量に関する数学的学科を意味していたが[10]、デカルト自身はこの名称のもとで、幾何学の扱う連続量であろうと、算術の扱う非連続量であろうと、「任意の種類の量について提出されうるすべての問題を一般的に解くことを可能にするような、ある全く新しい学問」(A. T. X, 156-157)を目指したのであった。ここで『規則論』が提示する「普遍数学」とは、何ら特殊な質料に関わることなく「順序と計量関係についてのみを考察する一般的学問」である。これは具体的には『幾何学』においで解析幾何学へと結実する代数的解析のプログラムであり、『規則論』では「比例論」を軸として展開される[11]。デカルトは等比級数の系列を問題にし、その構造が「純粋数学の核心全体を宿す」と考える(Ibid., 385)。まず、この級数の冪指数を「関係の数」とよび、この関係の系列に対して、それまで「根」「平方」「立方」とよばれる概念を対応させる。こう考えることによって、伝統的に別種の量と考えられていたものが、連比の一般的関係の特定項とみなされることになる(Ibid., 456-458)。次に、代数の四則をこの比例級数の四つの応用形態と考え、その単位にあたる量に延長量(線分)をあてがう。こうして代数の四則の幾何学的操作が可能となる[12](Ibid., 461-468)。このように比例論にもとづき一般的な代数関係を根底において諸々の量をその特殊項とする考え、そして代数的演算に幾何学的操作を対応させる考え方が、『規則論』の普遍数学を構成している[13]。そしてデカルトは、直線的な大きさで表現された量に施されたあらゆる計算の結果は、それ自身直線的な大きさで表されるという考えから出発し、それによって、ギリシア人が量の計算に押し付けた桎梏を取り除くことが可能になるのである[14]。ギリシア人の幾何学では、ある種の大きさの積はたいていの場合別種の大きさとして表されていて(たとえば「長さ」が「面積」に)、幾何学的計算の適用の分野が制限されていたが、これに反してデカルトは、積はその一つ一つの因数と同様に線分と考えたのである[15]。「a^2とかb^3とかまたは同様のものとかによって、私は普通に全く単純な線をしか考えない。代数学で慣用されている名を使うために、私はこれらを平方とか立方とかいう名前で呼ぶけれど、やはりそうであることを注意すべきである。」(A. T. VI, 371)

さて、秩序と計量的関係についての学となるような「普遍数学」は、いかなる特定の素材にも限定されることがないゆえに、この数学はあらゆる素材に適用可能である。次元の観念が一般化されれば、計量的関係や数や長さは互いに等価な概念となる。そのうえ、代数は数を文字で置き換えることを教える。したがって、それらの文字は、計量的関係・数・長さを記号化する。さらに、ある曲線のすべての点を決定する座標空間上の長さを記号化するであろう。「普遍数学」は代数幾何学となる。(16) だがそこで、代数学はデカルトにあっては、「幾何学の婢」であることが気づかれる。デカルトが代数よりも幾何学を偏重する傾向のあることはこれから検討することになるが、ともかく代数学は秩序のみについての学としてそれ自身では根拠づけられていないのである。(17)

代数学を幾何学に適用することがデカルトにとって科学的学問的理論の基本的モデルを表すものであったことは勿論だし、「マテシス」の理念は、単に「普遍数学」にとどまらぬ「普遍学」への拡張の可能性をもつ。(18) けれども、デカルトには一方で、あらゆる学問が数学に引き直せるものとは認めていない慎重さもみられる。(19)『規則』四の、この節冒頭で引いた後半部より年代的には後で書かれたと推定される前半部でデカルトは次のように述べている。

「誰でも注意深く私の思想を検討した人は、私が通常の数学とは別の或る学問を目標にしていること、そうして数学はこの学問の一部というよりはむしろその被いであることに気づくであろう。この学問は、人間理性の第一の底を含むべきものであって、いかなる対象からでも真理を取り出しうるまでに拡張されるべきものである。」(A. T. X, 374)

諸論拠の秩序による推論の厳密性は、純粋数学から計量可能なものの全領域へ、つまり自然世界の認識へと拡張される。自然学のこの幾何学化が革命的であり、哲学史においても科学史においても常に強調されるクルシアルな問題となっている。[20] ただしこれは、デカルトが自然学と幾何学を混同して両者を同一視したことではない。むしろ反対に、デカルトはたとえば既に『規則論』で屈折線に関連して、この二つの領域を区別している（『規則』八、A. T. X, 393-395）。この線の問題を解くためには数学だけでは十分でなく、自然学およびその原理へ移行しなければならない。そこで分析的手続きによってわれわれは以下のことを発見していく。1 屈折の法則（sin i/sin r = n）、2 透明な媒質中の光の伝播におけるこの法則の説明、3 光の自然的本性、4 一般に自然の力は何か。次に、この最後の項から3、2、1を介して、屈折線の数学的探求へとふたたび下降していく。この数学的研究へ立ち戻るまえに幾何学的証明は存在していないのだが、この推論は、諸論拠の秩序に従ったものゆえに、厳密なものだ。[21] 理性の根底をつなげる「方法」によって諸学を統一する「普遍学」の構想がさまざまな限界をもち、ある種の非理性的なものを生じていくことは第三章以降でみていくが、とりあえずここでは次のことを押えておこう。

彼の「普遍学」の構想は、自ら「幾何学に他ならぬ」というその自然学において、部分的には実現されていくともみなせるが、本来は代数的解析学ないし記号代数学の性格を有していた彼の「マテシス」の応用としての自然学が、「幾何学に他ならぬもの」となっていく。これについては第四章で検討するが、すでに『規則』一四で、マテシスの対象たる「量」および「量関係」が、最終的には幾何学的表象によって意味を与えるべきことが示されている。[22]

「……量について一般的にいわれるとわれわれが理解したことを、なによりも単純かつ判明にわれわれの想像力のうちに描かれる、あの量の特殊例へと移すならば、少なからずの利益があろう。しかるにこの量が、形をもつということ以外のあらゆることから切り離された物体の実在的延長であることは、『規則』一二で述べたことの帰結である。そこでわれわれは想像それ自身が、そのなかに存在する観念とともに、延長をもち形をもつ実在的物体に外ならない、と考えたのだった。だがこのことは、それ自身でも明白である。他のどのような基体においても、それ以上に判明に、比例のすべての差異が示されることはないからである。なぜなら、たとえあるものが他のものより白いとか白くないとか、またある音が高いとか高くないとか、その他同様に語ることはできるにしても、しかしそういう過剰が二倍であるか三倍であるかなどを正確に決定するのは、形を備えた物体の延長との、一種の類比によってしかできないから。」(A. T. X, 441)

デカルトには数論が、洞察力よりも根気強さを要求しているように思われる。[23] 数論の計算は退屈で、代数は長い無益な計算による退屈を免れさせてくれるだろう[24](『規則』一六、A. T. X, 456)。のちに一六三八年にはメルセンヌに、自分は幾何学を顧みなくなって「一五年以上」になるが(A. T. II, 95)、数論のほうは「一八年以上になる」(Ibid., 168)と書いていて、幾何学の前に数論を放棄したことが窺われる。さらにメルセンヌに向け、次のように断言するに至る。「……数に関する事柄については、私は何かをぜひ知りたいと思ったことは一度もありません……。[25]」デカルト的明証性の原則として見いだされるのは、図形の延長を介することによって「最も感覚に適合する」幾何学なのである。[26]

いずれにしても、この「普遍数学」の構想は、当時それまで支配的であったアリストテレス的学問観を根本的に壊すものを含んでいる。[27] アリストテレスにおいて諸学の対象は、実体(ousia)の形態的固有性に忠実であることを基本として、「存在の類」にしたがって分類組織される。『分析論後書』にしたがえば、個々の学問には「類」に対応する固有の「原理」があり、学問的論証とは「共通公理」に従ってその「原理」が定義する「類」の「諸属性」を導き出すことである(『分析論後書』An. Post. 76a31-b16)。たとえば算術は数の単位を、幾何学は点や線を「原理」として、その「諸属性」を考察する。さらに、「類」を異にするこれら諸学問の間では「共約不可能性」が遵守される（Ibid., 76a38）。たとえば、算術に固有の論証を幾何学の論証に適用することはできない。「共通公理」は異なる「類」の対象に適用されるが、それは「類比的」であり、異質な類の間に共通の一義性が設定されるのではない（76a37）。アリストテレスの学問論においては、諸々の存在の類を下位の特殊領域として包摂していくようなかたちでの「普遍数学」の理念は原理的には認められないことになる。[28] アリストテレスは『形而上学』第六巻の「存在論」の定義の箇所で、普遍数学の考えに言及している。それはユークリッド『原論』五巻のエウドクソスの一般比例論をさすといわれるが、そこでは固有の「類」、つまり特定の対象領域をもたない学問として「存在論」と対比的に言及されているのであり、一般的な数学的学問領域を構成する独立の学問として普遍数学が考えられているのではない[29]（『形而上学』Meta., 1026a26）。

『規則論』の「普遍数学」の理念は、こうしたアリストテレスの学問論を実質的に壊していく内容をもつ。[30]「連続量」（幾何学）と非連続量を統一的に扱う学問構想は、異なる類の間の共約的操作を禁じるアリストテレス主義の原則を否定する。さらに、一般的数学的関係を基底として、個々の数学的対象をその特殊とする考え方は、アリストテレス主義と対極をなす。すなわち、アリストテレスにおいては、個物つまり第一実体の形相的意味を実在の基盤としており、「関係的なもの」を実在性の最も少ないものとしているのである（Ibid., 1088a20-b2）。

これに対して『規則論』は次のように述べる。「すべての事物は何らかの系列（series）に配置され得、しかもそれは、哲学者たちが自らの範疇によって事物を分けたように事物が存在の類（genus entis）に関係させられる限りにおいてではなく、事物の一つが他から認識される限りにおいてである」（A. T. X, 381）。また、「ここでわれわれは認識すべき事物の系列を考察するのであって、事物の本質を個々別々に考察するのではない」（Ibid.）。個別的事物の本質の側ではなく、関係や系列の側に重心は完全に移っていく。

しかもすべての事物は、「われわれの目的に対して有用でありうる程度に応じて、絶対的あるいは相対的と呼ばれうる」(Ibid., 381)のである。そしてさきに本節の冒頭で引用したテクストを振り返るならば、「秩序(ordo)あるいは計量的関係(mensura)の研究されるすべてのもののみが、数学に関わり、そしてそのような計量的関係が、数・図形・星・音あるいはは他のいかなる対象において求められるかは問題ではない」のである(Ibid., 377-378)。この普遍的認識は、「一つ一つの事物がいかにしてわれわれの精神の吟味にかけられるかを知るために、この宇宙にあるすべてのものを、思考によって捉えることは、測りえぬほど大きな仕事ではない」(Ibid., 398)。そして「われわれの知性に関して」(respectu nostri intellectus)という視点は、『規則論』の随所に強調されてくるのである[31](Ibid., 419, 418, 420, etc.)。

二　概念の生成

1　学問―知(scientia)の転換

『規則』一は「学問」scientia の根本的転換をめざし――アリストテレス的学問論を否定し転換する意味で――、一挙に以下の仕事の「目的」を規定している。「学問研究の目的は、現れ出るすべての事物について確固とした真なる判断をするように知力《インゲニウム》を導くこと……」という題だ。学問の「目的」を提起するやり方は、イグナチウス・ロヨラに類似の定義とヴォキャブラリーがみられる。だがロヨラが学問研究の過程と組織化、神の目的(あらゆる認識を越え、「知るリビドー」さえも超越する)にしたがって規定するのに対し、デカルトはその目的を認識そのものにおいてラディカルな転換をめざしている。[32]

『規則』一でこの狙いは、まず「比較」の構造を転換して示される。[33]「諸技能」artes については、「ひとりの人間がすべての技能全部を学ぶことはできない」。そのような「技能」の多様性と「学問」をつないでしまう、両者の誤った比較から、一見多様に見える「学問」を、「いかに異なる事柄に向けられようとも常に同一である……人間の知恵（**humana sapientia**）」とみなしていくのである。それは、諸々の学問の統一性をさらに高度な単一性へ導き、照らされる対象がいかに多様であろうと同一不変の太陽にたとえられる。これに対して「技能」は、「身体の働きや習性的能力（**habitus**）」を必要とし、同じ「手」が同時に畑仕事やリュートの演奏や他の仕事に習熟することはできないから、ただ一つの技術を習得する方が卓越できる。こうしてデカルトは、「諸技能」の多様性と次元を異にする、「もっぱら精神のもつ認識によって成り立つ」（**A. T. X**, 359）「学問」の単一性・統合性を示していく。対象の「相異」によって「互いに区別」される諸学問ではなくて（Ibid., 360, 361）、諸学を結びつけ統合していく、より強力な「学問」なのである。

そのような「学問」の立場から、諸学は緊密に「連結」している。すべてが「互いに結びつき」「相互に依存している」という表現は、後の『方法序説』やメルセンヌ宛書簡にもみられるが、[34]「諸学の連結」のテーマは、先にみた『思索私記』のテクストにも溯るであろう（**A. T. X**, 215）。またバイエの伝える夢にある「辞書」（*Vie*, I, 80-86）も、「あらゆる学問」を意味し、「詩集」は、「共に結びつけられた哲学と知恵」をしるす、ともいっていた（**A. T. X**, 184）。諸学の緊密な連関は学問分類に新しい展望をもたらし、「すべての学問が相互に結合していて、一つの学問を他から分離するよりも、すべてを一度に学ぶ方が、はるかに容易」（Ibid., 361）なのである。「学問の連結」**connexio scientiarum** は、固有にデカルト的テーマとして現れる。[35] 諸学の「連結」を提示することによって、デカルトは『規則』一の冒頭から述べていた、諸学の「習性的能力」habitus を批判する出発点を基礎づけ、アリストテレス主義にもとづくスコラ的学問観のあり方を否定していくのである。

『規則』一で重心は、アリストテレス的諸学の多様性や個別的事物の本質の側から、完全に「普遍的な知恵」に移されていく。学問は「人間の知恵に他ならず」、太陽の光にたとえられるこの知恵は、照らす対象の多様性にかかわらず常に同一不変である。同一で普遍的なこの認識の光をカッシーラーは「色彩のない光」と形容し、デカルト以前古代中世を通じて支配的であった、知性と事物の適合関係——対象の種類が変わるごとに新たな形態をとるべき知性——に対してデカルトが根本的な転換をもたらしたことを強調している[36]。「人間の知恵」は、「普遍的知恵」(Ibid., 360)であり、普遍性・統合性の場として構成されている[37]。それはまた、学問の同一性と普遍性をめざすベイコンと共通の方向を示しつつも、ベイコンのように初めから諸学を区分・分類していくやり方はとらないし、学問の進歩の基礎としてのベイコン的な「自然」概念もない[38]。知力(精神)ingenium を導くための諸規則も、ウアルテのように能力としてのインゲニウムを基に知的能力や学問分類をする方途もとらない。そしてまた、「人間の」知恵を強調することにより、ヘルメス＝カバラ的な普遍の知恵とも異なっていく。デカルトはスコラ的学問の基礎を解体するとともに、同時代の諸思想からも一定の——かつきわめて重要な——ずれを示しているのである。

2　経験(experientia)・実験

(1)　経　験

『規則』二では、このような同一不変の可能性をもつ人間精神と諸学の統一性から、確実なものとして数論と幾何学が挙げられ、われわれが事物の認識に達するには、「二つの道、すなわち経験 experientia と演繹 deductio による」という。「経験」は人を欺くことはあるが、演繹とともに、認識の源泉としてみとめられている。

デカルトの「経験・実験」(expérience)は、ジルソンの注釈によれば次の意味をもつ[39]。まず自然学が説明すべき対象として、事象を経験的にとらえ、「われわれの感覚に現れる……共通したもの」。「稀なもの」は後の段階で検討される。これらは学問が説明すべき事象の集積となり、その意味ではベイコンの「誌・記録」historia の集積に近い。次いで、事象の観察と、演繹の各瞬間をつなぎ、感覚が世界の存在を見いだしていく「経験」で、論理的演繹の各瞬間ごとに存在しうるような、デカルト固有の意味をもつ。のちにメルセンヌに「無数の経験」について語り(一六四〇年三月、A. T. III, 156)、ホイヘンスへの手紙で、スコラの学者たちは「経験(実験)による十分な確認をしていない」と批判するのも(一六四五年六月、A. T. IV, 224)、この方向での意味であろう。

最初の意味につながる「誌・記録・歴史」に対して、デカルトは否定的である。外的権威による憶見は、誤りの集積であり、否定されるべきものであり(『規則』三)、古人の書物は「知」scientia ではなく、「誌・歴史」historia としてのみ扱われる。真理はこのような意味での「誌・歴史」にはない。他人のなした数学の証明すべてを知っても、記憶するだけでは機械的反復となるように、プラトンやアリストテレスの結論が真理をもつとしても、単に記憶に止めるだけでは、われわれの真理の発見を直接に前進させるものではない。哲学の「誌・歴史」を否定的にとらえる態度は、『規則論』全体の根本にあり、真理は、「歴史」のない、デカルト固有の意味での「経験」——演繹の各瞬間をつなぐ基となり、事物を直接的に捉えることをめざす——に開かれていくことになろう(40)。

『規則』三は、ある意味でこのような「経験」の一般的条件を求めていくともいえるが(41)、「通常の哲学」がいまだ「明白で確実なもの」を発見しなかったこと、事物の真理についての判断に「いかなる憶測をも混じえてはならぬ」ことが述べられる。スコラの論理は「蓋然的な憶測」にすぎず、確実なものと不確実なものをつなげ乱雑に混じてしまう(admiscere, permiscere)。デカルトが採る「経験」は、確実なものをめざし、それは不確実なものと切断されうる。確実なものと、蓋然的にすぎない不確実なものとの間にはいかなるつながりも認められないのである。蓋然的な「憶測」ではなく、直接的で明白な「経験」は精神の働きを構成する第一の基となろうし、「演繹」の概念を素描していく基礎ともなろう(42)。そして「いささかの誤りの恐れもなく事物の認識に達しうる、われわれの知性の働きすべて」は、「直観」intuitus と「演繹」deductio の二つのみ、ということになっていく。それは『規則』三の題にもあるように、「明晰かつ明白に直観し、確実に演繹しうること」であり、さらには方法の第一規則「いかなることも真に明白に認識しないかぎり、決して真とは受けとらぬこと……」(『方法序説』二)を解釈する鍵を与えるであろう(43)。

「経験」が確実さに結びつくことは、マリオンによれば、「数論と幾何学……のみがきわめて純粋で単純な対象をあつかうゆえに……経験が不確実としうるものをまったく容れていない」という『規則』二のテクストからも示される。『規則』二以来探求されてきた「経験」は、直観の最初の定義「純粋かつ注意深い精神の把握、知解することについて何の疑いも残さぬほど容易で判明な把握」につながっていく。誤りのおそれなく事物の認識に到りうる作用はただ二つ、「すなわち直観と、帰納」(intuitus scilicet et inductio, A. T. X, 368)、そして事物の認識に到達するための二つの途、「すなわち経験、または演繹」(per experientiam scilicet, vel deductionem, Ibid., 365)。ここで「直観」は「経験」に置き換え可能であり、「経験」は「直観」の可能名辞群の一つだ、とまでマリオンは言う。いずれにせよ、「経験」を通して追求されてきた問題は、「直観」へと集約されていく。[44]

(2) 実験

デカルトにおいて「経験」experientia, expérience はこうして確実なもの、さらには「直観」にまでつながる可能性領域をもつ。他方「実験」expérience もまた、自然学において重要である。『規則』一で「手」で表されていた「技能」は、デカルトの理論の「実験」のために「職人」とのつながりをもつことになり、その例としてレンズ職人のフェリエやヴィル＝ブレシウが挙げられる。デカルトはフェリエに宛て次のように書いている。「お別れして以来、私は例のレンズについて多くのことを知り、……今では以前と違って、手を使う仕事についてはほとんど疑いがないほどです。……そこでわれわれは一緒にいることが必要となる次第です」(一六二九年六月一八日)。またメルセンヌに宛てヴィル＝ブレシウについて次のように言う。「私の買っている点は、言いつけられたことを実行に移す手を彼がもっていることです[45]。」(一六四二年三月)

「職人」と結びついていくデカルトの「実験」には、二つの困難が現れる。一つは、「技能」そのものにまつわりつく種々の特殊な困難で、たとえば望遠鏡のレンズを磨く際の光学的説明がデカルトによって正確に与えられたとしても、フェリエが磨く段になれば実際上さまざまの難しさにぶつかるであろう。これは『規則』一にも問題の根底が示されていたが、その一端は『方法序説』で次のようにたとえられる。「正確な楽譜が与えられても、一日ではそれをリュートで巧みに弾きこなせ」ない、と。もう一つには、そのころ、当時として「新奇な」、一種革新的な思潮をなしていた魔術的学問にデカルトがある程度の関心を抱いていたことは先ほどみた。デカルトの「実験」にはこれら「秘伝的」学問が浸透していたのだ。フェリエは「魔術師がデーモンの力で現れるとした……幻影」をレンズで映し出すことができたといわれ、ヴィル＝ブレシウについてもデカルトは、「錬金術の子細に及んだ秘術を大いに心得ていた」という。魔術からの解放という困難がデカルトの理論形成において問題になってくるわけであり、実験を、誤った諸原理から解放することが求められることになる。(46) こうした実験技能との接触でデカルトは次のように言うに至る。「私の哲学が印されていないような、いかなる実験にも、もはや一時たりとも停どまるまい」と（一六四二年三月七日、メルセンヌ宛）。『規則』一で、「技能」と混同されてはならない「学問」scientia の統合性・普遍性・単一性を主張する根拠の一つも、そこにあったにちがいない。

3　単純本性 naturae simplices

経験 experientia は、われわれの知性に現れるすべてのものだとデカルトは言う。「われわれが経験するものとは、感覚によって知覚するすべてのもの、われわれの知性に現れる一切のもの――外から来るものであろうと、知性自身の反省的直観から生じるものであろうと」(A. T. X, 423)。そして経験の確実性は「単純」性につながる。「経験が確実でありうるのは、まったく単純で絶対的な事物についてのみである」(A. T. X, 394)。「単純」simplex はデカルトにおいて根本的に新しい意味をもつ。

対象としての事物 res は、「われわれの認識に秩序づけ」られ、「われわれの知性との関連で」考察され(Ibid., 418)、物体は、形・延長・運動などの「単純本性」natura simplex として捉えられる。ここでの「本性・自然」natura はもはや、アリストテレス的な自然 physis を指示するだけでなく、「単純本性」による再構成が可能な論理的要素をも示していく。「単純」は、本質の規定する「切り離された本性」が限定する単純性ではなく、単純化の過程の結果ともいえる。それは予め存在する要素ではなく、単純化による単純性である。単に再認されるのではなく、単純な要素を「名づけ」作り出すのである。「……われわれが最も単純なものと呼ぶ」「あらゆる事物は……絶対あるいは相対と呼ばれうる」「最単純というこの第一義項も、私が名づける」などの表現が『規則』六のテクストにみられる。このように単純性は事物そのものよりも、人間精神の判断がなしていくものによって、外部から事物に関わる。デカルトはいわば、現象世界の知的モデルを構築するための「最も単純な諸項」を考えたのであり、バシュラールのいうような客観世界における「絶対要素」の存在を考えたのではなかった[47]。

まず『規則』六では次のように述べられる。事物はわれわれの目的に有用である程度に応じて「絶対的なもの」と「相対的なもの」とに分けられる。「絶対的なもの」とは純粋な「単純本性」を自らの内に含むものであり、「独立的」「単純」「普遍」「一」「相等」「類似」「直」などである。「相対的なもの」とはこれら単純本性を分有するもので、その対概念である。これらの概念順序は、認識すべき「事物の系列」series rerum から配置され、例えば、「普遍」は一層単純であるゆえに「個別的なもの」より絶対的であるが、存在するためには個物に依存しなければならず、その意味では相対的であるという(A. T. X, 381-383)。「事物の系列」からの観点とは、『規則』一二で次のように説明される。「個々の事物を、事実的に存在するものとして語るのとは異なって、われわれの認識に関係づけられる」限りにおいて考察する観点である(Ibid., 418)。したがって単純本性とは、「われわれの知性に関して単純といわれる事物」(Ibid., 419)を指示し、さきほどの「絶対的なもの」の資格をもつことになる。それは三種に類別される。第一は「純粋に知性的なもの」で「生得的光」lumen ingenitum によって物体的イメージの力を借りずに認識される。例えば「認識とは何か」「疑いとは何か」。第二は「純粋に物質的なもの」で、「形」「延長」「運動」など。第三は「共通的なもの」で、「存在」「統一」「持続」、そして「共通概念」や「欠如」「否定」(Ibid., 419-420)。これら単純本性の性格は次のように規定される。第一に、それ自身によって知られ(per se nota)、決して虚偽を含まない。第二にそれ以上分割されず、知性によって直観される(intueri)。第三に知性が触れる(attingere)ことによってその本質全体が知られる。「われわれの知性に関して」単純であるこれらは、複合的認識への要素となるのである。[48]

このような『規則論』の「単純本性」の考え方や語そのものは、部分的にはアリストテレスに共通するものがみられる。「単純本性」はアリストテレスのいう「非複合的で単純なもの」——「直知」の向かう知的対象——(Meta., 1012a2, 1027b27, 1051b17, 1084b14)に相当し、事実スコラのアリストテレス註釈ではこの「単純なもの」は正しくnatura simplexとされている。またデカルトが述べる「知性に関連する限りでの事物の系列」も、アリストテレスのいう次の点に対応しているだろう。すなわち、「説明方式において、より先なるもの」は「より多く単純」であり、そのようなものを対象とする学はそれだけ厳密性すなわち単純性をもつこと(Ibid., 1078a10)。[49]

そして具体的には、事物を捉えるデカルトの「単純本性」は歴史的にベイコンの概念を受け継いでいる。[50] ベイコンは「ある本性について、その本性の形相……を見いだすことこそが人間のなすべき仕事」(N.O.II, 1)とし、人間が形相を知れば、自分の力で、物体のうえに新しい本性を生み出し付け加えることができるようになるという。一六〇三年に書かれたとされる『ヴァレリウス・テルミヌス』は『ノヴム・オルガヌム』の予備的作品といわれるが、ベイコンはそのなかで、自然を構成する「アルファベット」あるいは「文字」であるような単純本性を考え、その結合によって「事物の多様性」が説明されるだろうという。[51] あらゆる自然と物体には、対応する「形相」があり、それによって「構造」と、人々の精神に思いうかぶものとは全く別のものである「隠れた過程」(Ibid., II, 6)を見いだすことができる。[52]

ベイコンは、アリストテレスのように本質を定義するだけには甘んじなかった。事物の「作り方」を重視し、作業による生産のための処方方式を求める気持ちから新しい形相の考えに導かれている。「与えられた物体に、ある一定の本性を生み出し付け加えるためには、いかなる処方……方式……が最も望ましいか」を考えよう。たとえば、白い銀に金のもつ黄色や重さを与えること、ある不透明の石に透光性を与えること、ガラスに粘着力を与えることなどに、常に成功するには、黄色・重さ・透光性・粘着力などの本性をになっている特定のものを離れて、本性をそのようにしているものを知ることが必要である。重さ・色・伸展性などの本性は、金を分解して得られる単純本性であり、これら単純本性の「形相」(53)の発見や考察が作業の基礎となる。「それは他のすべての複合的対象＝物についても同様である」(N. O. II-5)。それら単純本性への分解は何によってなされるのか。「それは火によってではなく、理性的推論の助けを借りる真の帰納法によってであり……複合体のうちに寄り集まっている単純本性と、それら本性の形相とに還元することによってである」(II-7)。つまり理性の使用であり、これによって単純なものから複雑なものへと進み、「空虚な空間と不変の質料を仮定するアトムにではなく、現に見いだされる真の分子」に到達し、「探求が単純本性に近づくにつれて、すべてが一層明らかになり、はっきりしてくる。」(II-8)

デカルトにおいても、「単純本性」に関してベイコンと同じ用語や用法がみられる。形・延長・運動を単純本性としてあらわすこと、形と延長、運動と時間など、二つの単純本性の「結合」を語る場合、これらはあきらかにベイコンの影響がみられる。

しかし両者の間には重要な差異があり、デカルト独自の概念的ずれがみられる。まず第一に、ベイコンの「単純本性」は「本性＝自然」natura そのものに基づいているのであり、デカルトのような人間精神の判断による単純化の単純性とは異なっている。ベイコンは次のように言っている。「うえにあげた作業の方式は……自然における不変・永遠・普遍的なものを単純本性から出発して、人間の思惟が（現状では）ほとんど考えたり思い浮かべたりできないような道を人間の力のために開き」（N. O. II, 5）、「真の分子」（II, 8）を考える。このことは、自然の解明に重大な役割をになう形相を考えれば、さらに明瞭である。「（単純本性に関しても）私の言うところの形相が、抽象的な形相や観念《イデア》の意味に解されてはならない。私が形相というとき、その意味するものは、なんらかの単純本性、たとえば熱とか光とか重さとかを、それが感受される……質料と基体において支配し構成する、純粋活動の法則と限定のみだからである。……といっても私は事物そのものや作業部門から遠ざかったりするわけではない」（II-17）。ベイコンにおいて単純本性は「事物」res の次元にあるといえよう。それは形相から構成され、形相は純粋な知性の働きであるが、具体的な物体の外部で働くのではなく、分子に比較されうる。さらに、このような「事物」の次元にある単純本性の分解と複合によって新しい化学が構想されうる。たとえば、金のもつ諸々の単純本性を分解し、それらの本性を付け加える方式を知れば、「それらの本性をある物体において結合し、その物体を金に変化させる」ことができよう（II-5）。

そして単純本性が〈res〉のレベルにあるベイコンにおいては明証性は単純化とともに増大する。「問題が微であり細であることに恐れをなして、それを解きがたいと考えねばならぬのではなく、反対に、探求が単純本性に近づくにつれて、すべては一層明らかになり、はっきりしていく。……計算に際しても、千という数をあるとして考えることは、一という数をあるとして考えることと同じように容易である……。」（II-8）

デカルトはそうでない。「たとえば延長をもち形をもつある物体を考察する場合、物の方からいえば、それが一で単純であることをわれわれは承認する。……なぜならこの意味では、それが物体性・延長・形から複合されているといえないだろうから。……けれどもわれわれの知性にかんしては、それは上の三つの本質から複合されたものだという。というのは、われわれはまず三者を一々別に理解したあとで初めて、それが同一の基体のなかに同時に見いだされると判断しえたから。ゆえに……われわれが単純者とよぶものは、その認識が明瞭かつ判明であって、判明に知られる一層多くのものに精神が分割しえぬもののみ……。」(『規則』三)[54]

デカルトにとって「人間の全知識は、これら単純本性がいかに同時に協力して他のものを複合するかを判明にみるという、この一事においてのみ存する。……たとえば磁石の本質は何かと探ねるとき……まずこの石について経験されるあらゆる事柄を細心に集め、次にそれから、磁石について認めたすべての結果を生むに必要な単純本性の混合はいかなるものかを演繹する。」(Ibid.)

さらにデカルトは、単純本性相互の結合を必然と偶然に分ける。「形は延長に結合されており、運動は持続あるいは時間に結合されている、等々。なぜなら、形を延長から、運動を持続あるいは時間から、全く切り離しては考えられないから。……同様に、形や数について何事が証明されようとも、そのことは、その述べる対象に必然的に連結されている。」必然性が見いだされるのは、感覚的事物においてだけではない。ソクラテスの懐疑を例に、「疑い」と「疑う我」の二つの単純本性の必然的結合が示されていく。「ソクラテスが「自分はすべてについて疑う」というとき、必然的に次のことが帰結する、すなわち、彼はそのゆえに、少なくとも、自分が疑うことを解しているのだ、と。」ここにデカルトにとって何よりも決定的な、ベイコンら同時代の学者との分岐点があるのではなかろうか。[55]

また他方デカルトにおいて単純本性は、精神が数や図形を思考するとき、精神は思考にとっての「単純本性」から始める。[56]それらが単純であるのは、要素を含んでいないからでなくて、その要素が互いに切り離されれば意味を失うような一つの全体を形作っているからである。『第二答弁』で次のように述べている――これらの単純本性は「そのうちに、多くの属性から成る集合的全体を含んでいる」、けれども「これらの本性の観念は単純である」(A. T. IX, 126)。たとえば切り離された三つの線分は三角形ではない。『第一答弁』で、「正方形のなかに記された三角形がどのようにして、一つないし数個の観念として捉えられるか」が説明される(cf. A. T. V, 32 ; A. T. III, 418)。『規則論』の「単純本性」は、こうした重要な基軸の一つを構成していくであろう。

数学における単純本性は、拡がり(延長)と結びつくことによって感覚に適合し、この適合によって万人に容易にうけいれられるものとなる。無論、そのためにわれわれの認識が感覚的認識のレベルへ下がるというのではなく、機械論は逆に、感覚的認識のほうが数学的延長の直観に基づいていることを示している。この直観は理性的なものであり続けながらも想像力に助けられて、精神は自らが思考しているものをきわめて明晰に見て取る。それゆえ、その対象をスコラの流儀で定義しようとしても、それを不明瞭にしてしまう場合が多いのである。[57]

「単純本性」間のコンスタントな関係についてベイコンはそれを、古代人の「帰納法」inductio によるのではない、という。「論理学者たちが口にする、単純枚挙によって進む帰納法はあぶなっかしく、矛盾的事例によってくつがえされる危険を免れず、ただ慣れているものだけを目にとめて、成果をあげるにいたらない。」ベイコンの求めるのは「真の帰納法」inductio vera で、「諸学が必要とするのは、経験を解体し分解し、しかるべき除外と排除を加えることによって、その結論が必然的であるような帰納法の形式である。……論理学者たちは、一つの学問の原理を他の学問からいわば借りたり、他の学問へ貸したりしている。けれども真の論理学は、個々の学問の原理がもっているものよりも高い権限をもつのである。」(N. O. Dist.)

「帰納」の語は『規則論』でもみられる。[58] 頻度は多くなく、大部分「枚挙」をともなった「枚挙すなわち帰納」enumeratio sive inductio という表現である。さきに『規則』三で「経験」と「直観」のつながりを見た際にも「……すなわち直観と、帰納」(intuitus scilicet et inductio, A. T. X, 368)というテクストがあった。ライプニッツが斜線で消して書き加えたというこの et inductio については deductio だとの説もあるが、[59] ロディスは『学術雑誌』の用例や『規則論』のテクストなどを挙げて inductio を採り、次のように述べている——デカルトは deductio ときには inductio という術語を、区別せずに用いたようだ。その際 inférence や、精神が結論に向かうことを語源的に示す illatio との類似が強調されている、と。[60]

マリオンはロディスの結論に依拠しつつ、さらに、「三段論法」を排除するものとして不可避的に、deductio ではなく inductio だとする。『規則』七で「われわれのいう十分な枚挙すなわち帰納 enumeratio sive inductio の意味するところは……ある認識が直観に還元され得ない場合、いつも、三段論法の連鎖が斥けられている以上、残る途はただ一つ」で、それが「枚挙すなわち帰納」であり、ベイコンも同じ結論を示している(N. O. I, 14; II, 10)というのである。[61] ロディスも、デカルトが〈inductio〉を用いるときの、inférence, illatio との類似性を指摘する(A. T. X, 365)。そしてあるものを他から推論する精神の運動(Ibid., 407)、inductio は、「直観」intuitus と並んで、誤りを免れうるただ二つの「知性の働き」を指し示している(Ibid., 368)という。[62] デカルトの inductio は、たしかにベイコンの概念を受け継いだと考えられる。しかしベイコンの inductio が直接「自然」natura に結びつき、この直接性そのものが新しい普遍となるのに対して、デカルトの「枚挙」と結びついた inductio は、知性の側の「秩序」に関連づけられる。そしてそれは「直観」につながっていくことになろう。

4　直観(intuitus)と演繹(deductio)

『規則』二からの「経験」の可能的な意味の探求に続いて、「直観」の最初の定義が『規則』三に現れる。「純粋なかつ注意する精神の把握、しかも理解するところについて何の疑いも残さぬほど容易で判明な把握」(A. T. X, 368)。

さきほど見たように、「経験」の一般的問題も「直観」につながり、「経験」そのものも「直観」につながっていくのであった[63]。

「直観」はたしかにアリストテレスの「ヌース」及びその周辺概念との共通点をもつ[64]。まず、『規則』一二にパラレルなテクストがみられる――「われわれが熟考によって視るものないし触れるもの」(A. T. X, 420)――、「触れる」attingere はデカルトのテクストで多用され[65]、その意味もアリストテレスの thigein/attingere に共通するものがある。アリストテレスによれば、知性の働きは「直知」と「推理知」とに分けられるが、前者が向かう知的対象は「非複合的なもの」すなわち「不可分的なもの」である(Meta. 1027b27, 1051b17, 1084b14)。この「非複合的なもの」については、その真偽は、そのものに触れる(thigein)こと、あるいはそのものを主張することが真なのであって、触れる限り誤るということはなく、無知とはそれに触れないことである(Meta. 1051b17)[66]。「ヌース」も「直観」も、前判断的である点は共通しており(A. T. X, 420)、『規則』三の直観の対象としての「第一原理」(A. T. X, 387)もアリストテレスのテクストに通じている[67]。

しかしまた、両者の間には重要なずれが生じている。マリオンによれば、「ヌース」の関わる対象は「直観」と異なっている。ヌースは、把握可能なすべての「対象」に関わるのではない。すべてが、同じ仕方で把握されるのではないからである。結局のところ「ヌース」は、「自然 physis のうちの最も明白な事物」に関わるのであり(Meta. 1051 b21-22, b28)、すべての知に関わるわけではないのである[68]。

これに対して、「直観」の対象は、「たいていの人の認めているよりはるかに多い」(A. T. X, 368)。しかも「こうした容易な事柄に精神を向けることは軽んじられてきた」とデカルトは言う(Ibid.)。この「容易」という言葉は『規則論』にも、後の『方法序説』にもみられる。『序説』第二部では「……最も単純で容易な事物から始める」ことが述べられ（Ibid., VI, 19）、第六部では「第一に容易なる事物を求めつつ……」（Ibid., VI, 72）とまで強調される。[69] マリオンによれば、これは事物の直接的・無媒介的な把握の条件であり、アリストテレス的「ヌース」の働きの条件には適用されることのなかったものであり、それはばかりかアリストテレス主義を批判するものとなる。[70]

デカルトが「直観」の最初の定義の直後に挙げるその対象は、アリストテレスとの決定的な差異を示していく。まず「自《みずか》らが存在すること」se existere、「自らが思考すること」se cogitare（Ibid., 368, 421, 432）。この対象は「事物」ではない。精神が基礎づけることによって知の第一の対象となるものであり、いかなる「事物」によっても保証されることなく、自らを基礎づけ、自らを呼び出すものとなる。つまり自らを（se……）対象とし、思考するものとして、対象となる〈事物〉なくして懐疑の形式的条件として基礎づけられる。さらに、事物なき表象として、懐疑のなかで優れて「容易」な対象をもたらすことになろう。[71]

コギトの要素といえるこの「自らが存在すること」「自らが思考すること」の二つの命題については、以下のようなセールの解釈があるが、[72] まずデカルトが直観の例として挙げているこのテクストの全体を引こう。「このように誰でも、精神によって次のことを直観できる。すなわち、自らが存在すること、自らが思考すること、三角形が三つの線によってだけ限界づけられること、球がただ一つの面によって限界づけられること、そして同様のこと。」（Ita unusquisque animo potest intueri, se existere, se cogitare, triangulum terminari tribus lineis tantum, globum unica superficie, & similia. Ibid., X, 368.）

セールはまず後半の幾何学的な二つの命題を取り上げる。最初の三角形の例は、三角形が一次元の存在に縁《ふち》どられた二次元の存在であり、これらの結合は必要十分の関係にある。さらにこの必要十分性はデカルト的解釈では、三角形と線が一体となっていて引き離すことができないということであり、この一体となったものを直観するわけである。

球と面の関係も同様に、球は二次元の存在に縁どられた三次元の存在であり、三次元である球は、二次元である一つの面のみを必要とするだけでよい。球という用語のもとに直観される図形であるように規定される(限界づけられる) terminari ためには、一つの面を必要とするだけであり球の面への関係の必要十分性は前者と同じである。そして縁《ふち》あるいは境界のことから考察するならば、各々のものが次のものの縁になっており、一次元、二次元、三次元と順序づけられる。これらの関係は、計量的な関係ではないし、比例関係でもない。[73] もっぱら空間的直観の必要十分性における関係なのである。

セールはこの後半の図形認識における順序関係を範として、前半の命題が、「我思う、ゆえにわれ有り」の命題と順序が逆になっていることを示す。すなわち、直線よりも前に三角形といわれ、面よりも前に、球と言われているように、限界(規定)づけられる図形が限界づける図形の前におかれ、そこでの関係は計量的な意味での比例関係ではまったくなく、必要十分性の関係にもとづく直観内的な連関なのである。自らの存在の直観への、自らの思考の直観の関係は、三角形の直観への直線の直観の関係、球の直観への面の直観の関係に等しい。さらにデカルトは、他にも例が可能であることを言及するにあたり、「及び他のもの」et cætera とはいわず、「および同様のもの」et similia と言っている。これは、幾何学的範例、コギトの二つの要素、その他の可能な例のあいだに類似関係があることを示すのだとセールは指摘する。[74]

セールは、見事にこのテクストの構造を分析してみせた。ただし、幾つかの事柄を付け加えておこう。『規則論』の執筆時期は、コギト・エルゴ・スムの命題が確定される前と推定されており(一六二八年)、しかも、『規則論』のテクスト全体を通してコギト・エルゴ・スムの記述はみられない。それゆえ、デカルトが意識的に existere と cogitare を転倒したのだというセールの主張は、断定することはできず、なお多くの可能性を残すと思われる。そして、前半に自己についての認識、後半に図形の認識という順序になっているのは、幾何学的認識よりもさらに単純かつ容易に、経験において認識できる自己を前半においたのだと考えられるのではないだろうか。[75] このような例は、「及び同様のもの」et similia が同じように出てくる『規則』一〇の、簡単なものから始めるという順序の例を挙げたテクストにもみられる。[76] さらにまた、単純本性の節でもみたように、認識するわれわれの知性は、認識される事物の本質よりも優位におかれていたのであり(『規則』八の諸テクスト)、『規則』一三ではさらに次のことに注意が向けられている。「事物の直観のみには虚偽は存在しない。この意味でそれら事物は問題と呼ばれない。けれども、われわれがそれらについて何か限界づけられた判断を下そうと考えるや否や、それらは問題という名をとる。……かのソクラテスの無知そのもの或いは疑いそのものもまた、彼がそれに心を向けることを始め、自分がすべてについて疑っていることは真であるかと探求し始め、そしてまさにこのことを認めたとき、問題となるのである。」(A. T. X, 432-433)

精神の働きは直観と演繹とで基礎づけられ、それまでの伝統との絶縁が強調される。「直観」はそれまでとは異なる新しい意味と用法をもつ。

「直観とは、感覚の変わりやすい証しでもなく、虚構の想像力の誤れる判断でもなく、純粋かつ注意深い精神の把握、しかも理解するところについて何の疑いも残さぬほど容易で判明な把握である。……ただ理性の光からのみ生まれ、演繹よりも単純であるゆえに一層確実であるところの、純粋なかつ注意せる精神の、疑いえない把握である。」(『規則』三、A. T. X, 369)

そして「弁証法が直観と演繹の助けによって導こうと努める精神の他の諸操作」の無益と有害が述べられ(『規則』四、A. T. X, 372)、それまでの伝統的弁証法との絶縁が試みられる。デカルトの欲するのは、連続した直観であるような演繹である。数学的演繹は、「なぜそうなるのか、発見はいかにしてなされたか」を明晰に見て取らせることによって、必然性を豊かな産出性へと結びつける。とくに幾何学に教えられることで、この直観的演繹は、形式的演繹と対比され、構成的ともなる。ラポルトの要約によれば次のようになる——スコラにしたがえば、定義が潜在的状態で内包するものを公理の助けを借りて展開する。反対にデカルトの学問は、演繹的ではあるけれど、その実践する演繹は、三段論法とはまったく異なり、単純本性とその相互関係を対象とする直観の連続である。(77)

精神は、演繹をおこなう間ずっと、自身がいかに思考しているかを観取しつづける。(78) 演繹の能力は、直観の能力と同様、われわれに生得的であって、いかなる方法も、「これらの働きそれ自体がどのようになされなければならないかということまでも教える」に至ることはできない。「というのも、これらの働きは最も単純にして一切に先立つものであるから、われわれの知性が既に予めそれらの働きをなしうるのでなければ、方法そのもののどれだけ容易な規則であっても、知性は理解できないことになるだろう」から(『規則』四、A. T. X, 372)。「確実に認識された他のことから必然的に帰結する一切のこと」が演繹によるものと解されなければならない(『規則』三、Ibid., 369)。

さてカッシーラーは、「デカルトにとって直観の内容を構成するものは、幾何学や数論の公理に他ならない」と述べている。(79) デカルトにとって公理とは諸観念の間の関係であるが、これは、それらの関係をアプリオリに規定するような理性的原理にその確実性を負っているのではなく、その確実性を、観念それ自体の現前に、つまりここでは数学的対象それ自体に負っている。しかもそれらの対象のうちでデカルトが幾何学を重んじていることに気づかれるのは、先ほどの本書二章一—2「普遍数学の構想」後半で詳しくみたとおりである。そしてデカルトは、数論と幾何学の確実性が直観を基礎とし、直観の連続を原理とする点に留意するのだが、この直観の連続性が可能となるのは、演繹系列の諸項が次のような秩序のもとに配列されている場合のみである。(80) (1)先行する諸項は、そこから帰結する諸項の助けなしに知られねばならず、そして、(2)帰結する諸項は、その演繹系列に属する先行諸項のみから結果するような、秩序に配列されている場合。このような場合のみであり、そこでは直観の連続性は、諸論拠の秩序・理性の連鎖の秩序を要請する。それはありきたりな要請ではあるが[81]、しかしデカルトはこの要請の内容を新しいものとする。この形式的原理を数学化することによって、そこでの「諸論拠」がもはや、われわれの外部にあるもののわれわれの内部における諸形式ではなくて[82]、われわれの思考相互の諸関係として考えられるような、直観的原理となっているからである。そしてわれわれは、「認識すべき事象の系列を、その各々の事象の本性をまたずとも」考察することができるのである。認識すべき事象のうちから、探求にとって必要もしくは有益なものだけを取り上げることにより(『規則』八、A. T. X, 392)、これらの諸事象は系列内で、われわれの認識の要請にしたがって秩序づけられることになる。

形而上学の領域においても、われわれは同様の厳密性に達することができる。計量のいっさいの可能性は延長の消失とともに消え去ってしまうが、秩序と計量的尺度の学から、秩序についての学が残る。たとえばラ・フレーシュ学院でのデカルトの師であったフランソワ神父の著書の題名に、『量論——諸学および数学的諸術への、さらには量についての哲学的論議への導入に役立つように、量が絶対的にそれ自身において、また相対的にその諸関係において、また実質的に最も高級な主題において、それぞれ考察される』(一六五五)というのがあったが、それまで量にたいして適用されていた推論から、形而上学の諸観念という、純粋な質の領域へと推論は上昇しうるのである。直観は数学におけると同様、確実性の基礎であり続ける。数学的対象に関してなされたように、考察される本質が存在と区別されないコギトの場合も、本質が必然的に存在を含む神の場合も、世界の認識においても、そのたびごとに直観は、実在的なものを捉える。数学におけるように、推論の厳密性を構成するのは連続した直観なのであり、連続した直観が可能になるのは、中断することのない理性の秩序によるのである[83]。

第二部　体系

——構造と境界——

デカルト（フランス・ハルス画）

レイデン

第三章　理性の連鎖と無限

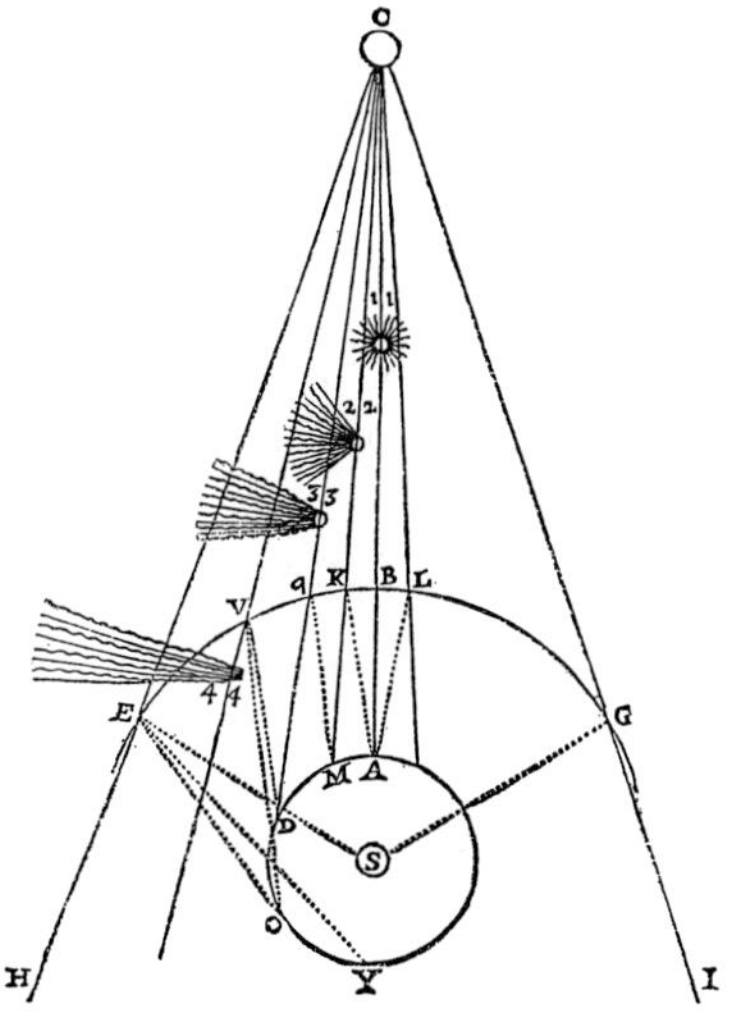

『世界論』より天空の図：太陽，彗星や地球

一　真理＝確実性の連鎖の確立

1　懐疑からコギトへ――有限なる私

デカルトの真理の探求は懐疑から始まる。懐疑論者の懐疑とは正反対の、自らの理性を確立するための懐疑である。「だからといって、疑うためにだけ疑い、つねに不決断でいようとする懐疑論者たち（les sceptiques, qui…affectent d'être toujours irrésolus）をまねたのではない。それどころか、わたしの計画はただ確信を得ることであり、泥土と砂を払いのけ、岩と粘土を見いだすことなのだ。(1)」（『方法序説』A. T. VI, 29）

学院時代のデカルトは、「砂と泥の上に建てられたにすぎぬ壮麗かつ堂々たる宮殿」にたとえられる「古代異教徒たちの著作」に不安を感じる一方、(2)まだその真の用法を見いだしていなかった数学の確実性と明証性にひかれていた。「数学は機械技術にしか役立っていないと考えながらも、数学の基礎がかくも強固で堅牢なのに、そのうえにもっと高いものが何も築かれていなかったことに驚きを感じていた」（Ibid., 7-8）。懐疑の経験は、「人生に役立つ事柄」にお

メルセンヌ神父

いてどのようにして数学のような確実性と明証性の程度に達しうるかという問いに行き着くことになろう。それは優れて理性的な問いとなるし、デカルトの懐疑は方法的なものとなる。方法的懐疑は理性的である。懐疑論者たちと正反対に、理性そのものを懐疑にかけることはないのである。たとえ後に理性の範囲と境界・限界を問うことになるとしても。デカルトにとって理性とは、同一律、矛盾律等々を集積したり、因果性原理、実体原理、合目的性原理……等々のリストを挙げることにはとどまらない。これらは形式主義、論理主義の立場でしかない。「単純で自ら知られるものを、論理的に定義しようとすると、かえって曖昧になる」のである（『哲学原理』第一部一〇。以下一-10と略記）。デカルトの理性はスコラ的な定義によるものでなく、直観を基礎とし、いわば経験として、思考（考えること）によって、われわれを真理あるいは真なるものへと導くことから始まった。『精神（知力）を導く諸規則』*Regulae ad directionem ingenii*は、「注意する精神、……直観する眼差しに現前する」明晰判明な観念につながり、直観を基としていくのであった。

デカルトの懐疑は意志的である。事物の真理は、私のもつ明晰判明な表象をもつことを規則とし、注意力を保持しようとするこの意志的懐疑は、真理への道程となり、方法の不可欠な部分となる。懐疑の実践は、疑わしいものを排除していくことと、明晰かつ判明なものをみいだしていくことの二つの機能をもつ。懐疑はパトス的ではなく、理性的である。情念ではなく、意志（究極は自由意志）に由来する、注意力であり、判断である。(3)

方法的懐疑は理性そのものを懐疑にかけることはないし、観念や経験をもつことを疑いはしない。観念についてライプニッツは、デカルトが「私は思考する」ego cogitoと「様々なものが私によって思考される」（varia a me cogitantur. Animad. I, 7, GP. IV, 357）という二つの真理に、同等の根源的重要性を与えるべきであったと反駁する。ライプニッツは伝統にしたがって存在から認識へと進むであろう。(4)これに対してデカルトは、認識から存在へと進むのであり、認識の確実性はまずは現象学的なものとなる。「しかし、もし私が、これを見たり歩いたりする感覚そのもの、あるいは、そのような意識とするのであれば、上述の結論はまったく確実である。その場合、それは精神にかかわり、しかも精神のみが、自分は見ているとか歩いているとか感覚する、すなわち、そのように考えるのであるから」(『哲学原理』一-9)。懐疑は、われわれの外部に観念が差し向けていく(外観的に)、事物の存在にかかってくる。私が「判断」するのではなく、「そのおなじ蜜蠟を見る」と言うとき、デカルトは、経験的に外観が私に語っているものと、純粋に知的な働きが私に「判断」させるものとを区別している。「もし私が窓から、街路を通っている人間――それを見て、私は蜜蠟を見ると言うのと同様に、私は人間を見る、と必ず言う――を見ていなければ。だがこの窓から帽子と衣服のほかに、私は何を見ているのか。衣服の下には、幽霊や機械仕掛けで動く人造人間がいることもありうる。けれども私はそれが本当の人間だと判断するのである」(『省察』二、A. T. IX-1, 25)。私が本当の人間だと結論するのは、一種のアナロジーからである。だがアナロジーは誤りの危険を含む。外観として現れるものから、存在するものへの繋がりは論理的には説明されていない。

結局のところ懐疑は欠如の経験となろう。方法的懐疑は受動的な待機ではなくて、能動的な探求である。真なるものや真理への、方向をもった、能動的探求である。「私」「神」「世界」、この三つの根本的存在を疑いえないものとすることを、方法的懐疑はめざすであろう。これらの存在おのおのは実体であり、学問(科学)とは、これらについて述べうる真理の、秩序づけられ、体系だてられた総体となる。

デカルトの理性は、方法的懐疑とおなじく能動的な探求であり、意志を持続させる。理性のめざす真なるものは、理性の上にあるのではなく、理性の前面にある。理性の進む力は、自由意志 libre-arbitre のごとく無限である――デカルトの論理を真か偽の二値論理とするなら、各々の懐疑に「否」と言う力をもつ自由意志がある。疑うとは、その判断を宙づりにすることであり、さらにつけ加えるなら、判断を宙づりにするとは、判断を宙づりにすべきだと判断することである。デカルトには戦闘的な意志があり、それは常に肯定的で、否定においてさえ、そうなのである。モンテーニュ的な「われ何を知ることができようか」という懐疑論にとどまることは決してないのである。そして方法的懐疑には、根源的な欠如の経験がある。だが、それは自由の欠如ではなく——理性と同様、自由も、懐疑にかけられることがない——、あらゆる被造物にまとわる、いわば神の直観的広大無辺（無限）の欠如である。それは懐疑における私の有限性の経験であり、私が「全知」でないことの経験である。

考える私、神、世界、これが懐疑が方法的に確立すべき三つの存在である。これら三つの存在は、時間にかかわる。だが、それぞれ異なった仕方である——永遠、全知、直観。神は時間を超越し、創造によって時間の起源であり、時間に捉われていない。神は存在するが、実存していない。神は時間の外側にあり、懐疑を知ることはなく、その知は無媒介的であり、誤ることはない。われわれの認識の極限において、われわれの直観は神の認識にモデルをとったかのようにみえる。世界は時間とともに創造されたのであり、時間とともに存続している。デカルトは世界の時間について多くを語っていないが、いずれにせよ、その機械論は、人間的生の参入する、ベルクソン的な持続の概念とは相容れないし、デカルトの二元論は物質の精神性（思考）すべてを排除する。そこで残るのは、精神が時間とその諸結果の意識をもつことである。懐疑は、この諸結果から生まれる。デカルト的認識にとっては真なるものは現在的《アクチュアル》である。すなわち、過去はもはや存在せず、未来はいまだ存在しないのである。時間そのものは、瞬間から瞬間へと、われわれの認識には現在的《アクチュアル》にのみ存在する。コギトによってわれわれは、失われた過去と不確かな未来のあいだで、独我論的に瞬間に還元される。あらゆる事物の不安定さをわれわれに経験させる根本的時間意識のなかで懐疑は、疑いえないわれわれの有限性を示していく。無限なる知は、真なるものや真理に向かって進んでいるのではなく、真なるものや真理を所有しているのであり、全能の意志は何ものにも依存しない。時間は懐疑にかけられないが、懐疑は私の有限性に源をもつ時間なしには生じない。有限性と時間と懐疑は、循環的につながっているかのようである。(5)いずれにせよ、有限性とは、被造物としての私の存在ないし実体の有限、つまり私の認識の直観の広大さの有限である。時間に依存していることにより、私の理性は何ものかがそれを超越していることを知るであろう。そして私の意志は、この認識力に結びついている限りは有限である。けれども自由意志の能力として無限を知ることになろう。だがこの無限による有限の超越は、有限を消し去ることではない。有限を確認し裏づけるのである。

2　コギト——考えるもの

デカルトの理性は、切り離さぬよう注意すべき二つのファクターを容している。受動的である観念・知性と、能動的である判断・意志である。『哲学原理』において、判断・意志の最重要な源である自由意志の位置(一-6)が、コギト(一-7)や考えること(一-9)よりも先であることに注意しよう。考える経験を構成するには、両ファクターの総体が必要であり、たとえば誤りは、「同時に協働する二つの原因に依る。すなわち、私のうちにある認識する力と、選択する力つまり私の自由意志とである。つまり、私の知性と、意志とである。」(『省察』四、A. T. IX-1, 45)

真か偽かを判断できない限り、理性は懐疑のなかにとどまる。方法的懐疑は、「蓋然的なもの」で止まることはない。疑っている自分を疑うことはないのだから、自らを肯定的に判断しているわけである。不確実な認識を前にした意志は、その肯定の一つといえる。否定の側からみると、方法的懐疑の否定は、絶対的な否定ではなく、欠如をあらわしている。デカルトのラディカルな二元論(精神／物質、運動／静止、能動／受動、知性／意志……)のコンテクストのなかに入らずに、ライプニッツは、疑わしきものを偽とみなすことは、矛盾したかたちで懐疑から出ることだと論駁する（Animad. GP. IV, 355-356）。論駁はライプニッツのコンテクストのなかでのみ有効であり、そこでは、二元論は消え、スコラの伝統に従って、「蓋然的なもの」は、真と偽のあいだの中間過程となるのである。一方デカルトにとって懐疑を出ることは、否定しえない存在、疑いえない存在に出会うことである。[6] それが、精神（魂）、神、世界である。それらは実体であり、したがって方法的懐疑の理性はそこで実体の原理（律）を働かせる。他の理性の原理の働き方と重要性はそれぞれの場合で異なっている。

まず「考える私」あるいは「（人間）精神」からみていこう。諸テクストをみるとほぼ、同一律、矛盾律、排中律がみられ、とくに矛盾（contradiction あるいは répugnance 二つの語は同義）が強調されている。[7] そして『方法序説』第四部――。

「しかし、そのようにすべてが偽だと考えようと思っているあいだにも、そう考えている自分が何かであることが必然的に必要だということに気づいた。そしてこの〈私は思考する、ゆえに私は存在する〉（Je pense, donc je suis）という真理は、かくも堅固で保証されたものであるため、懐疑論者たちのどんなに並外れた想定を残らず用いてもこれを揺るがすことのできないのをみてとって、私はこの真理を、求めていた哲学の第一の原理として、疑うことなく受け入れられる、と判断した。」（A. T. VI, 32）

『省察』二において、因果律は、神の存在証明の前に、「神、あるいはそのようななんらかの力、……なぜなら私自身がそういった考えを生み出すことができるかもしれないのだから……」（A. T. VII, 24; IX-1, 19）というときにみられる。けれどもコギトの論証は、このような因果律を必要とすることなく、無‐矛盾の必然性のなかにその力を有する。それは、「欺く神」（悪霊）の想定に対しても揺らぐことがない。「たとえそれが私を欺いているとしても、私が存在することにいかなる疑いもない。それが力の限り私を欺いても、……私が考えている間は、けっして私を無にできないのだ。こうしてすべてのことを……あますところなく考えつくした果てに、私は思考する、ゆえに私は存在する、という命題は……必然的に真であると結論せざるをえない。」(Ibid., IX-1, 19)

デカルトから一世紀後にナポリのヴィーコは、この「悪霊」の想定はすでにストア派によって用いられた議論だとして、プラウトゥスのソシアの例を引いてデカルトを批判する。欺く神から送り込まれた夢によるように、自分とそっくりの姿で現れたメルクリウスによって自分自身の存在を疑わざるをえない状態とし、デカルトと同様の結論をだしているというのである。(8) けれども、自分そっくりの姿かたちをして現れるメルクリウスと、すでに感覚と身体が括弧にいれられた段階での純粋に精神的な次元での「考えること」に向けられる悪霊とでは、その意味が異なる。マルシアル・ゲルーもこのソシアの例を引いて、悪霊に対しているのは、ソシアとかデカルトとか某氏とか具体的な個人である必要はなく、ただ「考えるもの」、すなわち一般化されたエゴ、主体なのだ、と言っている。(9) それは、デカルトのいう「精神」のレベルなのである。

さて『哲学原理』一-7は、これらを次のようにまとめるであろう。「われわれが疑っている間われわれが存在していることは、疑うことができない。……なぜなら、考えているものが、考えているまさにそのときに真実には存在していないとするのは、あまりに矛盾しているからである。したがって、あらゆる途方もない想定にもかかわらず、「私は思考する、ゆえに私は存在する」というこの認識は、あらゆる認識のうち、正しい順序で哲学するものが出会う、最初の最も確実な認識である。」

こうしてコギトが、方法的懐疑によっても疑いえない第一のものとなる。懐疑をのがれたものは、真なる理性の充全なる経験によってのみ可能となった。知性を照らす明証性と、それを直観する意志の判断との出会いである。「正しい順序で考えを導くもの」(『哲学原理』一-7仏訳。ラテン語テクストは「正しい順序で哲学するもの」)にとって、コギトは最初の確実な真理であり、理性の順序のなかでこれに続いてくる諸真理を基礎づけることになる。

懐疑を脱するに際して、このコギトの真理は直接的・無媒介的である。媒介するものなしに、「私は思考する」と「私は存在する」(あるいは「私は在る」)を同時に――幾何学者が三角形の辺と角、さらには角の合計を、同時に把握する(**uno intuitu**)ように――捉えるのである。こうしてコギトの真理は、順序のなかで最初であるだけでなく、デカルトの理性のあらゆる真理の基準となっていく。すなわち明証的直観である。

コギトの真理をみいだしたとき、「だからといって、考えるとは何であるか、存在とは何であるか、確実性とは何であるか、ということや、考えるためには存在しなければならない、などということを、それより前に知っておかねばならなかったということを否定したわけではなかったが、しかし、これらはきわめて単純な概念であり、またそれら自体では、なんら存在する事物の知識をあたえてくれないのであるから、ここでそれらを数え挙げるにはおよばぬ、と判断した」(『哲学原理』一-10、傍点は筆者)。コギトよりも前に、方法的懐疑の順序のなかで、「考えるためには存在しなければならない」ということは、「それ自体では、なんら存在する事物の知識をあたえてくれない」のであり、ゆえに、私はそこから自分の存在を引き出すことはできないのである。そこでは、「私は思考する、私は存在する」は三段論法ではない、ということになろう。コギトとともに、つまり、私の存在とその明証性が現前することによって、すべてが変わるのである。そこで私は次のように書くことができる。「私は思考する、ゆえに私は存在する」**Je pense,** ***donc*** **je suis** と。なぜなら、「考えるために存在しなければならぬ、ということをきわめて明晰に私はわかる」のだから(『方法序説』**A. T. VI, 33**)。「ゆえに」**donc** は、「考えるものすべては存在する」という命題との関連ではどうとらえられるのか。ラポルトは三段論法とせずに、「ゆえに」を必然的結合の説明として解釈し[10]、ゲルーはその『理性の秩序(順序)におけるデカルト』で応酬する[11]。ここでの本書の立場からは、議論のテクニカルな詳細に立ち入らず、ただ次の指摘をするにとどめよう。コギトの瞬間には、「理性の順序(秩序)」において論理連鎖的言説の思考はまだ受け入れられていなかった。論理的連鎖の保証は、欺くことのない誠実な神の存在から、初めて引き出される。三段論法は、初歩的ではあるが、それでもやはり論理的連鎖の言説である。コギトは、理性の順序のなかで現れ出た瞬間においては、三段論法ではない。論理的言説の有効が保証された後になってはじめて、三段論法になりうるのである。だがそうなると、論理の分析的順序から、存在の総合的順序へと移らねばならない。「考えるものすべては存在する……」という場合、この「存在する」は普遍的存在の次元にあり、独我論の次元ではない。だがこのことは、デカルトが「われわれが明晰かつ判明に把握する事物が真であることは、神が在る、ないし存在することによってのみ、保証される」と言ったのに対して、『第四駁論』(A. T. IX-1, 166)でアルノーによって提起されたデカルト的循環の難問を解決しようというものではない。明証性の基準は、神の確実性に先立ち、その条件ともなっているのだから。なおこの循環の難問題に関してはデカルト研究の文献がなお多く蓄積されている[12]。

コギトの瞬間には、デカルトはまだ、自分が身体をもっているのか、世界が存在するのかどうか、ということがわからない。私の身体と世界の存在は、懐疑によって、暫定的に――懐疑は方法的であるゆえに――、括弧のなかに入れられているのだから。そして、明証的直観がデカルト的合理性を特徴づけるという意味で、コギトが現れる瞬間のこの一種の独我論は、理性の最初の限界を定めていく。もちろんデカルトの頭のなかでは、この限定は暫定的なものであり、真理の探究の一モメントにすぎなかった。だがその痕跡は存続し、神や世界の認識のなかではっきりと見てとれるであろう。

この一種独我論的な問題にもどろう。そこでは私のうちにある観念のみが知られるのであり、したがって私はそれらの観念の無媒介的な直接意識をもつ。そしてこれは次のようにデカルトの理性を特徴づける。すなわち、まずこれらの観念が私のうちにあり、しかも、これらの観念は、私以外の他の存在に私が関係するとき、避けることのできない媒介となること。私のうちにこのような観念があるということは、プラトン以来の伝統的な形而上学と切断する。なぜなら、ここで語られている観念は、偶有(外来)観念でも形成(作為)観念でもなく――この二つの観念は私が身体をもつことを要する――、精神のみに存する生得観念であるからだ。[13] それまでの伝統では、純粋に精神的な観念は、われわれの精神にたいし超越的であった。しかし今や、これらの観念はわれわれのうちにある。しかも、これらは、「純粋な虚無」ではなく、「考えるもの」である。そしてデカルトは、この純粋に精神的な「考えるもの」が、非実在の虚無から出てくることはなく、必ず、より完全な実在的原因をもつはずだ、という。このことは同時代の人々に大きな衝撃をあたえ、ヴァチエ神父の驚きはデカルトへの書簡で示されるしカテルスは『第一反論』でこの問題をとりあげる。[14] ヴァチエ神父から三世紀後、エドムント・フッサールは、現象学者の先験的主観性の立場から、これを次のように批判するであろう。「デカルトは、偏見から自由になろうとする真剣な意思をもっていた。しかし……疑いえない唯一のものとしての、自我に本来そなわっている、諸原理に従って世界の他の部分を推論し、……エゴは、思惟実体 substantia cogitans、孤立した人間の精神あるいは霊魂 mens sive animus とされ、因果性による推論の出発点とされた。これによって、デカルトはナンセンスな先験的実在論の父となってしまった……。」[15]

3　理性の連鎖と物質世界の存在

こうして確立されたコギトから、理性の順序においては第二の存在である神の存在へ、どのようにして移っていくのか。私のうちに完全なるもの・無限なるものの、真の観念があり、かつ、有限な私がその原因となりえない。真なる観念とはデカルトにとっては、ライプニッツのような「無－矛盾あるいは可能」を意味するのではなく、明証性（明晰かつ判明）であり、数学的明証性をモデルとしている。『方法序説』でも、『省察』でも、『哲学原理』でも、神の存在証明を準備するとき、必ずこのような数学的明証のモデルが用意されていた。それは幾何学の観念的次元のもので、たとえば円の半径はすべて等しいとか、三角形の内角の和は二直角であるというようなレベルのことである。こうした観念的・論理的存在からどのように現実的（実在的）存在へ移るのか。こちらはもはや、コギトの経験におけるような私の存在ではない。論証は次のようになっていく。私のうちに完全なるもの・無限なるものの真の観念が存在するのであれば――ここで「私のうちに」は、原因を含むとともに、私がその原因になりえないことを含む――、そこから現実的（実在的）存在がもたらされる。

〈コギト・エルゴ・スム Cogito ergo sum〉においては、*sum* は充全なる生きられた明証であり、「思考する」ことと「存在する」ことは一体をなしていた。さて〈コギト・エルゴ・デウス・エスト Cogito ergo Deus est〉においては、私の存在から、他の存在へ移っている。いかにして？　完全でないことの明証、懐疑によって、さらに懐疑のなかで生きられた欠如の経験の明証によるのであり、依存の関係による。私は、私の存在を作ったものの観念の作者にはなりえない。私は、有限であり不完全であり、無限や完全者の観念を生み出すことはできないだろう。私がその確実性とともにその限界を知る自らの現実（実在）的存在だけが、私のうちにある論理的（数学的）観念だけでは考えることのできない、他の現実（実在）的な存在へと、因果性によって私をつなげていくのである。単に論理的に考えられるだけでなく、私のうちで、しかも明証性をもって考えられるものとして、それを生み出す原因につながり、真となるのである。「真なるものすべてが何ものかであるのは、きわめて明証的である。そして私は、私が明晰かつ判明に認識するあらゆることは真であることを、ここまでに既に充全に論証した。そして、たとえ私がそれを論証しなかったとしても、私がそれらを明晰かつ判明に捉える限り、それらを真だとみなさざるをえないというのが、私の精神の本性なのである」(『省察』五、A. T. VII, 65; IX-1, 51-52)。デカルトにおける神の存在証明には多くの困難や論議があり、ここで詳細を分析する余裕はない。その詳細と困難さはゲルーの『理性の秩序(順序)によるデカルト』[16]で分析され、『デカルトの存在論的証明に関する新たな考察』[17]で補完されている。そこで示されたように、神の現実(実在)的存在へ移るのは、因果性によってのみ可能であり、これがなければ、存在論的証明において、神の観念が主観的観念となってしまう危険があろう。

「思考する私‐精神」は、考える存在とともに、その本質が直接的・無媒介的にとらえられるし[18]、神もまたきわめて独特のしかたで、本質と存在(在ること)が一つとなっている[19]。けれども物質的事物(世界)に関しては、その本質と(現実)存在とを即座に一つに扱うことはできない。この区別は、物質の本質がその存在と分かれていることを意味するのではない。理性の順序のなかで「私」はまだ純粋な精神にすぎず、神が私のうちに刻んだ生得観念(あるいは本質)を基礎に、知るのみである。ゆえに事物の本質を認識するのみであり、そのようにしてとらえられる本質は、存在を含んでいない(『省察』三)。本質から存在へつなげるには論理的演繹が必要となる。コギトが直観であり「私が考えているあいだ」だけしか、その価値が保証されず、しかも時間は私に依存するものでないとすれば――未来は未知なるままであり、過去はあやしげな記憶にゆだねられているのであれば――、論理的演繹の連鎖は、連続創造の唯一の根拠でもある、誠実な神によって保証されなければならない。『省察』四はこの保証にあてられ、われわれの誤りは、われわれの「自由」の誤った用法に帰せられる。懐疑によって括弧に入れられていた数学的な論理の連鎖がそれ以降、復権し保証される。そして『省察』五は「物質的事物の本質」をあつかう権利を得る。人間の精神は、世界の観念と同じだけの完全さをもっているのである。「私が判明に捉えることのできる事物すべてを、神が生み出す力があることは疑いない。そして、私が判明に捉えるには矛盾がある……ことを除いては、神がそれをなすのに不可能はない、と判断されたのである」(『省察』六、A. T. VII, 71; IX-1, 57)。『省察』六は、「物質的事物の存在」と「私」の身体の問題をあつかい、真なる自然学の確立へ向かうのである。

『省察』の論理構造は、『理性の秩序によるデカルト』によっても明らかにされ、コギト－観念の表象内容－神の存在証明の過程が再構成される。そこではコギトから神の存在に移るときの因果性の重要さが示されたが、「知識」の観点からは次のようにとらえられる。まず、コギトから「結果による」神の存在証明までは、意識の段階であり、知識は「私の知識」ma science であり、主体の側からのものである。神の第一、第二の存在証明によって、数学的明証性の演繹連鎖が保証されたあと、神の第三の存在論的証明をへて最終的に、知識は「事物の真理」となり、事物の側からの客観的真理となる。ゲルーはこのように「知識」が確立されるあり方がデカルトにとって最重要なのだと言い、これによって、神の本性を人間の知性のなかに閉じ込めてしまうとデカルトの傲慢さを告発するカントやヴィーコの批判は斥けられる、という[20]。そしてまた先に第二章でみた『規則』の一で、デカルトがその根本的転換を強調した「知識」scientia, science は、このようにしてその客観的真理を確立していくともいえよう。

ゲルーのデカルト解釈についてはフランスのデカルト研究家のあいだでもさまざまの論議がなされ、ここで詳しく立ち入る余裕はない[21]。ただ、『省察』が、コギトの主体的意識から出発して事物の側の真理を確立する歩みとしてもとらえられることは、おさえておこう。

さてこうして、「欺く神」と「悪霊」の想定による誇張的（超理的）懐疑までの懐疑を全的に斥け、世界の存在が確立され、『省察』六で物質世界の存在が確立されたあと、最後に、この世界が夢でないリアリティをもつことの根拠が問われる。この世界は夢ではないのか？　まさにこの問題が、『省察』一以来方法的懐疑による疑いのなかでデカルトが陥っていたことである。世界は夢ではない、『省察』六において今やそのことが確認できるのだ。まず、「夢はめざめているときの習慣と異なって、記憶が生の他のすべての活動に、つなぎ結びつけることがない」（A. T. IX-1, 71、傍点筆者。仏訳参照。ラテン語原文には「習慣」の語はない）。「記憶」と「習慣」。ここまでの議論は現象論的である。そして次に、「つなぎ結びつける」ことが精神に帰されていく。「私が事物をみとめ、それがやってきた場所、それが今ある場所、それが現れる時間を私が判明に認識するとき、そして、その知覚をいかなる中断もなく、私の生の他のすべてに結びつけることができるとき、それらの事物は、睡眠中にではなく、覚醒時にみとめているのだ、と私は全面的に確信する」（Ibid.）。この段階では、「つなぎ結びつける」のは、もはや「記憶」ではなくて、精神としての「私」である。「私が判明に認識する事物……いかなる中断もなく、私の生の他のすべてと……結びつけることのできる事物」の「真理性」は疑いえないのだ。もはや「記憶」ではなくて、「私」――考えるものとしての――が、「いかなる中断もなく全面的確信」をもって、事物を認識するのである。

論拠は純粋な精神であり、形而上的射程をもっている。すなわち、「誠実な神」が私のうちにあたえた観念によって私が世界を認識するのであり、それが真なる自然学の根拠となる。さらに、「いかなる中断もなく結びつける」という表現は、すでに『規則』の七と一一で用いられている。「知識」を完成させるためには、「連続した中断なき思考の運動」（continuo et nullbi interruptu cogitationis motu）によってみちびかれねばならない（A. T. X, 387, 407）。この思考の連鎖が、『省察』において、神によって保証される形而上学的根拠をもったのである。

コギトから出発した理性の連鎖はこのように、主観的な「私の意識」から、神の存在証明をへて、「事物の真理」へと、相当に複雑で厳密な歩みを示している。コギトを時間概念の角度から考察した近年のベサードの研究によっても(22)、コギト＝「直観の時間」、神の存在証明＝「演繹の時間」、最後に全体をみわたす「枚挙の時間」によって、『省察』の各段階が分析される。コギトは、一つの思惟から他への、経過と持続を含み、統一をあたえる作用をもつ。コギトの「人間の時間」は統一された持続としてとらえられ、永遠で超越的な全体の同時性をもつ神の時間と峻別される。コギトのもつ真理性は、持続における現実的明証の真理であって、時間を越える学的真理ではない。コギトの力は、「その命題とそれが表現しようとする経験との距離を、たえず無にすることができる」。けれども命題は、「自然を言説《ディスクール》に、明確を知識に変形した」ことによる「壊れやすさ」をもつ(23)。命題の真理性が保証されるためには現実的明証の経験に立ち戻らねばならず、それがくり返されねばならない。そしてコギトのかかわる知識が学的真理の資格をえるには、神の存在証明が保証する永遠の次元に位置づけられることが必要となるのである。

二　理性と無限

1　無　際　限 in-défini

こうしてデカルトの理性の連鎖の確立するなかで、その基となるコギトの直観は、伝統的な直観とは異なり、それまでのように超越的な本質にではなく、「私のうち」にある観念にあてられる。こうした根源をもつデカルトの理性の連鎖は、どのような問題あるいは限界にぶつかっていくのだろうか。理性の連鎖の確立にあたって数学的明証性がモデルとして引き合いにだされていたが、デカルトのこの理性は、数の無限、そして世界の無限、さらに形而上学的な無限の問題にたいして、その限界が示されていく。

まず、数の無限の問題について答えるとき、デカルトはメルセンヌにこう言っている。「われわれが把握（comprendre）できるのであれば、それは無限ではなくなるでしょう。」（一六三〇年四月一日、A. T. I, 147）

デカルトは繰り返し、われわれは「無限を把握できない」、無限は「私の力を越えてしまう」と言う。そして『第二答弁』で次のように述べている。「必然的に結論できるのは、無限の数がたしかに存在することでもなく、あなた（カテルス）のいうように無限の数の存在が矛盾を含むことでもない。そうではなくて、数の最大――わたしはこれを概念することはできない――という問題において、概念すべき、つねに一層大きな数があること、それを把握する力は、私自身から出ているのではなく、私よりもっと完全な存在から私が受けているのである。」（A. T. VII, 139; IX-1, 109-110）

このテクストから二つのことが読みとれる。まずデカルトは、「存在する数」あるいは「最も大きな数」そのものから、「それを把握すること」へと、問題をずらしている。デカルトは「最も大きな数」そのものを論じないばかりでなく、いわば先にみた「思考の運動」cogitationis motus によるごとくに、数の連続を追っていく。つねに一層先へと進んでいく思考の運動である。そして次に、デカルトの考えは、数学的理念の次元だけで展開されるのではなく、完全なるものの観念と因果性による神の存在論的証明による、神の存在へとつながっていく。同様の考え方が、最大数への無限の歩みと、物質の分割可能性に関する、デカルトの困惑気味の控えめな態度にみられる。[24] それはジルソンによれば、ほぼ神学的ともいえる困難さであり、トマス・アクィナスによる神の存在証明が依拠する〈non datur progressus, in infinitum〉（無限の歩みはない）というスコラ的原理と矛盾する恐れによると指摘される[25]（cf. 一六四四年五月二日、メラン宛、A. T. IV, 112-113）。

直観を基礎としたデカルトの理性の連鎖は、このような神の概念と存在につながることによって、現代の数学史における直観主義たとえばブラウワーと決定的に異なる。ブラウワーは超越的存在を仮定せず、直観的明証の限界内にとどまり、もっぱら厳密な構成主義的立場を堅持するであろう。[26]

物質世界をみよう。世界は神によって創造されたのであり、それゆえ、世界はその創造者の無限性をもちえない。神は物質を運動とともに創造し、同一量の運動を保存する。神の創造意志は変化することなく恒常的で、それゆえ物質の量が増えたり減ったりするのは矛盾となり、物質の量は有限である。直観を基礎とした幾何学者として物質世界を理性の連鎖でとらえるデカルトは、そこで最大の数と同じ問題に行きあたる。物質は、ユークリッド幾何学的な「拡がり」（延長）を本質とし、空虚は存在しない。直観を基礎とした「私」の理性の連鎖は、この世界の拡がりを全的にとらえることはできない。それは『世界論』で、水平線までしか見ることのできない船乗りにたとえられる。「海は無限ではないけれど、海のただなかで船の上にいる人たちは、視界を無限と思われるほどにまで広げる。それでも彼らが見ている先にはなお水がある……」（A. T. XI, 32）。『哲学原理』でも同様である。「宇宙を構成している拡がりある物質には限界がない。なぜなら……どこにそういう限界を想定しても、つねにその彼方に、無際限にひろがる空間を想像できるし、その空間は、想像されるだけでなく……実在している」（『哲学原理』二-21）。こうしてここでも、最大の数に対すると同じ困難がみられる。無限であるとも有限であるとも結論できないのである。世界はわれわれにとって、「無限」infiniでもなく、「有限」finiでもない。さまざまの困難さや議論を呼び起こしつつ、「無際限」indéfiniということになる。[27]われわれの想像力を世界の境界線まで導くこの無限のごときもの（しかし真の無限ではない)は、限界を否定することによって出てきた。そしてこの否定は、唯一の真の無限である神の現前によって消失することになるであろう。

では物質、つまりその本質を構成するユークリッド的拡がりの、無限への分割可能性を肯定することはどのように扱われているのか。各々の物体は、きわめて小さい諸部分に分割される。「この分割された諸部分の数が無限かどうかを決定しようとはまったく考えない。だが少なくとも、われわれの認識からみれば、その数が無際限であることは確実である」(『世界論』A. T. XI, 12)。『哲学原理』一-26にも同様の記述がある。物体が「分割」されるこのきわめて小さい諸部分は、拡がりであり、分割可能性をもつ。

だが有限である物体が、どのようにして無限の分割を受けることができるのか。デカルトは無限を「把握できない」と繰り返し、「有限である私の知性は、無限を把握できない」と強調する(『第一答弁』A. T. VII, 106-107)。たとえば「有限」な線分を、その長さの$1/10$、$1/10^2$、$1/10^3$、……$1/10^n$を連続して分割する場合、これら諸部分の総和は線分の$1/9$に等しくなるだろう。クレルスリエ宛書簡一六四六年六—七月(A. T. IV, 445-447)やメルセンヌ宛書簡一六四六年九月七日(Ibid., 499-500)に同様の細かい証明があるが、これらはいずれも、数学のテクニカルの、極限に移行する概念を避けている。[28] 極限概念は以後二世紀余り数学史のうえでその困難さをもち続け、カントールにいたって部分的には基数概念に吸収されていく。現代数学の直観主義たとえばブラウワーも、極限概念への移行をとらない。けれども序数概念を考え、「数学の基礎的直観」であるtwo-onenessの直観が、一と二の数を創造するだけでなくすべての有限序数を創り、さらに最小の無限序数ωを形成する。[29] そして数学のこの基礎的直観においては結合と分裂、連続と分離が統一されているのであり、この直観は直接に線形連続体の直観、つまり〈between〉の直観を成立させ、連続を基礎づける。[30]

数学史のなかであまりに距離のあるデカルトとブラウワーを比較検討することは、本書の目的ではなく、またその能力もない。ただ、形而上学を有する哲学者が、純粋な数学者と根本的に異なることを少しでも明らかにしたいだけである。純粋な数学者たとえばブラウワーには、その著作集の第一巻に『哲学、そして数学の基礎』という題があり、直観主義の立場をとってはいるが、決して人間理性を限界づけることを考えたり、理性の価値と射程を考察したりはしない。デカルトはたとえ数学的明証のモデルをもちいるにしても、一七世紀的意味での哲学者すなわち形而上学者であった。デカルトにおいては直観を基礎とすることによって「人間理性」全体が限界づけられ、有限となる。そしてこの「人間理性」は、後で詳しくみるように、デカルトのテクストではかなり顕著な用法がみられる。すなわち、「理性」raison という語が絶対的な意味でもちいられることはきわめて僅かであり（たとえば *la* raison というような）、ほとんど、「人間理性」raison humaine のように特定され限定された表現がもちいられているのである。

こうしてデカルトの場合、直観を基礎とした理性の連鎖が、まずは世界の「無際限」の前で、その射程が限界づけられたのであるが、さて「無限」そのものの前ではどうなるのか。

2　無　限 in-fini

デカルトにおいて無限とは、無際限と区別される。「いかなる面からも制限の見いだされることがないもののみ」が無限であり、結局は「神」のみが真の無限である（A. T. IX, 90）。このような無限に対して、「私の理性は有限であり、無限を把握することはできない」（Ibid., VII, 106-107, etc.）とデカルトは繰り返し述べている。

「無限」は、最も大きな数や、空間の「無際限」とは異なる。デカルトのテクストには「神は広大無辺」immense, immensum……という表現がしばしば出てくる。「無限」の広大無辺 im-mensum は、量的なものではない。

ラテン語語源からも明らかなように、接頭辞 im に絶対的な否定の力がこめられているのであって、「無際限」のような量的尺度の適用は不可能なのである。それは神の現前であり、その栄光 Gloire である。「無際限」が、否定によって、限界を超えることによってのみ捉えられたのに対して、真の無限は、いかなる限定もなく、絶対肯定的に捉えられる。「三角形全体の観念をもつには、三つの線で囲まれた図形であることを知れば十分であるのと同様に、無限なもの全体の真の観念をもつには、それがいかなる限界にも囲まれていないものであることを知れば……十分である。」(Ibid., VII, 368)

この真の無限の観念は、神によって私のうちに置かれた。有限な存在である私はその観念の作者にはなりえない。「その観念は、私よりも真に完全である本性によって置かれ、その本性は……私がそれについて観念を抱くことのできる……あらゆる完全さをそれ自身のうちにもっている。すなわち、神である……」(A. T. IV, 34)。こうして私は、明晰かつ判明に――それゆえに完全な確実性をもって――、神が存在し、神が何であるかを知る。

だが、コギトから始まった私の理性の連鎖は、ここでも限界が示される。まず、神の観念(それがいかに真正であろうと)が「私のうち」に置かれたこと。これにより、「私のうち」からどのようにして神の観念「そのもの」に移れるのかという問題が生じる。この回路が閉ざされたのがデカルト哲学の特質であるとして、マルブランシュやライプニッツらの哲学は、この道を開くのだと主張することになろう。デカルト哲学においてはかくして神は我々に、その広大無辺の現前によって、直接的無媒介的なものとなる。そして神は、その広大無辺さによって私の理性にとっては、無限に離れており、そして明証でかつ隠れているのである。

たしかに神を考えることによって私は、無限の、真で全的な観念をもつ――vera et integra idea totius infiniti。だが、そこから同時に、私の有限性の――さらに懐疑の経験のなかで生きられた――観念をもつ。私の知性は限界があり、無限を「包括し」embrasser「把握する」comprendre 広大さはもちえない。「有限で限界ある私の本性（nature）によっては把握できないことが、無限の本性である」（『省察』三、A. T. IX-1, 37）。それゆえ、私は、神の意図を測ることはできない。「無際限」の場合は、限定されることを繰り返しながらも、その認識に関してわれわれは先へ進むことができる――海の上でつねに水平線を新たにする船乗りのように。けれども無限を認識する場合、前進はない。無限には、われわれの認識の進歩を測れるようないかなる限度も尺度もないからだ。無際限と無限のこのような差異から、デカルトは次のように結論する。「神がいかなる目的でおのおのの事物を作ったのかを検討してはならない。ただ、いかなる手段によって事物が生み出されることを神が欲したかだけを検討すべきなのである。」（『哲学原理』一-28）

ジルソンはその『方法序説注解』で、デカルトがいかにトマス・アクィナスの神学に新しい息吹をあたえたかを説明している。それは次のようなものだ。まずコギトによって、デカルトは思考することから出発する。それゆえ、トマス主義のように感覚的なものから神へと上昇する必要がない。そしてさらに、精神と物体の区別によって、実体的形相を脱したデカルト的物質が思考のいかなる要素も含まないのと同様に、思考は、神の純粋可知性とは異なったものになる。それゆえに、聖トマス固有の方法であった、神と感覚的なもののアナロジーを求めることはデカルトには要らなくなる[31]……。

ゲルーによれば[32]、われわれが神について知る完全性に関してデカルトはアナロジーをもちいて無限に達する。たとえば、われわれのうちにあって完全性をもちうる知性と意志から、神に知性と意志を属させる必然性へ移っていく。だがそこから、これらの用語が有限な精神と無限な精神とに同義であるとは結論できないのである。デカルトはマルブランシュやライプニッツと異なって、存在の両義性の立場をとる。そこでは、全知の神は、われわれの観念や思考を、われわれ自らが知るように、知ることができる。それに対してわれわれの理性は、神のもつ観念と思考をもちえないのである。この立場はデカルト固有のものではなく、この立場をとる哲学者においてはすべて、われわれの理性の射程を限界づけることになる。これに対してたとえばマルブランシュは、これと反対の立場、すなわち存在の一義性をとる。ただデカルトの場合、特徴的なのは、コギトの直観に基づく人間理性の出発点が、その痕跡を深く残していることである。そして人間理性の射程が、これによって限界づけられていることである。マルブランシュは、「われ」の idée（観念）をわれわれがもつことはなく、その sentiment（直観）のみをもつと考える。彼もまた、明晰かつ判明な観念の明証を尊重するが、その直観主義の在り方はデカルトのそれとは異なる。マルブランシュは存在の一義性に支えられているのであり、「神において見る」こと vision en Dieu に達するのである。デカルトには、このようなことはまったくなく、コギトの直観から存在にいたる歩みは、理性を哲学的に限定する。『六つの省察の要約』の第四において明晰と判明の光によって扱うのは、真と偽にかかわる事柄のみであることが明確にされている。罪悪にかかわる事柄、「すなわち善と悪の追及において知られる誤り」、あるいは「信仰や、生の導きに属する事柄」は扱われない。つまりそこでは、「思弁的真理にかかわり、ただ自然の光の助けによって知られる」事柄のみが問題となるのである（A. T. XI-1, 11）。これは、啓示に基づく真理とその秘儀によって課された神学的な限定ではない。存在の一義性の立場をとるライプニッツは、『弁神論』で、デカルトと全く異なるやり方でこの問題を立てて悪の問題を扱うであろう。存在の一義性の立場をとる場合、このような神学的限定の問題は避けることができないであろうから。

3　永遠真理創造説

人間の有限な理性には把握されることのない神の無限、そして人間の理性と神の無限との間のこの非同一的な関係は、永遠真理創造説と深くつながる。この説に関するデカルトのテクストは、エミール・ブトゥルーのラテン語論文

『デカルトにおける永遠真理』に集められている。[33] 収録されたテクストは八つあり、そのうち五つは書簡である。メルセンヌ宛（一六三〇年四月一五日と五月六日）、メルセンヌの友人宛（一六三〇年）、メラン宛（一六四四年）、アルノー宛（一六四八年）、他の三つは『第五答弁』（一六四一年）中のものである。テクストの年代から判断すれば、このテーゼはデカルトにおいて恒常的といえる。だが『省察』の論証過程にも、他の純粋に哲学的なテクストにも、位置をしめていない。ロディスはこの点を指摘して、このテーゼの形而上学的内容が自然学を基礎づけることを示して（たとえば『哲学原理』一、22-24）、この問題に答えているし、[34] また、数学的明証性を神の全能に依存させる『省察』の考え方そのものに、この説の反映を読み取ることも可能であろう。[35] たしかに永遠真理創造説に関するデカルトのテクストは短く端的であるが、[36] それは驚くことではないし、この説の重要性を軽減するものでもない。世界の「無際限」に関するテクストも端的であった。しかし両者の間には差異がある。世界の無際限は、自然学の考察を基盤とし、『哲学原理』はそれに一節をあたえている。だが永遠真理創造のテクストは、デカルトの哲学的作品の順序構成のなかに、厳密には入っていない。それは神が欺くものではないゆえに、永遠真理は、われわれがそれを考えるとき、われわれのうちにあるこの真理を懐疑にかける必要はないのである。神がわれわれのうちに置いた永遠真理は、それゆえ、世界を知り、自然学を形而上学のなかに根付かせるために、神がわれわれに与えたものなのである。だが、神は無限であり、われわれは有限である。神における真理すべては――われわれが知り得るものも、われわれを越えてしまうものも――永遠である。そしてこれら永遠真理すべての、神は作者であり、主である。われわれの存在が神のそれと非同一であるという、存在の両義性のために、われわれのロジックが神のロジックと同一であるかどうか、われわれは知ることができない。同一でない場合、神は谷のない山を作ることもできたのであり、半径が等しくない円を作ることもでき、2+2=4とならないような世界を作ることもできたのである。そしてこの永遠真理創造説によれば、それまで伝統的には神の永遠知性の内容として世界創造のモデルと考えられていた永遠本質＝数学的真理は、他の被造物と同じように、神がつくったのであり、それゆえ全面的に神に依存する。つまり、「本質」essentiaも、「(現実)存在」existentiaも、神を原因とする創造の結果なのである。神においては、「思う(欲する)こと」と「知ること」は、「ただ一つ」でしかなく、それゆえ両者同時の創造である。神の属性は、「広大無辺、単一、絶対的統一性」のうちにある。神は「至高の存在」であり、必然的に、「至高の善」「至高の真理」である。ロディスはこのテーゼが、永遠本質をモデルとして創造を考えていた従来のプラトン的伝統と切断した、深いオリジナリティをもつという。(37) その源泉は『オリュンピカ』の思索にみられる。若きデカルトは『オリュンピカ』にこう記していた――「主は三つの奇跡をおこなった、すなわち、無からの創造、自由意志、神人。」(A. T. X, 218)

こうしてデカルトは、自然の法則も、それを把握する人間の観念も、ともに神が作り、刻み込んだのだ、とこのテーゼの最初の展開以来のべている。神が誠実であるゆえに、人間は生得観念から引き出された数学的真理を、自然法則として世界全体に適用することが可能になる。人間は世界を知ることができ、自然学は形而上学によって基礎づけられるのである。

だが神は無限であり、人間は有限である。神の真理はすべて、永遠であり、至高因である神によって作られた。神の理性が人間の理性と同一なのか、異なるのか、有限な人間理性は決定することはできない。神は谷間のない山々をつくることもできたし、半径すべてが等しくはない円をつくることもできたのだ、とデカルトはいう。だがそれでもなお、神は誠実なのであり、それゆえ、人間の理性は神に依存して世界を認識できるのだ。有限な人間理性は、神によって可能とされた真理へのみ達するのである。こうした観点からみると、ラポルトが次のように結論していることは納得できる。無限の観念は、人間の理性認識の「穹窿の鍵」である。他のすべての観念は、この無限の観念に支えられて「真で確実な知識」に根拠をあたえ、「不変の真理」を手に入れる。だが同時に、この知識＝真理は、その彼方にある至高の存在によって作られたのであり、「知ることと思うこと」が同時のこの存在は、人間の理性には還元できない異質な――なお理性とよぶならば――〈理性〉なのである。(38)

4　自由意志 libre-arbitre

コイレの表現によれば、「三つの非理性的、より厳密にいえば超理性的事象」が、無限と有限の接点に現れる。コイレはそこで、先にみた『オリュンピカ』のノートの一節をひいている。(39)「主は三つの奇跡をおこなった――無からの事物、自由意志、神人」Tria mirabilis fecit Dominus: res ex nihilo, liberum arbitruim, et Hominem Deum (A. T. X, 218)。無からの創造、自由意志、神人すなわちキリスト。この三つの奇跡が、われわれの理性には把握不可能なのである。

この三つの超理性的事象は、互いの関係ももち、哲学的問題とも関係する。至高の存在は、他の被造物と同様に被造物である私を無からひきだしたはずであり、考える被造物である私は、「神と無の中間のごとくであり……なんらかのやり方で、無あるいは非存在にかかわっている」(『省察』四、A. T. VII, 54; IX-1, 43)。私が身体に結びついている限り、少なくともこの結合と、神‐人の秘儀とのあいだにアナロジーがある。心身の結合は、私の知性が把握しえないものであり、それについては第五章でみるであろう。そして最後に、自由なる被造物として、自由意志は、私のうちに神のイメージをなしていないだろうか(一六三九年一二月二五日、メルセンヌ宛、A. T. III, 627)。ここでわれわれはルヌヴィエが次のように書いていたのを思い出す。人間は、「自分のうちにあり、何ものもあらかじめ決定することのない……何ものかの働きによって」自らの活動を導くことができるかのように、自らに自由意志が備わっていると思っている。(40)

さてこの自由意志をみてみよう。ロビネによる『省察』のインデックス（Cogito 75）をみると、「自由意志」libre-arbitreが『省察』四だけにあることがわかる。四では誤りの問題があつかわれている。そこでのキー・ワード〈volonté〉〈croire〉などのうちで、「自由意志」にもっとも近いのは〈liberté〉であろう。

『省察』四の困難さの根底には、神が誤りを——したがって罪を——もたないことがある。神は無限であり、唯一、無限の力をもつ。この無限の力に特に適合するのが、自由意志であり、「選び、肯定し、否定する力」であり、その同義語である「意志」と不可分の「判断」を、宙づりにする力である。「神が私に自由意志、あるいは十分に豊かで完全な意志を私に与えてくれなかったことを不満とすることもできない。なぜなら私は意志がいかなる限界に閉ざされることもないと経験しているから。」（A. T. VII, 56; IX-1, 45）

「私は経験する」は、すでに次のように用いられている。「……私自身のうちに、判断する或る力を私は経験する」（Ibid., 43）。「自らのうちにかくも広大であると私が経験するのは、意志のみであり、これ以上に豊かで広がりある他のいかなる観念も抱くことはない。それゆえに、私が神のイメージと類似性を担っていることを私に認識させるのは、主として意志なのである」（Ibid., 45）。さらに、以下のことは明証的だと、『哲学原理』一-39は述べる。「われわれの意志の自由は証明なしに知られる。われわれがそれについてもつ経験のみによってである。」このように、「私が自分のうちに経験する」意志は、無限であって、無際限ではない。無際限は、限界を超えていくことであったが、私の意志の自由は「いかなる限界に閉ざされることもない」からだ。しかし私は神ではない。私は、無限の力をもつこともなく、無限の知性をもつこともない。私は私の意志を「形相的かつ厳密にそれ自身のうちに」とらえる（A. T. VII, 57）——この「厳密に」præciseは、ラテン語では「分けられ、分離され」を意味する。[41]「なしうるか、あるいはなさないか」の二者択一には段階がないからである。私の自由を経験するとは、自由が「私のうちに」あることであるが、それは定義される（つまり限定される）観念のように私のうちにあるのではない。デカルトは次のことがらにふれるとき、この差異を表現している。私の誤りは、「二つの原因、すなわち私のうちにある認識する力と、選んでいく力ないし自由意志との、協合に依存している……」。「私のうちに」は「認識する力」にだけかかり、「選んでいく力ないし自由意志」には再びかかってはいない。私の自由意志は、私のうちに内在すると同時に、私を越えるものとして経験される。

意志を純粋な力、知性と協合する力として検討していく、デカルトにおける自由の伝統的問題をここで扱う必要はないだろう。判断を排除した理性は考えられないし、対象のない判断も考えられない。理性全体のなかに意志と知性とがある。そして自由意志のうちに把握不可能な何ものかを見いだすのは、この理性である。まず理性はそこに無限を見いだし、無限はデカルトにおいては常に理解不可能なものを孕んでいる。次に、誤りは、限界があり受動的な私の知性が、「いかなる限界もなく」能動的な私の意志（選ぶ力）との不均衡を起こすことによる。そこでは、「神－人」の奇跡も思い起こされつつ、精神と身体の結合という二元論の神秘の一歩前にあるのではないだろうか。精神と身体の結合も、経験されることによってのみ知られるのであるから。

＊　＊　＊

デカルトの理性は、知性／意志の二重性に基づき、明証性の直観をその基準とするものであった。この二重性は二元論とパラレルをなす。知性は、物質の受動性をもち、意志は運動と静止の能動性をもつ。だがデカルトの機械論では、運動と静止は不連続であり、判断の停止を、静止と同一視するのは難しい。判断停止は、自由な行為《アクト》である。だがそうなると、方法的懐疑から、肯定または否定の言説へどのように移りつながっていくのか。また、明晰かつ判明な観念はどのようにして、明晰な観念に段階が下がり、明晰な観念はどのようにして混濁した観念に下がっていくのか。逆に、混濁から明晰、明晰から判明へと、どのように上昇していくのか。さらにまた、あらゆる判断は――肯定であれ否定であれ――信念を含んでいるのか。そのような信念は、観念の明晰や判明をもって信じるのか、それともこれとは独立したものなのか。そこでの問題は、受動的な観念がどのようにして信念となりうるかという問題にもなる。これは重要な問題であり、それに対するスピノザの答えは知られている。デカルトとは反対に、「画板のうえの絵のような」velti picturas in tabula 観念の知覚は斥けられる。観念は、そのものとしては能動的であり、肯定したり否定したりする行為を内包している(quatenus idea est, affirmationem aut negationem involvere.『エチカ』二、定理49、註解)。だがこのように観念のなかに、信すなわち判断が含まれることは、二元論を転倒させ、自由意志を削除することになるだろう。スピノザはデカルトとは別の理性を築いていく……。

第四章　二元論の曖昧さ

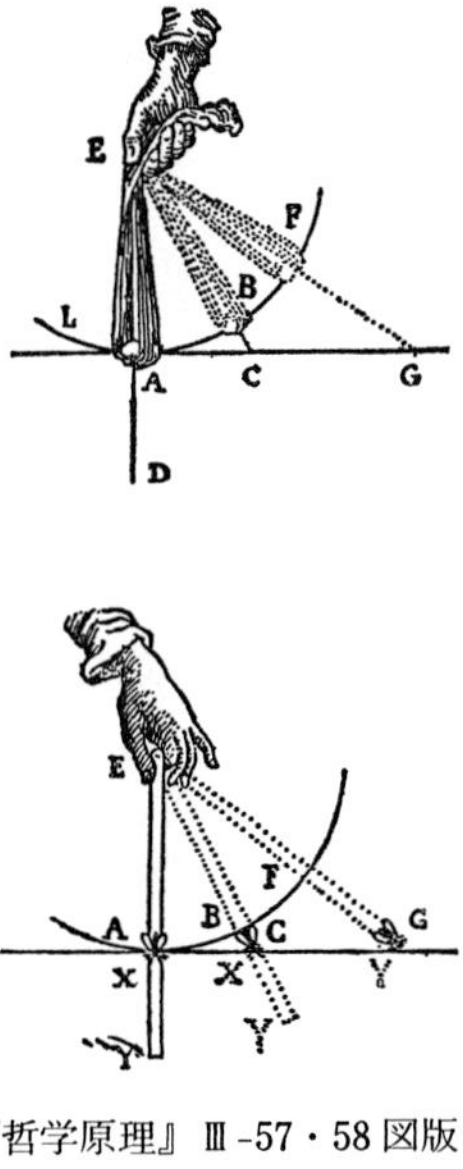

『哲学原理』Ⅲ-57・58図版

一　物質・拡がり

1　精神／物質の二元論

デカルトは「精神＝魂」と「物質＝物体＝身体」を、二つの異なる実体として区別した。精神にはいかなる物質性もなく、物質からは一切の精神的なものが排除される。両者は共通するものの全くない、独立した実体で、いかなる意味でも相互に依存することのない、峻別された二つの実体である。精神と物体の結合を第三の実体とみとめることになるとしても(第五章)、それは複合実体(1)にすぎず、デカルト哲学において根本的に存在するのは、「精神」と「物質」という、異なった二つの基本的な実体である。「物質」は「精神」と全く別のもので、両者は相容れない。「精神」には、物質的な「拡がり＝延長」は全くない。物質は考えることはできない。

デカルトのこの二元論は、『第二反論』の初めから疑問に付される。「……物体は考えることができないということ、あるいは物体的な運動が考えることそのものではないことを、あなたはどのように論証なさるのか。……わたしは考

ヘンリー・モア

えるものだ、とあなたはおっしゃるが、ことによるとあなたは、物体的な運動、もしくは運動している物体であるかもしれないのではないでしょうか」(A. T. IX-1, 97)。これに対しデカルトは、精神と物体の実在的区別をもって答えている(Ibid., 104)。

この問題は『第三反論』のホッブズの反駁をよぶ。「考えるものは、精神・理性・知性の主体であることも、またそれゆえ物体的な何かであることも、ありうるわけです。ところが、それと反対のことが容認され、証明されているのです」(Ibid., 134)。ここでもデカルトは、『省察』六で展開された内容を示して、再度、精神と物体の実在的区別で答えている(Ibid., 136-137)。

『第四反論』のアルノーもこれをとりあげ、『省察』六の証明を分析して、それが完全なものでないと言う(Ibid., 155-159)。デカルトは次のように答える。「二つのものの実在的区別を知る」には、両者の「全的で完全な」知識をもつ必要はなく、ただ「充足的」に識別できればよい、一つのものは他のものなくしても知られる、と(Ibid., 172)。『第五反論』のガッサンディに対してはデカルトは、自分の言ったことを全然わかってくれないと嘆き、苛立ち、そして精神と物体の実在的区別に立ち戻る。

論議はさらに続くであろう。ロックは人間の認識の限界を強調し、「私たちには物質と思考という観念がある。だが、ある単に物質的なものが思考するかしないかを知ることは、たぶん決してできないだろう(2)」というし、ヴォルテールも『哲学書簡』の「第一三の手紙」でデカルトを批判する。議論は止まることがない……。フェルディナン・アルキエが的確に指摘しているように、難しい問題が残ってしまう。すなわち、異質な属性が同一の実体に属していないことがどうして確信できるのか。スピノザはそれゆえに、「拡がり」と「思考」を一つの実体に属させるのだ、と(3)。デカルトはスピノザではない。デカルトにとって物質が精神と異質な別のものであるなら、物質は非理性となろう。

理性は精神の側に属するのだから。そして「物質」の源は、われわれの理性を越えた神の神秘にある。それはまず、神の創造である。キリスト教の伝統内にある哲学では、「物質」はギリシア哲学におけるような永遠性をもたない。「物質」は創造されたものなのだ。神はなにゆえにこれを創造したのか、なぜこれではなく他の別のものを創造しなかったのか、という問いに対し、論理的立証はできないだろう。返答はつねに信仰と神秘の響きをともなう。神がその「栄光」を示すために？――ヴォルテールは言うであろう、「それは至高存在の栄光のためではなく、人間たちが、適当な表現がみつからないので、自分たちの最も満足するような表現をもちいたのだ」と。(4) さらに、「栄光」によって神の創造の動機が説明されても、もう一つの神秘、「無カラノモノ（創造）」res ex nihilo を説明するのは難しい。先にも引用したデカルトが若いころノートに記したこと――「神は三つの驚異をおこなった。すなわち、無からの創造、自由意志、神人。」(A. T. X, 218)

いずれにせよデカルトにとって神は物質の創造を意志したのであり、物質の存在を保つことを意志しているのである。ここにもまた神の全能の神秘がある。神の意志は全能であり、無限であり、その完全かつ無限の理性にさえも従属することはない。われわれにとっての物質の存在は、われわれが触れることのできない論理をもち得る神の理性に属するのではなく、神の創造意志によるのであり、われわれは物質の〈拡がり〉を結局、自然の法則の一貫性としてとらえることになるであろう。(5)

2　幾何学の「拡がり」と自然学の「拡がり」――extensio/extensum

デカルトは、「物体の本質は拡がりである」という。本質ということは直接的な観念で、それによってわれわれは媒介的に物体を認識する。観念は「拡がり」を表象するものである。だがいったいどのようにして、一つの実体「精神」から、異質な別の実体「物質」へと移行できるのか。「拡がり」の観念はどこからわれわれの内にやってきたのか。この観念は生得的なものだと、デカルトはエリザベトに答えている（A. T. III, 665, 691）。神がわれわれの精神に刻み込んだのであり、誠実なる神が、創造された世界を認識するように、その観念をわれわれに与えたのである。われわれ人間は、物体を直接には把握できないわけで、精神の内にある「拡がり」の観念と、精神の外部にある「拡がり」そのものと、二つの次元があることになろう。『規則論』のラテン語テクストは「拡がり」étendueを、二つのラテン語extensioとextensumによる区別をしている（Ibid., 443）。

人間の精神内部の「拡がり」の観念と、精神外部の「拡がり」そのものとは、どのようにつながりうるのか。ラポルトは、心身結合によってのみ、人間が「拡がり」の生得観念をもつことができる、という。(6)他方ゲルーは、ラポルトの解釈をデカルトの理性の秩序に反するとし、「拡がり」の観念は、世界を認識するためのア・プリオリな条件として、精神に生得されたものだ、という。(7)ここで両者の議論に深く立ち入ることはできないが、理性の可知性の観点から、次のことをおさえておこう。ラポルトからは、デカルト自身が知性によるだけでは理解不能とした精神と物体（身体）の結合の問題を。そしてゲルーの側からは次の点をおさえておこう。観念はその外部にあるものを内部に反映するという特性をもつ。観念をそのような驚くべき特性をもつものとして精神がとらえること、それはデカルトの哲学にとって第一の確証なのだ、と。(8)

だがこの「驚くべき特性」は何に由来するのか。ゲルーは、「それこそデカルトが、提起し解決する必要は全くない、とした問題だ。おそらくその問題は、デカルトによればわれわれの認識能力を越えてしまうから」という。けれどもこの問題は提起されるのであり、たとえばマルブランシュは、「神において見る」（vision en Dieu）、あるいは「可知的拡がりの神」（Dieu de l'étendue intelligible）によって、神の無限と被造物の「拡がり」を媒介し、問題に答えようと試みるであろう(9)。

デカルトの「拡がり」の概念は幾何学と自然学とでは、意味が一様でない。幾何学の拡がりは物質性がなく、拡がりのない点の集合と観念上の物体をあつかうので、それ自体は「拡がり」ではない。これに対して自然学の「拡がり」はextensumの拡がりであり、「点」ではなく「場所」である。空間と同一視されるのも自然学の拡がりである(『哲学原理』二-10～14)。物体の本性は、「長さ・幅・深さにおいて拡がり(extensum)をもつ」ことであり、これと同じものが「空間を構成する」。それは、「空間が物体でみたされていようと、空虚とよばれていようと、変わりがない」(A. T. VIII, 46)。

幾何学者の頭にうかぶ「拡がり」は、単純観念であり、知的なものであるが、自然学者の考える「拡がり」は、知的拡がり(extensio)が物的拡がり(extensum)を含む、混合したものとなろう。デカルト二元論の体系内では、知的なものと物的なものが並置されるだけとなり、両者のこの間隙は連続するはずの理性の連鎖にき裂をもたらし、二元論の単純性を破壊してしまうことにもなろう。「拡がりのあるもの」＝物質と、「拡がりのないもの」＝精神とのあいだには、隣接関係はないし、類似性もない。ただまぎらわしいのは、幾何学者も「拡がり」を「想像」することであるが、それでも、『省察』の、三角形に比べられた千角形、万角形の例は、やはり観念が像ではないことを示している。

いずれにせよ、両者のあいだには予定調和もなく、したがって因果性もない。そして運動から表象への移行は不連続に切断されてしまう(『哲学原理』四-一九八)。これについては五章一節で具体的にみていきたい。

「拡がり」の観念について付け加えておこう。この観念は感覚に由来しない生得観念であり、知性に属する。だがその形式は知性のアプリオリな形式ではない。デカルトにおいて知性は受動的なのだから。それは結局のところ、誠実なる神が、世界の知識を基礎づけるように、われわれに与えてくれたものである。したがって「拡がり」の観念もまた、理性を越えるものに源をもつといえる。

物質の本質が拡がりであるならば、その本質的（つまりは幾何学的）諸特性は物質に属する。そして幾何学の拡がりには空虚はない。空虚の問題は自然学において、物体の不在として定義される。だが拡がり（延長）の不在としてではない。他方、拡がりはいたるところで同一のホモジーニアスな均質性である。この同質的な尺度はすでにガリレオによって、アリストテレス主義に対するものとして確認されていた。[10] このような均質性はデカルト機械論の幾何学的基礎である。一八世紀になると、このような物質のユークリッド的均質性は、物理ないし化学的な異質性に置き換えられていくであろう。

そして拡がりには限界がない。数に向けられた直観主義に限界がないことは先にもふれたが、[11] 幾何学の extensio は、自然学の extensum に移し換えられると、世界には限界があるのか、世界は無限か有限かという問題に立ち戻る。物質はデカルトにおいては神によって、その運動とともに創造されたものであった。それゆえ具体的なあらゆる事物は、具体的に（幾何学の図形のように観念的にではなく）、限界がある。したがって世界は有限である。ただし幾何学的な観念上の図形はこの限りではない。それゆえ世界の有限性は extensum の拡がりに基づいてのみ規定される。他方、幾何学的な拡がりからは世界は無限となりうるのであるが、この場合、真の無限は神のみであり、神の無限は広大無辺 im-mensum であり、それは量的尺度の適用不可能な次元であった。そこで数や世界は、われわれにとって無際限 in-défini となるのである。「限界のない大きさの、すなわち無際限 in-défini の連続的物体を、われわれは把握できる。そこには拡がりのみが考察される……。」（A. T. V, 269）

3　不透入性の問題

さてデカルトは物体を「拡がり」によって定義したが、そこからどのようにして物体の「不透入性」がみちびかれるのだろうか。ヘンリー・モア（一六一七―八七）は一六四八年以降デカルト宛に質問の手紙を重ねている。まず精神と物体の区別について、デカルトの蜜蠟の例に言及し、「……蜜蠟がある形をもつことは不可欠で……ゆえに、物質は、必ずしも柔らかいとか固いとかでなくともよいし、冷たいとか熱いとかでなくともよいが、それが感知できる（sensibilis）、つまり接触可能（tangibilis）ということは絶対に必要です」（A. T. V, 239）。そして次のように続ける。「あなた［デカルト］は物体をわれわれの感覚との関係で定義したくないだろうが、私はこう考えたい。つまり接触するとは、もっと広い意味で捉えられるべきで、それは相互干渉と、接触の力（tangendi potentia）を意味する。」それによってさらに、「われわれは物質ないし物体のもつ、もう一つの特性を見いだす。それは不透入性（impenetrabilitas）とよばれるもので、他の物体に透入（penetrare）できないし、透入されない、ということです。ここから物体的自然と精神的自然との差異も明らかになります。後者は物体に透入できるが、前者はそれ自体では透入できない」（Ibid., 240）。そして物体は、「拡がり（延長）あるものと定義するよりも、接触実体（substantia tangibilis）あるいは……不透入実体（substantia impenetrabilis）と定義する方がよい」（Ibid.）とする。[12]

デカルトはモアの質問に答えていく。まず物体の定義については、感覚にうったえる仕方では、一つの特性を説明するだけであり、十全な本質を把握することにはならないという（Ibid., 268）。そして、拡がり（延長）あるものは、想像力の対象であり、その限りで、二つの延長体が同一の場所に同時にあることを想像することはできない。しかし神やわれわれの精神は、想像的ではなく、知性的（intelligibilis）であり、大きさや形をもった部分に分割されることがない。「人間の精神と、神と、さらに多くの天使も、同一の場所に存在しうることを、私は容易に理解する。ここから、非物体的実体が本来、拡がり（延長）をもたない、ということが明らかになる。それはなんらかの徳ないし力であると私は理解しているが、これは拡がりある事物にかかわってはいても、拡がり（延長）であるわけではない。……別の［種類の］延長があるとしても、それは類比的に（per analogiam）延長的といっているのである。」（A. T. V, 270）

モアは、一六四九年三月五日の手紙で次のように言う。「すべての事物の根拠と本質は、永遠の暗闇のなかに隠されたままになっているのだから、どの事物も他に対する関係（habitudo）で定義しなければならない。この関係は実体そのものではないが、実体における特性（proprietas）ということができる」（Ibid., 299）。そして、「だれもまだ、接触性あるいは不透入性が、拡がりある実体に固有な特性であることを証明していないのです。」（Ibid., 301）

これに対してデカルトは答える。「もしあなたが拡がりを、ある部分が他の部分の傍らにあるという関係によって考えるならば、それら各々の部分が隣の部分に接触していないと否定はできないでしょう。そしてこの接触性（tangibilitas）は、事物に内在する接触性であって、感覚で触れるものではないのです……。」モアは接触性を「触れる」という感覚的なものに関係させて考えているが、デカルトはそれを不透入性（impenetrabilitas）として「拡がり」の本質とする。「拡がりある物の一部分が、これと同等な他の部分に透入するということは、また同時にその部分のなかの一部が除かれるか無にされると考えなければ、理解できない。ところで無になったものは、他のものに透入できないのです（quod…annihilatur, aliud non penetrat）。ですから……不透入性が、他のいかなるものの本質にでもなくて、「拡がり」の本質に属することが立証されるのです。」（Ibid., 341-342）

この説明は明晰であろうか。ヘンリー・モアは一六五一年にも、アンヌ・コンウェイとこの問題について議論をつづけ、その書簡がA・ガベイによって紹介されている。[13] ガベイはこのデカルトの手紙にふれ、デカルトの論理には

「省略」があるとして次のような注釈をつけている——デカルトは逆に、どうして無になったものが他のものによって透入される(quod annihilatur, ab alio penetratur)ことがないのかを明らかにしていない。おそらくデカルトが、無カラ何モノモ生ゼズ(ex nihilo nihil fit)の公理に依拠し、すべての実体の存続が神の意志によると考えているからであろう、と。

　たしかにデカルトの論理には難点がある。幾何学においては「拡がり」の各部分は観念的なものであり、相互に透入することはない、ゆえに、物質の本質が「拡がり」であることから、現実に存在する物的拡がり(extensum)の諸部分もまた、相互に透入してはならない、という論理になる。具体的現実的な物体の不透入性が、観念上の「拡がり」によってのみ説明されて、物質のリアリティへの考察が欠けてしまう。

　デカルトはすでに一六四一年『第六答弁』で、「拡がり」が「部分の透入性のすべてを排除するものだ」といっているが、ここでの「拡がり」は幾何学的な純粋なものではない(A. T. VII, 442)。「物体の本性を構成する「拡がり」とは異なった」、重さの「拡がり」であり、それは「数学的な点」に集約されうる。「この重さが物体全体にこのように等しく広がっているときは……物体の任意の部分にその力が行使される。」物体の密度によって、同じ重さが異なった容積を占め、密度が増えるにつれて容積が小さくなるわけだ。その集中的な中心が各々の点である。

　この説明はヘンリー・モアに示された返答とはやや観点が異なっている。ここでは幾何学的-観念的「拡がり」と、物理的「拡がり」のアナロジーを軸としているのに対して、モアへの手紙は幾何学的な観念的「拡がり」によって具体的現実的物体を説明してしまっていたのである。

二　拡がり・空間と運動

1　物質と運動——運動の観念

パスカルは『パンセ』のなかで、デカルトはその自然学を神なしですませようとした、と非難し、さらに次のように付け加えている。「けれどもデカルトは世界を運動の状態にするために、神にひとはじきをさせないわけにはいかなかった。」(14)

マルブランシュにおいては確かに、運動は創造された物質に付け加えられたものだ。だがデカルトにおいてはそうでない。運動の第一原因は神にある。神は、「その全能の力によって物質を、運動と静止とともに創造し、創造の際に設置したと同じ運動と静止を、その日常的協力によって、現在宇宙の内に保っている」(『哲学原理』二-36)。アリストテレスが精神(魂)あるいは自然を、運動と静止の原理としているが(『自然学』Ⅲ)、定式の類似のみで取り違えないようにしよう。デカルトにおいては神の創造をもってくることによって、精神(魂)あるいは自然を神と同一視することはないのだから(これについては第五章で検討しよう)。

ここではまず二元論の一つの帰結をみよう。物質は運動とともに創造されたのであり、運動の状態にある。神がわれわれを欺くことがなく、世界を正しく認識するためにわれわれに生得観念を与えたのであれば、運動の観念はわれわれの内に生得的にあるはずだ。かくしてわれわれ人間には、一方に物質における運動があり、もう一方に精神における運動の観念があるわけだ。換言すれば、一方に自然学者が自然学を構築していく運動、もう一方に幾何学者が頭のなかに描いていく運動を対比させることもできよう。デカルトにとって運動は、スコラの哲学者たちのいう「可能態にあるものの、可能態にある限りでの現実態」(Motus est actus entis in potentia, prout in potentia est) というような不明瞭な説明をされるものではなくて、運動の本性は、「きわめて容易に認識されるので、考察する事柄を明瞭に頭に浮かべようと人々のうちで最も熱心に努めている幾何学者でさえ、その面や線の本性よりも、運動のほうがもっと単純でもっと理解しやすいと判断しているほどだ。幾何学者たちが線を一つの点の運動で説明し、面を一つの線の運動で説明していることに、それが見られる。[15]」(『世界論』A. T. XI, 39)

だがここで重要な難点が生じる。第一は伝統的なもので、幾何学の線は観念的なものだから、その点は非‐延長的で、拡がりをもたず、厚みをもたないことになる。物質性のある点や線は不可能になる。第二はデカルト固有のもので、幾何学者の線は、それを描くという志向《インテンション》があることだ。この志向は、線よりも以前にあり、だからこそ、運動の観念は、線よりも「さらに単純でさらに理解しやすい」のである。だがしかし、物質の側ではどこに、描かれた線の志向があるのだろうか？　それは、物質には欠如しているのである。

デカルトは運動を次のように考える。幾何学者としては、点から点へと、拡がり(延長)における線として描かれたものとして。自然学者としては、空間の、ある場所から他の場所へ動く動体として。拡がり(延長)は空間と異なるものではない――「物体の本性を構成している同じ延長がまた、空間の本性を構成している。……これら二つの本性が異ならないのは、類または種の本性が互いに異ならないのと同様である」(『哲学原理』二‐11、A. T. IX-2, 68-69)。これは自然学にかかわるテクストであるが、幾何学者の頭のなかに描かれた点や線は、観念的・抽象的である。幾何学においては拡がりのない点が、厚さも深さもない線を描くのだから。ところが、動体も場所も点ではなく、自然学の運動は幾何学の運動とは異なる。場所とは、空間のなかで物体によって占められている所であり、囲んでいる物体の表面である(『第六答弁』A. T. VII, 434)。そして「場所もしくは空間という名称は、その場所にあるといわれる物体と異なった何ものかを意味するのではなく、ただ、この物体の大きさと形と他の諸物体の間での位置を指すにすぎない」(『哲学原理』二-13、A. T. IX-2, 69-70)。「しかしながら、場所と空間がそれぞれ名称を異にするのは、場所が、大きさとか形よりも、むしろ位置をはっきり指しているのに対して、空間について語るときは、われわれはむしろ大きさや形に注目するからである」(『哲学原理』二-14、Ibid., 70;『規則』一六、A. T. X, 441-443)。「位置」とは何であろうか。位置する物体の大きさや形ではなく、このように「位置」を考えるなら、それは自然学における「点」のようなものになるのではないだろうか。それは幾何学の点を表すものとなり、その抽象性が、力学への道を遮ってしまうのではないだろうか[16]。

2　運動と静止

(1)　運動の相対性

デカルトは、神の全能が物質を運動と静止とともに創造した、といったが(『哲学原理』二-36)、運動と静止はどのような関係にあるのか。それを考えるためにはまず、デカルトにとっては物質が拡がり(延長)étendue であり、拡がりが空間であることを忘れてはならない。拡がりや空間なしには物質は存在せず、物質なしには拡がりや空間は存在しない。世界の創造に空虚 vide はなく、われわれ有限な被造物にとって世界は無限にひろがり、その空間は物質的実体である。そして物質は運動とともに創造されたのであるから――静止についての考察はひとまず保留しておくとして——、空間においてすべての物体は運動状態にあるといえよう。そこにはデカルトによる世界のイメージがある。

「……世界には絶え間なく持続している種々の運動が無限にある。そして、何日もかかったり、何カ月あるいは何年もかかるような、かなり長い運動を観察してから、私は気づいたのだが、地球の蒸気は雲のほうへと上昇してはまたそこから下降する運動を絶え間なく行っているし、空気は風によって常に動かされ、海は決して静止せず、泉や川はとどまることなく流れ、最も強固な建物もついには崩れ落ち、植物や動物のなすことは生長と死滅だけである。結局一言で言えば、変化しないものは、いかなる場所にも一つもないのである。」（『世界論』A. T. XI, 10-11）

この箇所を銘記しておこう——変化しないものは、いかなる場所にも一つもない。それゆえ、世界におけるすべてのものは運動の状態にあるといえる。デカルトは続ける。

「私はそれらの運動の原因を探求するために立ち止まりはしない。なぜなら私にとってそれらは、世界が存在を始めたそのときに運動を始めたのだと考えれば十分だから。そうであれば、私の論理にしたがえば、それらの運動がいつかは止むことも、またそれらの運動が主体が変わること以外に変化することも、不可能である。」（Ibid.）

アリストテレスは運動を、実体変化（生成・消滅）、量的変化（増大・減少）、性質変化（変質・変化）、位置変化（移動）の四種類に分けていたが、(17) デカルトはこの最後の場所的移動のみを運動として扱う（『哲学原理』二-24）。それは周知のように、ある場所から他の場所への移動として定義される。「運動とは……〝ある物体が一つの場所から他の場所へ移りゆく作用〟に他ならない」（Ibid.）。デカルトはしばしば、幾何学的自然学者として位置づけられ、静力学phoronomieの立場にあるとされる。そこには動力force motriceの観点が欠けていることが指摘される。たとえばAとBという二つの点のあいだの移動では、動体mobileはBに近づく、あるいはAはBに近づく、というように説明される。あらゆるものが変化する世界では、運動は他と連関してしか規定できない。運動は相対的である。けれどもこの運動は絶対空間[18]のなかで生じるのだから、運動がその絶対空間に帰するならば、やはり絶対性を帯びてくることにならないだろうか？

(2) 物質世界全体の相対性

しかも根本的な問題がある。世界のあらゆるものが運動状態にあり、あらゆる個別的動きが、それらの運動と相対的にしか限定されないとしても、さらに、絶対的なものがある。まず、神の創造が、物質的実体のすべて・物質世界全体を創造したことである。この物質世界の全体は、われわれの認識にとっては無際限（無限定）in-défini であり、船乗りにとっての海のようなものだ。「海は無限ではないけれど、大海のただなかで船の上にいる人々は、視界を無限と思われるところまで広げ得る。それでも、その人々の見ているまだ向こう側にはなお水がある」（『世界論』A. T. XI, 32）。われわれにとって無際限（無限定）であるこの全体は、神の全知の眼から見れば、それ自体は限定されたものである。だからこそ、そこにおいて同じ運動量が保存されている。

この物質世界の全体は何を基準として、どの空間において移動（すなわち運動）するのか。それ自体が物質世界の全体を構成しているのだから、この全体が移動するということは想定できない。同様に、この全体の外部に尺度があるのではないから、この全体の静止ということも考えられない。要するにこの物質世界の全体は、運動しているともいえず、静止しているともいえない。ゆえに、位置付けできない。この全体の外部の視点は、神を除いて何も存在しない。デカルトの神は、スピノザと異なって、拡がり（延長）の属性をもつことのない、純粋に精神的な神である。それゆえ、物質世界、あるいはその全体との距離はない。距離という言葉が誤解を招きやすいとすれば、こう言った方がよいだろう——神は何処にもないゆえに、何処にも在る、と。すなわち、神が世界を創造した瞬間から、神は精神的には何処にも在るわけであり、また神が常に純粋な精神にとどまっているゆえに、何処にもないわけである。

こうして物質世界の全体は、位置づけされ得ない。それは、世界の外部には存在することのない他の空間との関係でしか位置づけられないし、また仮にそのような空間が存在するとしても、それは次から次へとさらにもうひとつの保証を求めて、無限にまで溯ってしまうであろうから……。

ここまでのところを次のようにまとめておこう。デカルトにとって運動は、絶対的か相対的かと問えば、静力学の観点からは相対的であり、形而上学の観点からは絶対的といえよう。『世界論』を書くときのデカルトは自然学者であり、先ほど引用した船乗りの眼前の海のたとえでわかるように、運動は相対的なもので十分であった。けれどもデカルトは同時に一七世紀の形而上学者であり、その観点からは世界の絶対的な理論化が必要だったのである。

（3）静　止——相対と絶対、自然学と形而上学

さて他方、神は物質を、運動と静止とともに創造したのだから、静止もまた実在的な現実性をもつことになろう。ここまでにみた物質世界全体との関連で、物体が絶対的静止の状態にあることは可能なのだろうか？

物質の本質を「拡がり」とする人々は、物体を絶対的静止において捉えるというライプニッツの指摘があるが[19]、静止についてのデカルトの説明の仕方は大体において、静止の絶対性を想定しているようである。「静止は運動の反対であり、いかなるものもそれに固有の本性によって、自らとは反対のものに、すなわち自身の破壊におもむくことは不可能である」（『哲学原理』二-37、A. T. VIII-1, 63, A. T. IX-2, 85）。運動と静止のあいだに中間項はなく、運動か、さもなくば静止か、ということになる。たとえば、木槌が静止の状態にあった球を打つと、その衝撃の瞬間に球は何の中

間項もなしに静止の状態から、その反対の状態へ飛躍する。静止は、運動が絶対的に不在な状態として絶対性をもつことになる。J・F・スコットはこれを次のように要約している。運動は「反対方向の運動に対しての反対概念なのではなく、静止に対しての反対概念である。運動と静止とは、物体が現実に存在しうる二つの異なる仕方なのである。[20]」

しかしまた、別の観点からみれば静止は相対的である。『哲学原理』二－30に関してデカルトはクレルスリエ宛に次のように書いている。「二つの物体の表面が離れるとき、運動の本性にある実在的なものは……決して動くことがないという状態のなかにも、動くという状態におけると同じように見いだされる」(A. T. IV, 189)。ここではデカルトは、AはBとの相関で(つまり、比較で)静止しており、BはAとの相関で運動している、……というように言っている。すなわち、太陽は地球との相関で静止しており、地球は太陽との相関で運動している……というようになるだろう。

だがここで難点が生じる。先ほど見たように、運動と静止は互いに反対の概念で、両者は相容れないものである。一方から他方への段階的移行は存在せず、両者は互いに、反対であり、否定なのである。神が「物質を運動と静止とともに創造した」ゆえに、デカルトは運動と静止の実在的区別を主張し、「静止と闇を、運動と光の否定(négation)によって理解するように、単に有限の否定によって、真の観念によることなく無限を考える、などとしてはならない」という(『省察』三、A. T. IX-1, 36)。

静止と運動は、闇と光のように、否定による対立概念となる。神の無限は真の観念によって考えられるが、静止と闇は対立概念の「単なる否定」によって考えられるのである。このことはさらに、われわれが静止の「真の観念」をもちえないことをも示すのだろうか？

そして静止よりも運動に「より多くの実在性がある」(Ibid.)のだろうか？

このテクストの文脈に即して見るならば、そうである。だが「神が物質を運動と静止とともに創造した」という文脈に即してみるならば否である。明確な答えを出すのは難しい。デカルトは『世界論』で寓話 fable として世界のイメージを示すとき、「変化しないものは、いかなる場所にもひとつもない」といって、世界には運動しかないことを強調する。そして形而上学者として、神の誠実性に保証されて自然学の原則を示すとき――もはや寓話としてでなく――、静止は運動とともに神によって創造されたと断言する。このとき静止は運動のように、絶対的なものとなってくる。デカルトにおける「静止」の問題はこうして、自然学者 physicien としての観点と、形而上学者 méta-physicien としての観点とが不鮮明にずれてくるのである。

三　時間と運動

1　時間、瞬間

これまで運動の問題を、拡がり（延長）ないし空間との関係でみてきたが、ここで「時間」（temps あるいは durée）との関係でみていこう。デカルトがテクストで「時間」temps という言葉を明確に用いるのは、コギトの箇所からであろう。まず『省察』二の有名な一節が思い起こされる。

「私は在る、私は存在する。このことは確実だ。けれどもどれだけの間なのか。それは私が考える間である。私が考えることをやめるならば、おそらくその瞬間に私は、在り存在することをやめてしまうだろうから。」（A. T. VII, 27; IX-1, 21）

ここでデカルトのもつ確信とは、彼が懐疑の過程から脱してコギトの直観によって出会う第一の確信、すなわち考える私の存在である。この確信は明証性 évidence である。デカルトにとってはこの明証性が真理の基準となるのであった。「私は思考する、ゆえに私は存在する」は絶対的に真であり、現在の存在と現在の思考は相互に包含されている。過去は、もはや現在にはなく、私にはその記憶――しかも忘れうる――があるだけだ。私には過去の像が残っているだけであり、過去そのものの明証的直観をもつことはできない。未来もまた、現在ではないのだから、その直観をもつことはできない。デカルトにとっては真なる直観 intuition のみが現在の存在を保証する第一の基準である。[21]

そして死は、あらゆる瞬間に私を訪れる可能性がある（ポロ宛、A. T. V, 557-558）。神が私を創造したということは、神が私を無の状態に帰する可能性をともなう。私の存在は、この二つの極、創造と虚無すなわち生と死のあいだに吊られている。『省察』二では、神の存在はまだ証明されておらず、その段階では明証的直観のみが唯一の真理の基準であるが、そこでは私の存在は、私が思考する時間のなかでしか保証されない。

『省察』二でコギトの存在を見いだした後、『省察』三に入ると、デカルトは独我論的状況を脱して神の存在を見いだす。そこではこの二つの存在、神と私――一方は無限、他方は有限――の関係が問われる。それは全くの従属関係で、有限は、無限の存在に全的に依存している。神が私を創造したのであり、神が私の「原因」cause である。この「原因」である神は、完全に自由であり、私を無にすることもできる。私自身が自己の存在の創作者ではないゆえに、「私の生のすべての時間は、無限の部分に区分され得、しかも各々の部分は他の部分にいささかも依存しない。それゆえ、私がすぐ前に存在したことから、今私が存在しなくてはならない、ということにはならない。そのためにはこの瞬時に、ある原因が私をもう一度創造すること、いわば私を保存することがなければならない。実際……どんなもの substance も、それが持続するあらゆる瞬間において保存されるためには、それが新しく創造されるときに要したと全く同じ力と作用を要する。ゆえに、保存と創造は、われわれの考え方の視点が異なっているだけであり、結果としての差異ではない。そのことは、自然の光が明らかにわれわれに教えるのである。」(『省察』三、A. T. VII, 48-49; IX-1, 39)

この一節に関してライプニッツは異議を唱える。時間(durée)の一部分が他の部分とまったく独立している、という デカルトの考えは、ライプニッツの充分律 principe de raison suffisante の立場からは認められないのである。(22) この批判はデカルトにとっては受け入れ不可能であり、神の理性は人間理性には測れないという存在の両義性の立場には、ライプニッツの充分律は適用できない。時間の各瞬間は、論理的にも他の瞬間に依存せず、各々の瞬間は創造主の自由意志にのみ依拠している。時間における「理性(諸理由)の連鎖(23)」chaîne des raisons すなわち「演繹」déduction が、神の誠実性によって保証される前の段階では——それが確立されるのは『省察』三以降である——、ひとつの瞬間から他の瞬間が演繹されることが保証されていないのである。

さらにもうひとつの問題がある。「持続(durée)の尺度」(A. T. VII, 20)である時間を、不連続な瞬間に区切ることである。一見したところデカルトは、時間を「各々の部分が他の部分に依存しない無限の部分」に分割しているようだ。だがそこでは、現実的ではなく観念的な分割である幾何学の線の区分が比べられる。無限な区分は、現実(実在)的ではない。面の上を転がる球の跡について述べるとき(Ibid., II, 141)、デカルトはその点 points と部分 parties を区別し、こう言っている。この球の跡は、「点と同じほどの間隙と空虚があり、その結果、それは連続した線ではない」(Ibid., 122)と。そしてまたデカルトの理性の連鎖も、幾何学者のそれをモデルとしたものであった。(24)

2　連続創造——ジャン・ヴァールの解釈をめぐって

時間の不連続だけでなく、デカルトは連続創造をも問題としている。コギトに関してのそれは、今みたが、コギトの有限の存在は神の無限の存在につながっていることになる。そして神の誠実性は、一つの直観から他の直観への移行、すなわち演繹を、われわれに保証する。演繹とは、「理性（諸理由）の連鎖」であり、「思考の連続した中断のない運動」（continuo et nullibi interrupto cogitationis motu）によるのである（A. T. X, 387）。これは思考における時間の連続を示している。

『省察』を貫く理性の長い連鎖の終局に、デカルトによれば、私の存在と私の創造者の存在につづく、第三の存在すなわち物質的事物の存在が証明される。物質世界は存在する。それは、物質ではない私と独立に存在するけれど、神に依存し、神はあらゆる瞬間にその助力を中止できる。そうなると、世界はすべての創造と同じように、連続創造によってその存在を維持される必要がある……。連続創造とは結局のところ、何であろうか。

連続創造についてジャン・ヴァールは次のように考える。[25] この問いは解決困難な問題へわれわれを導く。各々の瞬間は「独立しているゆえに、われわれは常に依存している。」そして持続が連続したものでないゆえに、「創造は連続したものである。」この創造は「耐えざる再生産ではない。的確に言えば、それは真の連続創造ではない。なぜなら、その際には、連続した破壊がなくてはならないから。」デカルトは、世界の破壊とその次に来る創造とのあいだに時間があることを矛盾とみなす。神もまた、その創造を「続ける」continuer わけではない。なぜなら、神は事物を「いくらか以前にそれがあったようにではなく、まさに神がそれを保存するこの同じ瞬間にそれがあるように」保存しているのだから。そして、瞬間そのもの——これを通してわれわれは持続する——が「純粋な虚構《フィクション》」ではないかとヴァールは問う。連続創造は「一種の神話」であって、「神の全能 toute-puissance と各瞬間の独立性」に意味を与え、「神学と機械論の両方」に基礎を与えるためのものではなかろうか。創造がわれわれにとっては保存と異なるとしても、神の視点からは、この二つはある不可分な瞬間のなかで一致する。そしてそのとき、「時間の瞬間」から、「時間と各瞬間を越えた瞬間」へ移行するのである。ヴァールは以上のように考える。

このヴァールの結論は、神の視点からは、疑う余地のないものだろう。創造とは、その初めが時間なのだから、時間の内部に創造がある、ということはない。デカルトにとっては、物質のない空間がないように、持続する事物なしには時間もないであろう。結局問題は、デカルトの次の表現をジャン・ヴァールのように字義どおりにとるかどうか、ということになろう。

「時間の諸部分は、それぞれに区分され得るように私に思える（je vois que les parties du temps peuvent être séparées les unes des autres（temporis partes a se mutuo sejungi posse.）」（A. T. IX-1, 86; VII, 109）。それゆえ私は

「何らかの原因によって各瞬間毎にもう一度創造されなければならない。」（Ibid.）

さて、時間の各部分がそれぞれに分けられると「私に思える」je vois のは、神の視点からではなくて、「私」の視点である。幾何学者が部分に分割できる線を考えるように、「私」が時間を分割可能と考えるのである。けれども「私」は、神が演繹——すなわち時間における理性の連鎖——の有効性を保証した後でしか、このような時間を想定できない。デカルトはまだこの有効性を証明していない。そしてそれを証明したとしても、時間の線的な分割は潜在的なものであり、現実的・実在的ではない。その場合、時間の部分すなわち瞬間は、虚構《フィクション》ということになろう。反対に、その瞬間が直観に基づくものであれば、瞬間は現実的である。どちらが正しいのだろうか。デカルトはここでは時間論など展開していない。彼が関心をもつのは、瞬間の現実性ではない。デカルトがその関心を集中しているのは、実体 substance のいわば絶対的な現実性・実在性であり、それは直観により、懐疑を挟み込む余地さえないものである。連続性はこの有限な実体の動因に帰着するであろう。そうなると連続創造の意味はどのようなものか。まず

消極的な意味としては、事物を虚無にする力が、創造の力と対をなしていることだ。私と世界を創造した神は、あらゆる瞬間に、それを無にできる。そして積極的な意味としては、神がその力によって存在を維持しているものが、不変の、実体そのものであり、変動するその偶有性ではないことだ。具体的には、それは物質的実体であって、その運動の或る状態というようなものではない。『方法序説』でデカルトは、「私に思える」(je vois)よりもさらに強い「私は判断する」(je jugeais)を用いて次のように述べている。

「世界に何らかの物体、あるいは知性、あるいは全く完全でない何らかのものがあるならば、それらの存在(leur être)は[神の]力に依存しているはずである。ゆえにそれらは、神なしには一瞬たりとも存続できない。」(A. T. VI, 35-36)

神によって現実の存在を維持されているのは、実体 substance の存在 être なのである。そしてこの存続への私の確信は、被造物としての直観に限定されたものだが、この限定は瞬間から瞬間への時間の限定ではなく、実体としての私の限定である。

運動は物質において生じ、物質のように連続的である。運動はまた、物質の連続創造のように連続的である。なぜなら、デカルトにおける瞬間は時間の原子《アトム》ではなく、線分の始点と終点のように限界を示すからである。それは光の問題を扱うときは、棒の端にたとえられる。光は、「天体の星々からわれわれのところまで中断なく拡がり」、天体の広大な空間を「一瞬間で」en un instant 横切る(A. T. II, 370)。そして「瞬間」という語は次のように理解される。瞬間 instant という言葉は、「時間の先行を除くだけであり、光線の下位の部分各々が上位の部分すべてに依存することを妨げない。ある連続した運動の終わりが、先行するすべての部分に依存するのと同様である……」(Ibid., 143)。あるいはさらに、運動は、「その部分の各々が、ある場所から即座に他の場所にある場合、一瞬間で伝えられる。一本の棒の両端が一緒に動くときのように。」(Ibid.)

こうしてデカルトのテクストにあたってみると、ヴァールがテクストの参照をそれほどしないで次のように結論するのは無理があるように思われる――ここでのデカルトの仕事は「ルネサンスの力学と自然学において形成されていたような不連続な時間の観念を、スコラ哲学に示されているような連続創造の観念に深く結びつけることであった。[26]」

たしかに時間あるいは不連続な運動の観念については、デカルトがその仕事をなし終えたときにみられる。ライプニッツは一六七六年、自らの力学を見いだしつつあるときにこれについて考察している。[27] それは瞬間における運動の「不可分なもの」に到達する。けれどもこの「不可分なもの」は力を与えられた動的なものであり、コナトゥスを内包している。ある瞬間から他の瞬間に移るに際してそのような力が展開されるのである。デカルトにはこうした動的なダイナミックな要素はなく、「不可分なもの」があるとしても、それは幾何学的な静的なものである。その結果、運動の連続量は、時間の連続ではなく、幾何学的軌跡の連続となるのである。[28]

3　力・速度・運動量保存の法則

神の創造した物質の運動は直線的である。デカルトによる自然の第二法則――「すべての運動は、それ自身としては直線運動である。……いかなる物質部分も……ただ直線に沿ってのみ運動し続けようとする傾向をもつ」(『哲学原理』二‐35)。円環運動が生じるのは、他の物質との衝突の結果からである(同)。

運動の動因である力についてデカルトはどう考えているのか。まず運動とは、「通常……ある物体が一つの場所から他の場所へ移り行く作用」(同二‐24)であるが、デカルトはここですでに作用 action と移動 déplacement を区別している。「同じものが運動するともしないともいえる。たとえば……船中に座っている人は、海岸に目を向けてこの岸を不動のものと考えるならば、自分が動いていると思うけれども……船そのものに目をやるならば、自分が動いているとは思わない。」(同。二-13参照)

運動の本来の意味は、「一つの物質部分すなわち一つの物体が、これと直接に隣接し、かつ静止している物体の傍らから、他の物体の傍らへ移動すること」(同二-二五)である。ここでは「作用」という語は消え去り、デカルトは次の点を強調する。「そして私が、移動することと言って、移動させる力もしくは作用と言わないのは、運動がつねに動かされるもののなかにあって動かすもののなかにはないことを示すためである。」(同)

こうして運動の動力と動体とは分離され、たとえばボールを打つラケットの力 force を考える場合、「ボールがラケットから離れた後は、ボールを動かし続ける力を調べなくても」その軌跡を研究できる(『屈折光学』A. T. VI, 93-94)。動力を考慮することなく動体の研究ができるわけで、デカルトにとってこれが運動の科学的定義の基礎となっている。ガリレオの「撃力」impeto や、ライプニッツの運動-過程の「力」force のような、計量化できる力の概念はデカルトにみあたらない。『哲学原理』や『世界論』で熱や光に関して、やや似たような表現があり、その他にもたとえば vires plantarum(A. T. X, 360)や magnetis(Ibid., 204)などの表現もみられるが、それらはエネルギーであって力 force ではない。デカルトの関心は力そのものでなく、力の「一般的」あるいは「通常」の用法にあるといえるのではないだろうか。

速度についても力と同様、デカルトは通常の用法によって考えているようだ。速度 vitesse という語は、精神の操作や物体の移動について用いられている。『方法序説』第四格率に対応している『規則』七では、演繹のとき記憶の介入する余地のないよう、できる限り速い速度で思考を一巡すべきことが強調されている(tam clariter…ut fere nullas memoriae partes relinquendo. A. T. X, 388; 参照『規則』二、Ibid., p. 409）。

このメタファーは恣意的なものではない。速さが空間と時間とを結びつけているのだ。コギトにおける時間の意識でも——Je suis, j'existe の確信——記憶の不確実性を除くことが問題であった。ただしこの種の記憶は、精神が肉体を離れた後もあの世で持続しうる、純粋に精神的霊的なものではなく、物質的なものとして脳内の感覚の痕跡と結びつけられるものであり、それゆえ場所的空間的なものとして考察できる。時間と空間のこのような結びつきによっても、先ほどの『規則論』のメタファーは正当化されよう。

導体の速度へ目をうつそう。速度とは運動の次元 dimension である——celeritas sit dimensio motus（『規則』一六、A. T. X, 447）。次元とは、「ある基体がそれによって計測されるとみなされる様式と関係」（Ibid.）であり、たとえば重さや速さが例にあげられる。これが自然を幾何学的に説明することを可能にする。「等しいいくつかの部分に分割していくこと……がまさに次元であり、それにしたがってわれわれは事物を数えていく……」（A. T. X, 447）。そして運動の速度は、「世紀を年や日に分割していくこと」と同様に「実在的」となるのである（Ibid., 448）。

理論的な考察によってデカルトは、速度について二つの限界点を設定することになる。一つは光の瞬間的な移動で、もう一つは「遅さが静止の性質を有する限りにおける」（『哲学原理』二-44）静止である。つまり速度は、「速度ゼロ」と「速度無限」とのあいだに展開されていく。慣性の法則によれば、運動そのものが静止へ向かうことはありえない（A. T. VIII, 64; XI, 38, 40）。同じ動体が速度を変えることはある。たとえば弓の弦は、矢を射たときのほうが、より遅くもとの状態に戻る（メルセンヌ宛、Ibid., II, 138-139）。また『哲学原理』第三部の八三、八四、八五では、太陽の距離との関係で速度の違いが説明されている。

これらのことを踏まえて、同一量の運動が保存されるという原理をみよう。まず運動の起源は、「神が運動の第一原因であり、宇宙において常に同じ量を保存している」ことである(『哲学原理』二-36)。神は初めに、物質を創造し次に運動を創造した……というのではなく、運動状態にある物質を創造したのである。物質を、「運動および静止とともに創造した」のである。すでに『哲学原理』二-26でデカルトは、「運動のために、静止のためより多くの作用(行為)actionを必要とするわけではない」とし、このことからも神の行為——創造的な——が、運動と静止を一つの全体として創造したことが察せられる。神の創造行為は一度になされたのであり、その為した意志は不変である。[29] それゆえ神が創造した、運動および静止の状態にある物質の総量は変わらないわけで、この観点からも、次の自然の第一法則が理解できる——「いかなる事物も……いつも同じ状態を持続し、外的原因によってでなければ決して変化しない。」(同二-37)

神は「物質を、運動および静止とともに創造した、そして今もなお、そのときに物質全体のうちに設けたと同じ量の運動と静止を保存している」(二-36)。この量は「宇宙全体においては常に同一」なのである(同)。

宇宙全体の視点から、個々の運動へ目を転じよう。「従って、物質の一つの部分が他の部分の二倍の速度で運動し、後者が前者の二倍の大きさだとすると、小さい方の部分のうちにも大きい方の部分におけると同じだけの運動量がある……。一つの部分の運動が遅くなるに応じて、それと等しい大きさの、ある他の部分の運動はそれだけ速くなる」(Ibid.)。mという大きさの物質部分が2dという距離を動くときの運動量は、2mの大きさのものが距離dを動く運動量に等しい、ということである。これが同一時間内であれば、mの速度は2mの二倍ということになる。要するに、運動の量は常に一定だということであり、この一定量をわれわれはm・vとおこう(vは速度vitesse)。この数式は科学的には不正確である。mは、ニュートンらが明らかにするであろう物体の質量を示すことはできない。デカルトは次元 dimension を、基体を計量可能にする様式および関係と定義したときに（『規則』一四、A. T. X, 447）、重力が物質の重量に影響することに気がついていた。[30] けれどもそれを数量化することはできず、重量 $p=mg$ という数式が質量を規定することをまだ知らなかった。『哲学原理』のヴォキャブラリーをみると、いわば前-科学的で、精密さを欠くものが多い。たとえば「いくつかの物体が等しい」とか、「いくらか大きい」等々……。

速度についても同様で、先ほど定式化した m・v の v は、直線等速運動をしか表せない。加速や減速は計量化できず、ガリレオの物体落下の法則に劣る。ライプニッツは後に、力の尺度として mv^2 を採用し、宇宙において保存されるのは、デカルトの言うような、質量と速度の積 mv ではなくて、質量と「速度の平方」との積 mv^2 であることを論文で示す。[31] この論文をきっかけにデカルト派との論争が活発化し、一八世紀前半のヨーロッパの自然学において「活力」forces vives の論議がさかんとなり、ダランベールが『力学概論』（一七四三）を著す頃まで続くであろう。ダランベールはそこで活力の量が $1/2\,mv^2$ であることを示すのである。[32]

ここまで見たように、デカルトは m・v によって示されるような運動量保存の法則を、創造主であり、欺くことのない神、そしてその意志が不変である神への信（仰）を基点として推論したといえる。この信仰は科学的仮説とはなり得ない。神の意志の不変性からどのようにして科学的厳密さをもって運動総量の不変性を導くことができるのか。完全に精神的なものである神の不変性と、運動量の物質的な不変性とは全く異質なものであり、次元を異にする。両者を同じレヴェルで考えることには無理が生じる。デカルトの論理は、精神的なものと物質的なものを推論によって接合させてしまい、二元論によって峻別された両者の間の、質的な亀裂を埋めたり差異をつなげたりすることはなかったのである。

四　幾何学的理性の限界――自然学の物語《ロマン》へ

デカルトの運動についての考察は、これだけでは十分と言えないが、本書の目的であるデカルト理性の検討という限られた視点からは、ここで打ち切ってもよいだろう。デカルトの理性・合理性についてはレオン・ブランシュヴィックが、『哲学原理』によって導入された機械論の新しい合理性を讃えている。[33] だがこの機械論によって描かれた世界は、いわば想像力や仮定・想定によって解釈しうる合理性もみられる。勿論それは、単なる想像上の産物ではなく、自然学者たちに多くの影響をもたらすものであったが、また同時に屢々、その想像性・虚構性も指摘される。

スピノザは一六七六年チルンハウス宛にこう書いている。「自動力のない物塊として捉えられたデカルトの拡がり（延長）はといえば、物体の存在をひき出すことが困難であるばかりでなく、まったく不可能である。静止状態にある物質は……静止が物質内にある限り、静止であり続けるであろう。それは、より力のある外的原因によってしか運動状態にならない。このようなわけで、私は曾て、デカルトの自然原理は、馬鹿馬鹿しいとまではいわないにしても無益である、と述べることを躊躇しなかった。[34]」

ここではこの批判の詳細に立ち入る余裕はないが、『哲学原理』の自然原理が想像力と結びついたものであり、のちの自然学者や哲学者たちの批判をうける可能性は感じとれる。たとえば、クリスチアン・ホイヘンスはデカルトの機械論的世界を「自然学のロマン」と呼ぶであろうし、ガブリエル・ダニエル神父は『デカルト世界の旅行記』で、デカルトが「作り話」fable としたものを「笑い話」farce にしてしまうであろう。

1　〈物質―拡がり〉の限界と数学的方法の両義性

運動についてデカルトは、その固有の定義である「物質の一部分の場所的移動」を深く追求せずに、いわば写しであるその軌跡を研究対象とした。その結果、運動は本質とされる拡がり(延長)の下に隠れたものとなってしまう。人間の理性にとっては拡がり(延長)のみが把握可能であり、運動はその軌跡の幾何学的合理性として、いわば置き換えられる。このことは、『方法序説』の『三試論』を『哲学原理』と比べると少しはっきりする。『三試論』特に『幾何学』と『屈折光学』は、純粋な理性の仕事ということができ、想像力による「作り話」fable はみられない。『哲学原理』の第三部から、いわば「作り話」のごときものが始まる。ヴォルテールは次のように述べている。「デカルトはその幾何学と発明 invention を得意とする才能を、『屈折光学』に向け、彼の手によってこれは全く新しい学問となった。……ところが彼はついに、この案内人[＝幾何学]を見捨て、体系を固執する精神の意のままになってしまった。こうして彼の哲学は、気の利いた一編の小説でしかなくなり、せいぜい学のない連中には本当らしく思える体のものであった[35]。」

この「作り話」は、幾何学の想像力とその変換が及ぶ限りにおいて可能となるのではないか。幾何学的「写し」は軌跡だけしか保持できない。デカルト的理性にとって、運動はそれ自体は非合理だとしても、その軌跡は幾何学化でき、その限りでは合理的である。しかし事物を形象や記号やその他の像に置き換えるこの幾何学化は、真の現実・実在との関連から離れた、いわば合理的な「作り話」をつくりあげることもありうるのではないか。

デカルトの原則では、物質は拡がり(延長)によってのみ把握できる。それゆえ物質は拡がり(延長)のように、自動力がなく均質なものとして捉えられる。このような前提から物質の具体性を捉えることはできるのだろうか。物質にはまだ別の、本質的な属性があるのではなかろうか。コンディアックは「固性」solidité を[36]、ライプニッツは「力」force を付け加えることになるだろう。

拡がり(延長)の均質性もまた、物質の具体性をとらえるに十分なものとはいえない。カバニスは次のように強調する。「すべての物質が……均質ならば、そのすべての部分はたった一つの特性しかないし、運動によって他の特性を獲得することもできない。……これらのさまざまな部分のあいだには、機械的あるいは場所的な関係しか確立されない。[37]」コンディアックもまた、われわれは物質の本性を知ることができないといって次のように指摘する。拡がり(延長)、不透入性という特性を付け加えても、「そこには抽象的な観念があるだけだ。そしてわれわれは、物質が何であるかをもっと良く知っているわけではない[38]……。」

ところで物質という実体 substance の存在は、自然学の根底において想定すべき論理的必然があるのだろうか。二〇世紀の物理学は一般的にみて、「物質そのもの」の概念を放棄して、「関係」の概念のみを保持しているように見える。ロベール・ブランシェやガストン・バシュラールの仕事はそのことを示しているように思われる[39]。

だがここではデカルトとともに、ともかくは実体の存在を認めることにしよう。デカルトにとってそれは把握しうるものだが、また、その顕現するものしか捉え得ないという意味では把握できないともいえよう。実体を把握しうるとするのは次のような基礎にもとづく。「われわれは実体を把握するとき、存在するために他のいかなるものも必要としない、というように存在するもの、と考える」(『哲学原理』一-51)。けれども究極のところ、「そのようなものは神しかいない」し、「ほかのすべての実体は、神の協力が得られなければ存在し得ないのである。」(同)

神はわれわれにとって捉えることのできないもの、全面的に理解することはできないものであり、われわれはその存在を知ることができるだけなのだ。そのような神と人間理性の関連は前章でみたとおりである。実体をわれわれが把握できるかどうかという問題も、すでにわれわれの理性を越えたものとなっている。「実体という名称は、神の視点と被造物の視点とに一義的 univoque には適合しない」（同）。結局のところ、神の絶対的な視点を考慮にいれるなら、われわれが把握しているのは、実体の顕現されたものにすぎず、われわれは幾何学やその他の理性の連鎖によって概念化しているだけなのだ、ということになる。

曖昧さないしは両義性は、デカルトの態度そのものにもみられる。ラ・フレーシュ学院の学生だったとき、デカルトはその論理の確実さのゆえに、彼に喜びを与える数学と、習俗や哲学をあつかう書物とのあいだの差に驚いたのだった。後者が「高尚で……壮大な宮殿であるが、砂と泥の上に建てられたものでしかない」のに対して、数学は「その基礎がかくも堅固でしっかりしているにもかかわらず、その上に、より高いものは何も建てられていない」（『方法序説』**A. T. VI, 7-8**）。そして彼は数学に基礎を得て、自らの方法を鍛えていくのであった。

「幾何学者が用いることを常としていた全く単純で容易な、この理性の長い連鎖」は、「人間の認識のもとに落ちてくるあらゆる事物が同じ仕方でつながっている」ことを理解させる。そして数学は、「それらの対象が異なっているにもかかわらず」「そこに見いだされる……比あるいは比例以外のものは考察しない。」（Ibid., 19-20;『規則』九および一四参照）

こうして、「いかなる個別的な物質」にも従属することなく、理性を「全面的に使用する」ことが保証される（Ibid., 23）。ここには『規則論』初めの有名な理性の定義をみることができよう。すなわち、あらゆる学問は人間の知恵に他ならず、それを適用する対象がいかに多様であろうと、太陽がその照らす対象に影響を受けることのないように、常に同一である（**A. T. X, 360**）。

この章句の意味するものは何か。曖昧さはあるだろうか。デカルトにとって人間理性は常に同一で、「直観」と「連鎖の秩序」という二つのキー概念に要約される。対象物が変わっても、自然の光 lumière naturelle によってその対象を照らすのは、直観 intuition であり、太陽が常に同一なままで事物を照らすようなものだ。太陽はその照らす対象をつくり出すことはない。だが幾何学者はその固有の対象をつくり出す。それはひとまずおくとしても、やはり対象の差異は、理性の行使の差異を導くのではないだろうか。たとえば形而上学的推論は、幾何学のように「拡がり」を媒介とした形象を必要とはしない。拡がりが介入することによって、自然的世界と形而上学的思考の二重性が生じているのではないだろうか。

また他方、先にみたように、幾何学的拡がりと自然学的拡がりの二重性もみられる。この曖昧さ・両義性は二元論にその源をもち、精神の側の純粋に幾何学的な拡がりと、物質界に適用される物理的な拡がりのあいだにずれがみられるのであった。前者の側には「理性の長い連鎖……」というような、理性の秩序があり、そこに数学的理性が定義される。だが後者の側には、理性とは全く別の、異質なものである物質へ――しかもわれわれはその現象をしか捉え得ない――、数学的理性が適用される。デカルト自身、ガリレオとの比較について次のようにメルセンヌ宛に書いている。「彼［ガリレオ］はスコラ学者よりもよく哲学し……自然的物質を数学的理性で検証しようと努めています。この点では私の考えは一致しているのですが……彼は物質とは何であるかを説明するために立ち止まることは、決してないのです。それは、彼が秩序 ordre によって検証せず、自然の第一原因を考慮せずに、常に幾つかの個別的結果の理を探求しただけであることを示しています」（一六三八年一〇月一一日、A. T. II, 38）。デカルトはこのように「理性の秩序」を強調し、客観的な実験による方法の探求を軽視する面がある。そこから、科学史上指摘されるさまざまの誤りも出てくるといえよう。

2　自然学の物語《ロマン》

(1)　仮　想 supposition

『哲学原理』の序文でデカルトは読者に「小説《ロマン》のようにまず全体を一読する」ことを薦めているが(A. T. IX-2, 11)、このとき彼は「物語《ロマン》の主人公たちの常軌を逸した言行に陥る……」(A. T. VI, 7)という『方法序説』の一節を考えてはいなかっただろう。またヴォルテールが「精神の物語《ロマン》を書いた理屈屋(raisonneurs)」を非難するのと同じ意味で、クリスチアン・ホイヘンスが「自然学の物語《ロマン》」を書いたと自分を非難することなど、想像もしなかっただろう。ましてやガブリエル・ダニエル神父が『哲学原理』と『世界論』を小説化して茶化し、「この体系は矛盾に満ちていて……ひとつの仮想 supposition がまた別の仮想を壊していく[40]」などと語ることも考えつかなかっただろう。デカルトは単に読者に、全体の見通しをもってから読むようにと奨めただけである。

『世界論』でデカルトは「新しい世界」を「作り話」fable として紹介する。デカルトにとって「ロマン」roman とは、騎士物語の主人公たちの常軌を逸した言行のような、およそ真らしからぬものと結びつけられて考えられるが、「作り話」はロマンとは区別されている。こちらは「歴史・物語・誌」histoire とつなげて考えられる場合があり、両者は共に模倣すべき例を示したり、記憶や想像力によって精神に働きかけたりする。またそれらが記憶などを越えた空想力をみちびくこともある[41](A. T. VI, 4, 6, 7)。

デカルトの扱うこの「新しい世界」は、ある意味で本当の「作り話」の面をもつかもしれない。それは目に見えないものの記述にも窺われる。この「見えないもの」invisible は現象によって現れているけれど、その現象が現実という名の夢ではないと、だれが保証できるのか。『省察』の末尾で、世界は存在するのかと問うとき、デカルトはこう答える。もし世界が夢にすぎないのなら、諸現象の論理の連鎖のなかでそれは夢と同じように非論理的であろう、と。

デカルトにとっては新しい世界を単なる「作り話」でないとする根拠は、理性の連鎖である。けれども『哲学原理』や『世界論』の理性の連鎖が、作り話の仮想となることもあるのではないか。この二つの語はつながって用いられることがしばしばある。[42]「ここで神について述べられたことが作り話だと仮想しよう（Supposons…que ce qui est dit d'un Dieu soit une fable）」（A. T. IX-1, 16. 下線は筆者。ラテン語テクストは fictitium, A. T. VII, 21）。仮想 supposition は懐疑の過程で重要な意味をもっている。真実らしさ vraisemblance を脱することができない段階で、疑わしきもの、さらには真実でないものを仮想するのである。道徳《モラル》の真の科学を築くことができない段階では、「仮の道徳《モラル・プロヴィゾワール》」をつくったのだったが、仮想はいわば「仮の真理《ヴェリテ・プロヴィゾワール》」、あるいは帰謬法をもちいる場合の「反－真理《コントル・ヴェリテ》」ともいえよう。さらには、理性の連鎖の環を構成しうることもあり得、推論の前提を定める重要な働きをもなしうる。

この「仮想」のもつ意味をもう少し探ろう。『哲学原理』三-46は「これらの仮想は何か」という題で次のように語る（A. T. IX-2, 124-125）。「これまでに次のことを見て来た。宇宙を組み立てているあらゆる物体は同一の物質からできており、それはあらゆる種類の部分に分割でき、すでにかなりの部分に分割され多様に動いていて……円運動をなしている。そして世界におけるこれらの運動には常に同一の量があるが……物質が分割されている諸部分の大きさがどのくらいだとか、それらの動く速度がどのくらいだとか、それらの描く円形がどんなだとか、われわれは明らかにできなかった。なぜならこれらの事物は、無限の多様性のなかから神が配置したので……それゆえ神が選択した仕方をわれわれが知るのは、推論の力によってでなく、ただ実験によるのみなのだから。だからこそ、今われわれは……それらが実験と全く一致する限り、どのように仮想しようと自由なのである。以下のことを仮想してみよう……」[43]

（Ibid., 129）。神が整えた事物がどのようになっているかを我々が知るには、知的仮設が必要で、仮想から実験による総合的結果に到達する。

テクストの編纂者アダンとタヌリはこの項が、第四部二〇六でとりあげられていることを指摘するが、そこにおいては全く対照的に、数学的演繹的方法への確信が述べられ、デカルトは「実践的意味を越える確実さ」を断言する（Ibid., 329）。「私が仮想したすべてのことは三‐46にみられるが、それは天空が流動的だという一事に還元される。これは、光のあらゆる作用により、また私が説明した他のすべてのことの結果として十分に論証されたと認められるゆえに、私が書いたすべては、数学的論証によって証明されたと認められるべきだ。……少なくとも天体や地球の構造の最も一般的な事柄に関しては。……なぜなら私は疑わしいと考えられるものはすべて、疑わしいとするよう注意を払ったのだから」（Ibid., 325）。仕事の終局においてデカルトは、自然学を数学的幾何学的に説明していくという自らの企てを実現したことを確信しているようだ。それは『哲学原理』一‐二部で世界を認識するために定式化され、後半の三‐四部で諸現象に向かって演繹されていくものであった。すでに二‐64においてこの確信は明らかにされている。「物体の質料としては、幾何学者が量とよぶ……可分的・形状的・可動的な質料しかみとめない。またこの質量のなかで分割・形状・運動以外のものは何も考慮しない。それらにおいて私が真理とみとめるのは、そこから明証性をもって演繹され、数学的論証となるものだけである。」（Ibid., 102）

さてデカルトの理性は、その対象においても――量となりうる――、その理論形式においても――「理性の長い連鎖」による証明――、幾何学的なものであった。そこでの困難はこの理性を、精神とは峻別され質を異にする物質の量へ適用しようとしたことから始まった。精神的・観念的なものである幾何学を、物質の世界へ適用するとき、「作り話」の介入してくる余地ができ、「仮想」は世界の諸現象に説明を与えるための仮設‐演繹の機能をもつのである。

仮想はそれゆえ、これら現象の形象となることもあり――たとえば類似やアナロジーのような――、また実験への途を開く何らかのモデルとなることもある。それはまた、別の言い方をするなら、物質世界に関する限り、「想像力」の介入が問題となってくるといえよう。想像力は精神と物質、知性と感性、そして数学と現象の結び付きにかかわるのだから。

(2)　想　像 imagination

目に見えないものも運動と形象によって表象しようとすれば、そこで必要になってくるのは想像力である。均質な単一性をもつ物質が「運動において数え切れないほどの多様性」をつくりだす形象の「無限の多様性」によって具体化される(『哲学原理』二-64)。目に見えるものから目に見えないものへの移行はアナロジーによって進められ、デカルトは『哲学原理』の終わりでそのことを正当化する。「人間の理性が肉眼より遠くへ達することを欲しないのは、人間理性を大きく侮辱することだ……どんな感覚によっても認められないほどの小さい物体が多数あることをだれが疑い得ようか。」たとえば日々に成長する木を考えた場合、「木が以前よりも大きくなるということは、何らかの物体が木に付け加わると考えなければ理解できない。しかし成長する木に一日の間に入っていった小物体がどんなものかをかつて感覚した者があったろうか。……量が無限に可分的であることを認めるなら、物体の部分が分割されて、どんな感覚によっても覚知されないほど微細なものになりうることを認めなければならない……こうしてわれわれが感覚する物体はいずれも、きわめて小さいためわれわれに覚知できないような他の多くの物体から成ることが確認され……微細な小物体に起こることで、それがあまりに小さいため感覚できないものについて判断する場合、大きい物体に起こることが感覚的に覚知されているものを例にとって考えていくほうがはるかによい……同じことを説明するのに何かよくわからない、しかも感覚されるものとは何の類似点ももたない新しいもの……を考えだすべきではない。」(四―201)

さらに、自然の事物を理解するためにデカルトは、ときに職人的な器用仕事《ブリコラージュ》で機械仕掛けを考案したり、ときには自然の現象による知覚を像《イマージュ》として投影したりする。『人体の記述』では大きく単純化するかたちで機械的な説明がなされているし、さらに一般的には動物機械論においても、目に見えるもののモデルを、目に見えないものに投影しているといえる。これについては次章の動物機械論の節で具体的に検討していきたい。

機械の考案では、たとえば「非常に重いものを小さな力で持ち上げる道具についての説明」で、そのいわば職人的な才能がみられ、滑車・斜面・楔・車輪・梃子などについての具体的説明がみられる(A. T. I, 435-448)。また『哲学原理』の第三部でも物体に鉋をかけたり、環をはめたり、溝をほったり、表面を削ったり、砕いたり、分割したりするような、職人的器用仕事がみられる(三―48、49、50、52、69、90、123……及び図版参照)。

このように日常生活の観察から想像力豊かに熟考するデカルトの姿は、いたるところに見られる。まず「炉端にすわって」部屋着を着ている夢想者(『省察』一、A. T. IX-1, 14)、「同じ物体のうちに、同時にさまざまな運動への衝動がありうるのはどうしてか」を理解するために、石投げ器の石と、歩いている蟻とを同じ背景のもとにおいて考えるデカルト(『哲学原理』三―57、58、図版)。オランダの海や橋を眺めながら、海岸や橋の機械構造ばかりでなく、船乗りの視点からの有限と無限を思うデカルト……(A. T. XI, 32)。この水平線は天体へも適用される。「恒星をどれほど遠距離にあると想定しても、し過ぎることはない」(『哲学原理』三―7)。それはまた運動の相対性へもあてはめられていく……(同、三―15)。

こうして数学的理性が具体的な自然学へ適用されるには、均質な「拡がり」から異質で多様な形象へ移行しなければならず、理性の秩序はそこで、機械仕掛けを考案したり、想像力を働かせたり、いわばさまざまの、理性の器用仕事がみられるのである。この具体例は次に述べる動物機械論においてみられるし、また想像力の全般については第六章で検討する。

第五章　心身の結合

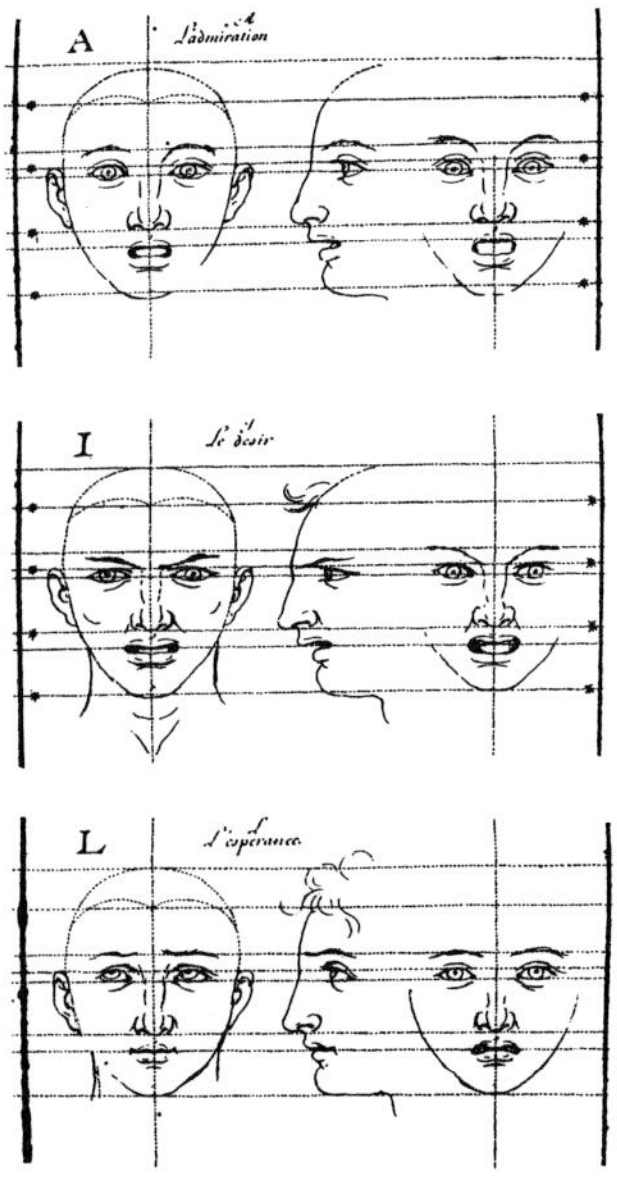

『情念論』に基くデッサン（シャルル・ル・ブラン画）
上：驚嘆，中：欲望，下：希望

一　動物機械論

運動状態にある物質とその渦巻き……デカルトは『哲学原理』で、天上(三部)と地上(四部)に生じている事柄すべてを理性の連鎖で説明しようと試みる。『哲学原理』冒頭の「著者から仏訳者への手紙」では自然学全体への壮大な企図が述べられている。「この計画を終わりまで導くには、今後同じやり方で地上にある特殊な他の物体のそれぞれの本性 nature を説明していかねばならないだろう。すなわち、鉱物・植物・動物そして主に人間の本性を。そして最後に医学・道徳・機械学を精密に論じなければならないだろう。」(A. T. IX-2, 17)

「哲学(学問)全体の集成を与えていくこと」、そのためには時間と経験(実験)が必要だ……このことは、たとえば『方法序説』六部でも、ニューカッスル侯宛の手紙でも(A. T. IV, 326)、繰り返し述べられている。そしてまた、この壮大な企図が終局まで、デカルトひとりで成し遂げられるであろうことも繰り返し述べられている。「私はまだそんなに老いたとは感じていないし、わたしの力は見捨てたものではない。それに、残されている事柄を知るまでの道程がそんなに遠いとも思えない。だから、私の論理を支え証明するのに要するあらゆる実験を行うのに必要な便宜が

エリザベト王女

得られさえすれば、この計画の完遂にとりかかろう。」ただ、公共の援助が期待できないゆえに、「今後は、私ひとりの向上のための研究で満足すべきだと思う。私がこれ以後、後世のために仕事をしなかったとしても、後世の人々は私を許してくれるだろう……。(1)」(Ibid.)

さて『哲学原理』では、第三部で天体、第四部で地球上のすべての事柄が演繹的な連鎖によって導かれ、機械論の説明が与えられていくが、第四部で、磁石の問題をあつかった後でこの幾何学的理性の連鎖には断絶がみられる。まず187節で、方法を理解した読者は「地上におけるあらゆる驚くべき出来事の原因を、上に述べたことから理解できる」と確認される(『哲学原理』四‐187)。次の188節で、これから研究すべき事柄が冒頭の「著者の手紙」にあったように列挙される。植物、動物、そして人間である。その後の189節では、ただちに感覚の記述にはいってしまう。

「連続した、決して中断されることのない」はずの理性の連鎖に、ここで二度の中断がみられることになる。第一は188節で、物質から生命体への説明に移るときである。第二は189節で、生命体から感覚へ移るときである(感覚は広義の表象作用、さらに思考作用へと進む)。生命体の説明と、精神作用の基礎となる感覚知覚作用のあいだに切れ目ができてしまうことについて、ライプニッツは『モナドロジー』で次のように指摘するであろう——機械論は知覚やそれにともなう精神作用を説明することができない、デカルトの機械論にしたがえば、人間の頭の内部を水車のなかのように散歩でき、そこに機械や道具の部品が動いているのを見ることができよう。けれども知覚や表象の作用を見ることはできない……(2)と。ベルクソンもまた、『物質と記憶』の冒頭で、機械的な運動からはイメージをひきだせないことを確認するであろう(3)。

1　機械としての身体

第一の中断をみよう。デカルトの演繹的方法からは、生命体の説明が演繹的にみちびきだされることはない。現実にあるがままのものとして、解剖体から得られるモデルが提示されるだけだ。「私は身体を、神が意図してわれわれにできるかぎり似るように形づくった土の像あるいは機械に他ならないと想定する。したがって神は、その外側にわれわれのすべての肢体の色と形を与えるばかりでなく、その内部には、それが歩いたり、食べたり、呼吸したりするのに必要なすべての部品を据え付ける。」(『人間論』A. T. X, 120)

ここにあるのは解剖学 anatomia であり、その方法は、「目で見られるほどの大きさをもつものは……解剖学者に見せてもらい……小さいために見ることのできない部分は……その運動を順を追って説明し……われわれの機能のうちでこれらの運動に対応しているものが何かを述べる」ことである[4](Ibid., 120-121)。

こうして解剖学的手法によって人体のモデルが『人間論』において示されていく。それは今日たとえばサイバネティクスが構築したような厳密な意味でのモデルにはほど遠いもので、当時の機械学の影響をうけた、歯車と分銅で動く時計や水車や人工の泉などをモデルとした驚くほど単純な自動機械の全体である。人体の解剖がまだ宗教的な攻撃をうけていた時代において、機械論の権利をいわば『世界論』における作り話=寓話 fable のように表現したのかもしれない。

さて『人間論』では、「時計や人工の泉や水車やその他この種の機械は……自動的に動いている。ましてや神の手になると想定されるこの機械には、いくら想像しようにもこれ以上あると考え得る理由はないほどたくさんの種類の運動があり、たくさんの仕掛がある」として、「骨、神経、筋肉、静脈、動脈、胃、肝臓、脾臓、心臓、脳など」の探求は運動に還元され、機械論的に示されていく(Ibid.)。消化を説明するためには胃や腸や「あちらこちらに」さまざまの小さな穴があり、目に見えない小さなものへ向かう。消化作用は、干し草、水、小麦、ふるい、ぶどう酒などの日常的なもののイメージによって説明されていく……。脳には松果腺があり、数多くの「小さな穴」は血液のもっとも微細な部分つまり動物精気だけが通過でき、脳の機械構造は日常的道具類では説明できない複雑なものとなっている。

人間＝機械は、時計や水車、さらにバロック時代の王宮の庭園に好んでつくられた大掛かりな水力仕掛けの機械装置にたとえられていく。水の運動力や水管のさまざまな配置によって楽器を演奏したり、言葉を発したりする仕掛け、外から来る人が知らずに床のうえを歩くと、竜が水を吐いたり、ディアナやネプチューンの彫像が現れたり消え去ったりする運動……。そして、人間は神の作った地上の機械なのだから、理性をもった精神が加わり、精神は「脳のなかに主要な場所を占め、泉の制作者のように機械を調整する。」(Ibid., 131)

このように動物の解剖や当時の機械のイメージを比較することによって人体の構造を説明する機械論は、明証性にもとづく幾何学的理性の連鎖からは遥かに遠い。理性の連鎖よりも、想像力の世界となろう。ポール・ムイも次のように指摘している。「それらは単なる球・針・鈎・ネジにすぎない。諸現象の説明は低次元な日常の機械類の事象の記述である。説明するということは日常親しんでいるものにすることであり、もはや明証性に帰するものではない。理性から想像力へ次元が下がったといえよう。(5)」

2　精神＝魂 âme

身体はこのように機械として説明され、動物には精神 âme がないゆえに単なる自動機械とみなされる。この態度は以後のデカルト主義者に広くみられ、ポール＝ロワイヤルでも動物を自動機械だと語らぬ隠士はひとりもなく、打たれて鳴く犬の声は、時計の小さなぜんまいの起こす音のごとくに考えられ、マルブランシュなどにも同様の態度がみられる。(6)

さて動物に知性はないのかという質問にデカルトは答えている。「動物がわれわれよりも多くのことを行うのを私は十分に知っていますが……ひとりでに時計のような仕掛で行動しているのです。時計はわれわれの判断よりも正確に時を示してくれます」(ニューカッスル侯宛、A. T. IV, 573)。ツバメの季節の渡りや、蜜蜂の巣、ツルの規則的往来、猿の集団的習性なども、これらは本能すなわち器官の仕組みによって生じるものだし(Ibid.)、情動性を示す叫びを発するのも、「機械によって模倣できる。」(Ibid., VI, 58)

ところで人間が動物と区別されるのは、精神の存在を示すところの言語によってである。『方法序説』第五部をみよう。動物は音声や身振りによる表現を、多様に「構成したり」「整えたり」することはできない。動物の反応は、本能すなわち器官の仕組みによる機械的なものであり、無限の状況に適合はできない。これに対して人間は、「他人に自分たちの考えを表明し」「面前で言われるすべての意味に答えるよう」言葉を構成することができる。人間には「あらゆる場合に役立つ普遍的な道具」である理性があり、「どんな馬鹿でも愚か者でも、気違いでさえも」「さまざまの言葉を配列して」言説を構成できる。(7) これはどんなに完璧な動物でもできないことで、オウムやカササギはいくつかの言葉を模倣することはできるが、こうした言語能力はなく、反対に人間ならば、聾啞であっても記号を考案できる。「このことは動物が、人間よりも少なく理性をもつというより、理性を全然もっていないことを示している」(Ibid., VI, 58)。チョムスキーは『デカルト派言語学』の冒頭でこの箇所をとりあげ、機械論が言語を説明できないことをみごとに示している。(8) だがここでの観点から一層重要なことは、デカルトにおいてはさらに、人間理性すなわち精神が、言語を超越したものであり、言語それ自体が精神を構成することはないということだ。言語については章を改めて検討しよう。

では人間の精神は、デカルトの機械論のなかでどのようになっているのか。『省察』における「精神＝魂」âme の語の用法に注意しよう。âme はギリシア語のプシケーに由来し、ラテン語では anima となり souffle（息、息吹、風……）を意味する。デカルトはこの伝統的な意味を無視していない。『省察』二をみよう。「次に浮かんできたものは、私が栄養をとり、歩き、感じ、考えるということであった。私はこれらの活動の源は精神にあると考えていた。けれどもその精神が何であるか私は注意を払わなかった。あるいは、それを風とか火とかエーテルに似た、なにか微細なものであると想像し、それが体の粗大な部分にゆきわたっていると考えていた」（A. T. IX-1, 20）。ここにはデカルトの想像力あるいは古代思想の残存がみられるかもしれない。[9]『省察』二では、方法的懐疑により「物質的なものの存在」がみとめられていない段階なので、身体をもつことはまだ確認できないはずだ。ゆえにこの段階での「精神＝魂」âme の属性は次のようになる。「栄養をとることと歩くこと……しかしいま私は身体をもっていないのだから、歩くことも栄養をとることもできない。感じること……これも身体がなければできない」（Ibid., 21）。結局、残る属性は考えることだけである。

âme はこうして伝統的な意味を離れて「精神」esprit の同義語となる。これについてのやや詳しい説明がガッサンディへの『第五答弁』にみられる。この語「魂」（âme＝anima）は「無知な者たちによって意味を課され」る慣習となったので、われわれはそれを正さなければならない。無知な者たちは、「われわれが栄養をとる原理」と「われわれが考える原理」とを区別できずに、「両方を魂という一つの名称でよんだのである」。そしてその後、「考えることが栄養作用とは区別されることに気づいた者が、考える能力を精神とよび、魂の主要な部分であるとした。けれども私としては、考えるための原理と栄養をとるための原理は全面的に区別されることから……精神を魂の一部分ではなくて、考える働きをする魂の全体とみなすのである。」(A. T. VII, 356)

こうして「魂」âme＝anima は考える作用そのものとして「精神」esprit＝mens の同義語となる。[(10)] さらに『省察』の最終段階で、懐疑を脱し、身体を含めた「物質的事物」の存在が認められる『省察』六でも次のように確認される。「この私、すなわちそれによって私があるところのものである âme は、全面的かつ真実に私の身体から区別されるのであり、身体なしに在り、存在できるのである」(A. T. IX-1, 62)。かくして「精神＝魂」âme は完全に身体と区別され、その伝統的な意味は消失する。ところでデカルトが当初「風や火や微細なエーテルのようなもの」と想像していたあの〈âme〉はどこへ行ったのだろうか。それは機械論的に処理されていくことになるが、『方法序説』五部にその説明がみられる。神のつくりあげた地上の人体のなかには「植物精神」や「感覚精神」を宿らせる必要はなく、「ただその人体の心臓のなかに、あの光なき火の一種をおこした。……それは……干し草をまだ乾かぬうちに密閉しておくときにそれを熱くする火や、新しいぶどう酒をそのしぼりかすといっしょに発酵させるときにその液を沸騰させる火と同じ性質の火である。」(A. T. VI, 46)

スコラ派の「植物精神」や「感覚精神」は、心臓の熱を基点として、機械論的に考察され、「動物精気」へと変換していく。これについては後ほど、人間の身体と情念を検討する際にみていこう。

デカルトの機械論のモデルとなっていた『人間論』の王宮庭園のディアナやネプチューンらの人工機械には、感覚や、表象にもとづく知性作用も、欲望も、羞恥心もない。だが機械であるはずの、現実の動物たちには、これらのやや精神的ともいえる働きがみられないだろうか。これについてのニューカッスル侯へのデカルトの返事はかなり混乱しているようだ。「[動物たちには]考えることをわれわれに確信させるような行動はまったくみられない。けれども動物たちの身体器官がわれわれのとそれほどは異なっていないことから、これらの身体器官に結びついたいくらかの思考作用 quelque pensée をなすことが推測される。」けれども、このことから「動物たちがわれわれのような不死の魂 âme をもつというのは真実らしくない。いくらかの動物たちにそれがあるという理由はまったくなく、牡蠣や海綿のような、そう信じるにはあまりに不完全な数多くのものがある。」(A. T. IV, 576)

デカルトの論理はかなり混乱気味である。動物に「いくらかの思考作用」をみとめたのは質問者への譲歩ともいえる。デカルトもこれを確信としてでなく、ただ「推測」conjecture として述べており、その論理はアナロジーで、ここでは身体器官のアナロジーである。このアナロジーは牡蠣や海綿にまで及ぶものではないから、部分的・限定的なものにとどまってしまう。確信ではなく「推測」としかいえないわけである。

もう一つ曖昧な点として、「思う」penser という言葉の使い方がある。デカルトはこの語の二つの意味のあいだで躊躇しているようだ。一方は、心理学的な意味の「意識」conscience あるいは「知覚」perception に当たるもので、身体器官のアナロジーからは動物にも人間にもみられる。もう一方ではデカルトは、この語を形而上学的な「精神」esprit として、さらには神学的な「不死の魂」として用いており、その場合には動物の「思う」penser と人間のそれとは本質的にまったく異なったものとなる。

デカルトは精神と身体を峻別した二元論を軸として、動物と人間の断絶を示す機械論を構築したが、「思う」penser の語の曖昧さも伴って、身体器官のアナロジーから動物と人間の連続性をみとめざるをえなくなっている。機械論は身体の器官から感覚を説明していくので、器官のアナロジーは動物に「何らかの思考」quelque pensée をみとめることになる。

デカルトの理性の連鎖は、物質から動物・人間にまで連続した機械論的説明をあたえていくことはできなかった。「動物‐機械 animaux-machines 論」は、機械から動物を連続的・演繹的に説明するのは困難であり、デカルト自身『方法序説』でこう述べている。「動物や人間についての私の知識はまだ不十分であって、ほかのものと同じスタイルで語ること、すなわち原因から結果を論証し、いかなる種子からいかなる仕方で自然がそれらをつくりだすことになるのかを示すことはできなかった。それゆえ私は神がわれわれの身体にまったく類似した身体をつくりだしたと想定することで満足した……。」(A. T. VI, 45-46)

たしかにデカルトの動物機械論は、ムイも指摘したように、理性の演繹的体系よりも想像力を含み、日常的ブリコラージュの面も有していた。人間と動物の連続と非連続、動物の「思考」pensée についてもかなりの混乱がみられた。これらの混乱と曖昧さは、根本的にはデカルトの二元論・機械論に源をもち、そしてさらに心身結合と情念の問題へとつながっていく。

3　精神 âme の生理学

デカルトは身体を機械とみなすことによって「精神」を身体から区別した。「精神」âme はデカルトにおいて伝統的な意味を離れ、考える作用そのものとして〈esprit〉の同義語となる。ここでひとまず、「精神」の具体的な内容をみておこう。

「精神」âme という語は古くギリシア語の「プシケー」に由来するが、プラトンが「完全存在」pantelos on に「運動」kinesis、「思考」phronesis を導入して以来の長い歴史をもっている。運動は、「栄養」threptike、「感覚」

aisthetike、「思考」noetike とともに、プシケーの主要な部分 mere あるいは働き dynameis である。[11] したがってプシケーは、みずから常に運動のなかにある、運動の原理であり、あるいは個体の働きの形相因として生命・知覚・思考の原理であるとされた。[12] プシケーには、欲情、意欲、感覚、思考の働きに応じて、それぞれ固有の身体の座が充てられる。たとえば欲情には腹部、意欲には胸部、感覚には脳、思考には頭部……といったぐあいである。[13] 理性的思考の座を脳 enkephalos におき、感覚から脳の思考への通路 poroi をみとめる見方は、すでにピュタゴラス派の医者に始まってプラトンの「脊髄」の考えに受け継がれたが、[14] アリストテレスは心臓 kardia を「感覚のアルケー」と称した。[15] 脳そのもののなかには視覚・聴覚・嗅覚のような感覚は何もないということが彼にそうさせたのである。[16] ヨーロッパでは以後、長いあいだアリストテレスの見方が支配的であり、医学の領域ではアリストテレスの哲学的立場をとるガレノスの、体液病理説を基礎とした生理学、その解剖学と神経や脳の生理学が標準となっていた。このような伝統的な考え方に対してデカルトは、「精神」âme から生命や運動の原理を排除する。[17] たとえば一六四一年五月のレギウス宛の手紙で次のように述べている。「身体に運動や生命を与え、植物や動物において植物精神・動物精神とよばれる諸能力は、人間にも勿論ある。けれどもそれらは人間においては精神とよばれるべきではない。精神の働きの第一原理ではないからである。それらは理性あるいは精神とはまったく別の種類のものである」(A. T. III, p. 371)。デカルトにおいて初め身体は、「屍体にもみとめられるような、骨や肉体から成る機械」であり、それに対して精神は「風とか火とかエーテルとかに似た何か微細なもの」で「それが身体の粗大な部分にいきわたっている」と想像されていた(『省察』二、A. T. IX-2, 20)。けれどもこの『省察』二の方法的懐疑によって、「物質的なものの存在」がみとめられていない段階では、「私」が身体をもつことは確認できず、「栄養をとる」などの、精神の身体性はつぎつぎと否定されていき、結局「考える」ことだけが精神の属性となるのであった。のちの『情念論』五でも、「精神」が身体に運動や熱を与えるのは誤りだとされ、精神は身体から根本的に切り離される。

「精神」âme(anima)という語についてデカルトは、この語がラテン語では「空気や口の呼吸」を意味していたことを指摘しているが[18](メルセンヌ宛、A. T. III, 362)、先にみたようにガッサンディの反論に対する『第五答弁』で、この語の伝統的な意味において「栄養をとる原理」と「考える原理」とが区別されていないことを強調し、「考える能力」をesprit(mens)とよんで、それが「精神」の全体をなすべきことを述べている[19](『第五答弁』二-四)。しかし、このように根本的に身体から区別された「精神」は、「水夫が舟に乗っているように……身体のなかに宿っている」だけでなく、「身体とただ一つの一体のように」なっている(『省察』六)。水夫と舟よりも密接なこの精神と身体の結びつきの具体的なありさまは『人間論』と『情念論』で、デカルトの独自で想像力あふれる「思弁的神経生理学[20]」によって説明されていく。デカルトの生理学試論『人間論』は、身体の諸機能をあからさまに機械論的なやり方で解明しようとした、おそらくは最初の体系的試みであり、生理学・医学史上の一大傑作であるだけでなく、彼の科学的思考の筋道——演繹的推論と経験による検証——を追うにも好箇の遺作である。それは物理・生理・心理にわたる宇宙論の壮大な体系的企ての第二部門にあたり、最初の二部のみが執筆されたのであった。

『人間論』では冒頭で、人間の身体が機械として説明されることが述べられ、身体の機能が機械論的に説明されていく。食べものが胃で消化され、肝臓でふるいにかけら、粒子を血液にあたえたあと、血液の粒子のうちで「最も活発で最も強力、かつ尤も微細な粒子」は心臓から脳の空室へいく。それらは脳実質を養い維持するばかりでなく、「動物精気」と名づけられる「一種のきわめて微細な風」を産出する[21]。脳空室の入り口近く、脳実質のまん中あたりに位置する小さな「腺」——松果腺——があり、そのなかへ動脈の小孔を通って、血液の最も微細な粒子が流れ込む。精神は脳のなかに置かれている。「神がこの機械に理性的精神を結びつけるとき、その主な座を脳中におき……脳の内表面にある孔の入り口が神経の仲介によって開くそのさまざまな開きかたに応じて、さまざまな感情をもつように精神がつくられる」(A. T. XI, 143)。精神のもつ感情や感覚についての生理学的説明も導入される。神経によって脳のなかに送られてくる自動機械の状態を精神が意識することが、「感情」であり、精神の存在が前提されることにより、「痛みの感情」「熱の感情」「味の感情」などが生じる。精神は脳のなかにその主座を占め、身体の一部である脳と、精神とが結びつき、互いに作用しあうことになる。

こうした精神と脳の相互作用についてデカルトは、エリザベトに宛て次のように書いている。「精神の能動 action は、脳のなかの刻印 impression を変化させるなんらかの力をもっており、これらの刻印は精神のなかに意志に依存しない思考をひき起こす力をもつ」(一六四五年一〇月六日、A. T. IV, 310)。そして身体のうちで精神に直接的な能動をあたえるものが脳だけであることが、レギウス宛の手紙で述べられている。「情念 passions は、精神にかかわる限りでは脳のなかにその座をもつ。なぜなら精神は脳によってのみ直接に受動的であるから」(一六四一年五月、A. T. III, 373)。精神の能動は脳の刻印に変化をひき起こし、また精神には脳をとおしての受動 passion がある。

二　精神と身体の結合

1　心身結合の難点

動物機械論は、動物を精神がないゆえに自動機械とみなし、人間の身体も同様に機械論によって説明される。また精神をもつことで人間は動物と区別される。霊魂の次元の精神をもつ人間は、たとえ精神的な作用をなすとしても身体の次元のものでしかない動物と区別されるのである。不死性につながる霊魂としての精神にたいして、これをもたない動物は死すべき身体からのみ成り立っている。ところでデカルトの説明によれば、精神は機械としての身体に働きかけ、脳の松果腺において精神と身体が結合している。人間だけに、二つの異質な実体である精神と身体の結合、心身結合の問題が生じる。「身体と思惟を合わせ持つのは、ひとりの人間」であると、デカルトはエリザベトに宛て書いている(A. T. III, 694)。デカルト以降の近世哲学史のなかでこの問題は、スピノザ、マルブランシュ、ライプニッツらにとって論理的難点とみなされ、この問題に解決を与えていくことは哲学者たちの大きな課題となった。この問題は今日にいたるまで心身二元論として哲学の最重要な問題として残り、また大学の哲学史教授たちにとっても(たとえばアムラン、リアール、等)デカルト哲学の論理的難点として残っている。[22]

けれどもデカルト自身は、この問題を理性だけで論理的に解決することを警戒しており、経験に委ねていく。エリザベトに宛てた一六四三年五月二一日と六月二八日の二通の手紙でそれが強調される。「精神と身体の結合に属することがらは、理性だけでは……不鮮明にしか知られません。……ただ生活と日常の交わりを通じ、そして思索や構想力を要するものの研究をさしひかえて、はじめて理解できるようになるのです。」(A. T. III, 692)

デカルトがこのように答えていることについて、一九四五年に『デカルトの理性主義』を著し、細緻な文献処理にもとづいてデカルトの理性の限界を示したジャン・ラポルトはかえって称讃のことばを捧げ、デカルト哲学の魅力であるとさえいう——心身結合は「両義性が存在する哲学の相貌を、歴史上ただ一つ……デカルト思想に授け、われわれの理性の内奥で、理性より下部の存在に指で触れさせる」ものだ、と。[23]

心身の結合は『省察』六で述べられている。そこでデカルトは、「精神と身体が一体をなす」とは書いていない。仏訳はさらに「一体のように」comme un tout としている。ラポルトはどういうわけか——誤植か、思い違いか——

この「のように」を書き落としているが、[24] それは次のテクストである。

「水夫が船に乗っているように、わたしは自分の身体のなかに宿っているが、それだけでなくさらに、わたしが身体ときわめて緊密に結ばれ、いわば混合しているので、私は私の身体とある一つの一体のようになっている。……そのことを自然が私に教えるのである。」(A. T. VII, 81 ; IX-1, 64)

船のなかの水夫というこのメタファーは、スコラ哲学によってプラトンのものとされており、[25] 一般には、精神が水夫、身体が船に対応するこのプラトン的メタファーをデカルトが否定しているかのように受けとられている。だがデカルトは、「……それだけではなくさらに……」といって後半部につなげており、全面的な否定はしていない。トマス・アクィナス以来教会に受け入れられてきたアリストテレス主義では、「精神(霊魂)」âme が「質料」matière に形相を与え、それによって精神(霊魂)の不死性が質料に結びつけられていたが、デカルトはもはやそのようなやり方はとらない。船が港に着いたときに水夫が船を降りるように、デカルトの二元論では、精神は地上の死によって身体を離れることになるが、地上での生のあいだは、「さらに」私は私の身体に「結びついている」のであり、「私の身体と一体のようになっている」のである。この「さらに」は、「結びつく」「……なっている」の動詞——実体的結合——へ注意を向けさせる。だがそのことから、これらの動詞によって示されるものが「一体」——結合した実体——であるとは、必ずしも結論できない。「一体のように」が用いられる所以であろう。

一六四三年六月二八日エリザベトに宛てた手紙ではデカルトは次のように述べている——ある人たちは精神と身体を「一つのものとみなしている considèrent comme une chose」。そのような人たちは「決して哲学することのない」人たちだ。「二つのもののあいだの結合を考えることは、両者をただ一つのものとして考えること」だからである[26](A. T. III, 692)。

ここでの comme は considérer に伴われることで、そのニュアンスがやや強まっている。ここでは精神と身体の結合については、理性の直観の明証性による哲学的領域で考えられるものではないことが強調され、そこから問題は理論ではなくて経験の領域に委ねられることになる。デカルトは形而上学的厳密さによって精神と身体（物質）の二つの実体が区別されることを説き（A. T. III, 695）、両者の結合が一つの実体になることは、哲学的にみとめていないことを確認する。結局デカルト自身がみとめている確かなことは、心身結合が論理的には矛盾したものであり、「知性」entendement だけでは理解できないということである。同じ手紙で次のように述べている——「精神と身体の区別とその結合を、人間の知性がきわめて判明に、かついちどきに把握することができるとは思われない。そのためには両者を一つのものとしてとらえると同時に両者を二つのものとしてとらえねばならず、それは矛盾なのです。」（Ibid., 693）

物質性がなく拡がりをもたない精神が、どのようにして、拡がりをもつ物質である身体と結合できるのか。これは精神と身体が現実に相互作用を行い得るための条件であり、デカルトの人間論が成立可能となる条件であろう。デカルトは重さの例をもちいてエリザベトに説明している。[27]「重さが……物体を動かし、物体と一緒になっている……この種の働きは、ある物体の表面が他の物体の表面と接触して起こる、などとは誰も考えません。このようなことを理解するのに特有な概念は、われわれ自身のうちに経験しているのですから」（A. T. III, 667）。「重さ」すなわち「物体を動かし、物体と一緒になっている……この働き」が、物体間の接触なしに作用が行われる例として示され、心身の結合に適用される可能性をもつ、というのである。だがこれはかなり危険なアナロジーであり、しかも、このことをわれわれにみとめさせるのは「経験」なのである。そのうえ続いて次のように言っている。「この概念を、物体となんら実在的に異なることのない重さに適用したことは誤用であると思われ、そのことは私の自然学で示したい……」(Ibid., 667–668)。「重さ」そのものは、自然学のレヴェルで物体の接触によって作用が示されるものであることがここから予想され、問題はまた振り出しに戻ってしまう。

ライプニッツの表現によれば、人間精神をふくめ実体は、「形而上的な点」であるが、デカルトはこの「点」を脳の松果腺に位置づけることにより、心身結合の問題に答えようとした。だが精神の点は、物質的な点ではない。精神を脳の一点に位置づけることは、点に大きさはないとしても、物質的でないものを、物質的なものである位置に置き換えることになってしまう。デカルトは、精神は分割不可能、物質は分割可能だとして、精神と物質のこの明白な差異について次のように言っているのである。「いかなる物質も分割可能としてのみ考えられ、逆に精神、人間の精神は、分割不可能としてのみ考えられる。実際われわれは、どんなに小さな物質でもその半分を考えることはできるが、いかなる精神についてもその半分を考えることはできない。……両者の本性は、たんに異なっているばかりでなく、いわば対立さえしている」(『省察の要約』A. T. IX-2, 10)。このように全く異質なものである精神の点と物質の点とを重ね合わせることはできないであろう。これへの解決をもとめるとすれば、ライプニッツのように物質を精神的なものとするか[28]、あるいは一八世紀の唯物論者たちのように精神を物質的なものとするか[29]、いずれかになってしまうだろう。

結局デカルトにとっては、自然学においても、形而上学においてと同様、心身結合を説明する道は原理上閉ざされている。しかしそれにもかかわらず、上述のように、たとえば重さのアナロジーや松果腺への位置づけを用いるなど、説明への努力をつづけたのはなぜだろうか。

『哲学原理』仏訳者への手紙で、デカルトが哲学全体を一本の木にたとえ、根を形而上学、幹を自然学、枝を医学・機械学・道徳としたことはよく知られている。「道徳(モラル)」は、他の諸学を前提した「知恵」の最終段階である。晩年の『情念論』でもみられるように、身体の影響による精神の情念(受動)を、精神とりわけ理性的意志によって統御されることがめざされている。理性的認識にもとづく、いわば理性的意志の能動性によって、受動的な情念をふくめ身体を支配し統御しうるようになる「徳」vertu を頂点とする「知恵」sagesse が、究極的に「哲学」の意味するところでもあった。このような「モラル」の探求はデカルトの終生の課題だったのであり、それがデカルトに、理論的にはなお解決を見いだすことのできない心身結合の説明を最後まで続けさせたものであったのではなかろうか。

こうして精神と物質の結合を自然学的に扱うのが困難であるとすれば、問題を別の角度から見ていく必要があろう。実在的作用の考え方はデカルトにおいても、あらゆる実在的なものは、いっそう大きな実在性をもつものを原因とするのであった。この作用がデカルト自然学の機械論の枠をはみ出るものであることは明らかであろう。デカルトの機械論では、運動は接触によってしか伝わらなかったが、この実在的作用の考え方は機械論を越えて、問題を形而上学的な因果性の概念にひろげる。

デカルトは因果性の概念を拡大して、「観念」idées そのものにまで適用した。すなわち、観念は非実在の虚無から出てくることはなく、必ずその原因をもつはずだ、ということである。このことは同時代人たちに大きな驚きを与えたのであった(30)。たとえば——そしてこのたとえは根本的に重要である——われわれの精神に内在する無限の観念は、人間精神を超越する無限な実在を原因にもつのであり、その無限な実在は神である。このことは第三章でみたとおりである。

さてデカルトの二元論にしたがえば、精神と物質の二つの次元の因果性は実在的に区別される。物質のあいだでだけ通用する自然学の因果性と(そこでは運動は接触によってのみ伝わる)、精神の次元での観念的な因果性である。だが両者が結合する次元での第三の因果性はどうなっているのだろうか。

先ほど見た『省察』六の一節でそれが示されている。「考えるものに他ならない私」が「身体とある一つの一体のようになっていること」を、「自然が私に教える」のであった(A. T. VII, 81; IX-2, 64)。この自然とは「神そのもの、あるいは神が被造物のなかに定めた秩序と配置に他ならない。そして個別的に自然というのは、神が私に与えたすべてのものの、複合あるいは組み合わせに他ならない。こう私は理解する。」(Ibid.)

この心身結合は、二つの実体の結合、たんに精神と身体(物体)の結合というのではなく、人間精神と人間身体の結合であって、この人間は一つの「複合体」をなしている。それはもはや自動機械の複合体ではない。人工的に作られる部品を機械的に組み立てたものではなくて、生きた一個の「全体」tout なのだ。それは生命をもち、神の創造につながる自然によって産み出されたものなのである。

こうしてデカルトは、その動物機械論に欠落していたものを補完していく。「精神は身体のあらゆる部分と密接に結合している」と題された『情念論』三〇をみよう。「……精神は真に身体全体に結合している。……第一の理由として、身体の諸器官の配置は、どれか一つの器官を除けば全身に欠陥をきたすほど器官相互に密接な関係があるので、身体は一つであり、ある意味では不可分だから。第二の理由として、精神はもともと、身体をつくっている物質のもつ拡がりにも、諸次元やその他の特性にも、何の関係もなく、ただ身体の諸器官の総体にのみ関係しているから。……すなわち、精神の二分の一とか三分の一とかいうようなことや、精神がどれだけの拡がりをもつとかいうことは、全く考えられないし、また、身体の一部を取り除いても精神が小さくなるわけではなくて、身体の諸器官の総体を分解したときに、精神はまったく身体から離れてしまうのだ」(A. T. X, 351)。この節の前半部では、身体は「一つであり、……不可分」であることが強調され、この不可分の全体性はあらゆる身体に適用される可能性をもつ。だが問題となっているのは人間の身体であり、後半部ではこの全体性が、人間の精神と身体の結合にかかわってくる。つまり、精神の「一つ」と身体の「一つ」が密接に結合している。ここで心身結合の第三の次元の因果性の特徴が明らかになる。先ほど解決の道を見いだせなかった、数学的‐物理的な点による接触ではなくて、「一つ」と「一つ」、つまり精神の全体と身体の全体とが結合しているのである。

さてこのように精神と結合した人間身体を説明する第三の次元の因果性は、デカルトの二元論の体系内では説明し難いものだった。まず自然がどのようにして精神と結びついた人間の身体を作り出したかがわかれば、この自然によって産み出される因果性を知ることができるかもしれない。しかしこの発生の仕組みが見いだされるに至らなかったことはデカルト自身が語っている。『哲学原理』仏訳刊行の後、エリザベトに宛てた手紙でデカルトはそのことを認め、また同時に、この問題を断念したのでないことも示している。「さらに私は思い切って（といってもここ一週間か一〇日以来のことだが）、動物がその発生の初めからどのように形成されていくのかを、そこで説明したいと考えた。私の言うのは動物一般のことであり、特に人間に限った場合は、そのための十分な実験が欠けていることから、それを企てることはできないだろう。」(A. T. V, 123)

だがたとえ、デカルトがこの試みに成功し、十分な実験をもって人間の身体の発生を探ることに成功したとしても、はたして心身結合を解明できたであろうか。この問いに対してはデカルト自身がすでに否と答えているのが、エリザベトへの二通の手紙で確認されていた（一六四三年五月二一日と六月二八日付の手紙）。すなわち、心身結合は知性だけでは解決できず、経験にゆだねるべきだ、と。そして『省察』六にあるように、心身結合の第三の次元の因果性は「自然」すなわち神によって教えられるものであった。その場合われわれは、その「原因」を知ることができず、「結果」のみを、快感や苦痛、飢えや渇きなどの経験において知るだけなのである。心身結合は理性だけでは理解できず経験にゆだねる、という所以であろう。さてこの場合の「自然」という語であるが、デカルトは『世界論』では次のようにも定義していた――「自然ということで、私はここで……女神とか、その他なにか空想的な力とかいったものを意味しているのでは全然ない。そうではなくて物質と……その変化が生じるときに従う諸規則」を意味する、と(A. T. XI, 37)。このような自然観は、おそらくは『女王にして女神なる自然の驚嘆すべき秘密について』(一六一六)を著したヴァニーニらの自然観を否定するものであり、デカルトの機械論の基礎をなすものであった。『世界論』や『哲学原理』では、このような機械論によって新しい宇宙が構成されていったのである。けれどもこのような機械論を構成する理性の連鎖が切断された地点で、人間の身体、心身結合の問題が現れてくる。それは、神の創造したものを意味する自然であり、この場合の自然とは、「神そのもの、あるいは神が被造物のなかに定めた秩序」、さらには「神が私に与えたすべてのものの複合」なのであった。ここでは神は、「女神とかなにか空想的な力」ではない。生命を与えるものとしての神なのである。こうして心身結合の問題は「自然」の名によって、神の創造にまで溯る。それはもはや人間の理性による説明は不可能な次元なのだ。

2　自然の教え――生きること

ラポルトはデカルトの心身結合を「理性の内奥で、理性より下部の存在に指で触れさせるもの」と言い表した(31)。だがこの巧みな表現は、同時にデカルトの思想の体系化の困難さを示してもいる。ラポルト自身、プラトンにおける「非存在」と同様に、デカルトの「心身結合」には「ふつう合理的とよばれる思弁になれた精神にとっては何か異常なとんでもないもの」がある、といっている。「不完全な実体」としての精神と身体とが合わさって「完全な実体」としての人間になるために、「実体的結合」を必然的に要求する……。このようなスコラ的思弁になれた理性にとっては、それぞれ「完全な実体」である心身が「それ自身による一体」をなすというデカルトの主張[32]は、スキャンダルであったにちがいない。この「理性より下部の存在」はそこではどのように位置するのだろうか。

デカルトによれば心身結合は、精神と身体の実体から理論的に分析・総合されることはありえない。それは「原初的概念」であり、原初的概念は「それ自身によってのみ、理解されうる」(A. T. III, 665)。他の原初的概念である「思考」と「拡がり」によって説明されるものではない、ここでいう心身結合の「それ自身による理解」とはいかなるものなのか。

それはまず、超感覚的な知性をもつ天使の場合を借りて、否定的な表現で次のように述べられる。「もし天使が人間の身体に宿ったとしたならば、われわれのように感覚しないで、ただ身体にひき起こされた運動を認識するにとどまるだろう」(一六四二年六月、レギウス宛、A. T. III, 493)。肯定的に表現すれば、「心身結合に属する事柄は……感覚によって最も明瞭に知られる」というわけだ(一六四三年六月二八日、エリザベト宛、Ibid., 691-692)。つまり、上述の「それ自身による理解」とはまず、感覚による理解であり、感覚によって認識される事柄は、たんに「身体にひき起こされた運動」・物体とその運動——これは知性や想像力による認識の対象——にはとどまらない。「このような外界の物体の本質については、感覚はきわめて不明で混乱した仕方でしか知らせない。」しかし感覚は、心身結合体である人間にたいして、「何が有利で何が不利であるかを精神に知らせるために、自然が与えたものに他ならず、その限りでは十分に明晰判明である。」(『省察』A. T. VII, 88)

心身の結合をあつかう『省察』六で、感覚(sentiments)は、外界について「混濁した思考」しか与えないという。「……これら飢え・渇き・痛み[33]などの感覚すべては、精神と身体の結合、いわば混合に(仏訳 comme du mélange)由来し依拠する、ある混濁した思考のありかたに他ならない」(A. T. VII, 81; IX-1, 64)。ここでもう一度この comme に注意しよう。心身結合は結局、理性の理論的明晰さによって明らかにされるものではなく、ただ私たちがそれを生きることであり、理性のことばでは「comme いわば」としか言いようのないものであろう。さきに引用したレギウス宛の手紙で示されたように、超感覚的な純粋な精神である天使とは異なって、感覚を生じさせる心身結合の主体である人間はその特殊な在り方ゆえに、感覚によって生きる人間固有の生き方を生きる以外のなにものでもない。こうした感覚によって「人間の保存」hominis conservatio を生きるという意味で、心身結合体としての人間は、理論的にはいわば「実体」substantia としか言いようがない。心身の結合は地上の死とともに解体してしまうのだし、しかもこのような感覚によって生きる人間の本性(自然)は、「精神と身体の複合体 compositum としての私に、神が与えたもの」(A. T. VII, 82; IX-1, 64)であるにもかかわらず、時に生きるうえでの誤りも含む。そのような人間の「本性(自然)」natura の誤りについては少しあとで述べたい。

心身の結合は、もともと「人間の保存」、もっと端的にいえば人間そのものに他ならないから、人間である私たちにとっては結局それを生きるしかない。生きるとは何か、どのように生きるのかは、実際に生きていくことによってのみ知り、理解される。エリザベトに宛てデカルトは次のように書いている。「……精神と身体の結合にかんする事柄については、知性だけでは……知ることができません。ただ日常の生活と日頃の人々との交わりを通して、しかも思索を差し控えることによって、はじめて理解できるようになるのです」(A. T. III, 692)。この「精神と身体の結合」についてデカルトはさらに、「各人が、哲学的思索によることなく、つねに自分自身のなかにおいて感じる結合の概念」といっている(Ibid.)。

そこで「哲学的思索によることなく」「思索を差し控えることによって」経験されていく心身結合は、『省察』六によれば「自然」に従うものとなる。そこにいう「自然の教え」とはいかなるものなのか。

初期に著された『人間論』では、当時の解剖学や生理学のアプローチにもとづいて人体の構造と機能が機械論的に説明され、そのころのデカルトが実際の解剖や生理学などに強い関心をもっていたことも証言されている。また同じ時期の『世界論』の「自然」概念が、空想力やアニミスムを排して機械論を基礎づけるものであったことも、さきほど見たとおりである。けれども、こうして明らかにされた人体の機械論がどのようなものになるにしても、人間の「自然」は、たんなる自動機械としての身体論と同次元のものではない。『省察』六で示される人間の「自然」は、「神が私に与えたすべてのものの複合体」という広義ではなく、狭い意味で「精神と身体の複合体としての私に神が与えたもの」である。このような「自然」は、「精神のみに属する」第一の自然とも、「物質のみにかかわる」第二の自然とも異なる、いわば第三の自然である。

『省察』六の渇きの例に、このことがよくあらわれている（A. T. VII, 84 sq.; IX-1, 67 sq.）。人間における渇きのメカニスムは、人間が異常のとき、つまり人間が「自己の自然から逸脱している」とき、自身に有害なパラドクサルな行動にみちびかれることがある。たとえば水腫病の人が「喉の乾き」に苦しみ、それが「神経その他の部分」を促して飲み物をとり病気が重くなる場合。正常には喉の渇きは、健康の保持のために飲み物の必要を知らせる健康に有益なメカニスムである。身体のメカニスムのこのような乱れと、時計のような機械の狂いとは次元を異にする。時計が正しく時を告げないときはやはり、「自己の自然から逸脱している」といえるかもしれない。だがその場合の自然という語の意味は、身体の「自然」と異なる。時計の場合は、その狂った時計を正しい時計の「観念」に比較する「私の思考による」「外部からの名づけ」である。これにたいして先ほどの水腫病の場合に「自然」とよばれたものは、「現実の事物のうちに見いだされるあるもの」である。すなわち、「精神」の結合した「身体」においては、たんなる「名づけ」の問題ではなく、「自然の真の誤謬」なのである。それは、精神と身体の結合としての人間にそなわる「自然」であり、神の広大な善性にもかかわらず、時として人間を欺く。デカルトにおいてはこれも一つには、人間理性の有限性につながるであろう。「自然」は有限な人間理性を越えてしまうのだから――「人間は有限な本性(nature)であるゆえに……限られた完全さの認識しかもちえない」(Ibid., VII, 84; IX-1, 67)。

では人間としてこのように理論的理性だけでは捉えることのできない心身の結合を、現に経験し生きていかざるをえないということは、「純粋な知性」による精神および「想像力に助けられた知性」による物体の理論的認識と、どのような関係にあるのだろうか。

精神の存在および物体(身体)との実在的区別について論述した『省察』においては、これまでみてきたように『省察』六でわずかに言及されてはいる。けれども精神が、いかに身体に能動する(agir)か、いかに身体から受動する(pâtir)かについては、自ら言っているようにデカルトは「ほとんど述べていなかった」のである(一六四三年六月二八日、エリザベト宛)。したがって、ただ経験し生きる以外にはないとされた心身結合の概念が、『省察』とそれに付された反駁と答弁によってもなお「不明晰」のままであるのは当然のことであった。しかしここで想起すべきことが二つある。一つは、デカルトがその「不明晰」への問いを、「あまりに深い考え過ぎ」から生じた問いである、と注意していること(六月二八日、同)、もう一つは先にみたように、デカルトが心身結合を示す「混乱した」感覚に、ある別の意味での「明晰判明さ」「生き生きとした明白さ」をみとめていることである。

前者の「不明晰」には二つの理由があろう。第一は、拡がりをもたない(非延長としての)「明晰な」精神概念と、非意識的な拡がり(延長)としての「明晰な」物体概念との二つだけから心身結合の「明晰な」概念を得ようとする「考え過ぎ」であり、第二は、「明晰に」区別された精神と身体の「能動・受動」action-passionにおける結合という、意識にも拡がり（延長）にも還元できない原初的概念から、行動や情念が生きられた経験にもとづいて「明晰に」展開されていないことによる。ここでいう新しい意味での「明晰」は、ただ理性によるものではなく、また想像に訴えるのでもない、別の意味での明晰さである。それは前にもみたように、例えば痛みの感覚において、その「痛みの感覚を与えるものを避け、快の感覚を与えうるものを求めよ」（A. T. VII, 82）と、「生き生きと明白に」教える「自然」の解明に外ならない。それはデカルトにおいてはまず、非延長（拡がりをもたない）であるにもかかわらず、延長体の運動をひき起こしうる非延長の「力」の概念を導き出すことから着想されたが（一六四三年五月二一日、エリザベト宛、A. T. III, 665）、充分に果されることはなかった。

そして心身の能動・受動における結合については、『情念論』で指摘された結合のあり方に注意しておこう。今この節では、あの有名な松果腺を「精神の座」として心身結合の自然学的解明を試みた『情念論』に深く立ち入ることはしないけれど、少なくともそこで基本とされている心身の「結合」および身体諸器官の「総体」の概念には注意しておきたい。デカルトは心身間の能動・受動を定義したのちに、主題とする情念の諸事実を「いっそう完全に理解するためには、精神が結合しているのは実に身体全体とであること、精神が身体のある部分にあって他にはない、などとは本来いえない」ことを強調している。実に身体は、「一体をなして不可分」であり、精神は、身体の「諸器官の総体」に関係しているというのである（『情念論』三〇）。

さてデカルトは、「考え過ぎ」のエリザベトに宛て次のように書いている。「想像力を要する思考には、一日のうちのごく僅かの時間……理性だけを要する思考には、一年のうちのごく僅かな時間……それ以外のすべては、感覚をゆるめ精神を休めることに当てるのです」（一六四三年六月二八日、A. T. III, 692）。ここで「想像力を要する思考」とは数学や自然学のことであり、「理性だけを要する思考」とは形而上学のことであるが、[34] それらに僅かな日数と時間しか当てなかったことをデカルトは、「研究のうえで常に従ってきた主たる規則」であり、「なにかの知識を得るために最も多く用いたと思われる規則」だという。日々の生活は心身結合の「自然」によって教えられ営まれるのが常であり、その心身結合は形而上学的な「思索や想像力を要する事物の勉強をさしひかえて初めて理解できるもの」だからであった。「実に知性は、想像力や感覚の領分にまで口をだしてもあまりうまくいくものではない」のである。生涯の大半の時間は「知性を想像力や感覚とともに働かせることのできる概念に用いること、これが最上の途」というわけだ。こうしてデカルトは、心身結合を「形而上学的に」説明するためにむしろ精神に何らかの拡がり(延長)を認めるべきではないかとしたエリザベトに、あえて「精神にそのような物質や拡がりをもたせること」をすすめてさえいる(以上Ibid.)。デカルトが生活において重んじたのは感覚や想像とともに知性をはたらかせることだったのであり、その知見にもとづいて意志が生活をよりよく導いていくことであった。学問相互の結合を強調し、理性の自然的光を増すことの必要を説いてデカルトは、それが学校のあれやこれやの難問を解くためではなくて、「生活の一々の場面で知性が意志に何を選ぶべきかを示すようにするため」なのだという(『規則』一、A. T. X, 361)。こうした実践的な理論目的は、デカルトにおいては初期の『規則論』以来一貫して繰り返し強調され、追求されてきたのである。『哲学原理』序文でもデカルトは「哲学」とは「知恵(sagesse)の探求」だといい、そこでの「知恵」とは、たんなる「思慮分別」prudenceではなく「あらゆる事物についての完全な知識」で、「人間の知り得る一切の事物の根拠を引き出せるような」「第一原因」から「演繹」されるべき知識である。そのような知識は、形而上学を根とし自然学を幹とし枝は医学・機械学・倫理学となる一本の木にたとえられる哲学全体の広大な構想であり、それは「健康の維持」や「技術の発明」「生存の行い」のためのものであった[35]。いずれにせよ、最晩年に心身結合の形而上学的アポリアに逢着して初めて理論的観点から実践的立場への転換を迫られたものではないであろう[36]。心身結合に関しても、その理論的認識にもとづく意志によって、たんに「自然の教え」に従う生き方や行動の習慣的パターンをより「よく生きる」ものとすることが可能でもあり、必要でもあったのだ。多くの伝記的事実の伝える、数学・物理・天文学・音楽から解剖学・生理学・医学等々広い領域にわたる科学者(savant)デカルトの知的活動は、すべて「想像や感覚とともに理性」を働かせる日々の仕事であったのだろう。

三　心身結合へのアプローチ

1　心身結合から自己の身体へ

(1)『省察』のデカルト――メルロ＝ポンティの視点

デカルトが心身結合を、心(精神)にも身(物体)にも還元することのできない第三の「原初的概念」としたのは『省察』後の手紙のなかであったし、『情念論』の出版は彼の死のわずか三カ月前のことであった。メルロ＝ポンティはデカルトの死を思い次のように語っている。「……哲学者が書くことを止めたり死んだりするのは、彼の作品をし終えたためではなくて、彼の思考の企て全体の底で、何かが不意に差し引かれてしまうためであり、死はいつもその死に襲われる意識にとっては早すぎるものなのだから、デカルトの生活と作品全体がついに取り消しがたい意味をもつように見えても、それはただ後に残った人々の目に、しかも他人事の傍観者の幻想によって、そう見えるにすぎない。[37]」デカルトにとって肉体の死は時計が壊れるようなものであって、「器官が壊れるから精神が去る」という単純明快な表現さえみられる(『情念論』五)。メルロ＝ポンティが「生と思考の企て全体の底で何かが不意に差し引かれる」

というとき、その「何か」が何であったのか、今はそのことは問うまい。いずれにせよ、メルロ＝ポンティは『行動の構造』以来一貫してデカルト哲学の成果を完成されたものとはみなさず、「傍観者の幻想」にとらわれないようみずから戒めているように思われる。

　メルロ＝ポンティがデカルトの生理学・心理学の具体的細部の多くの点に異論をとなえているのは事実である。たとえば『情念論』一二の刺激反応の説明のための神経の「糸」の存在は、メルロ＝ポンティによって否定され、「神経内部の複雑な交互作用」にかえられている。[38] また知覚の説明にあたって「知覚対象」の何らかの生理学的表現（「脳髄刻印」）を脳髄のなかにおく必要に迫られるのは、実在論的態度一般に内属するものとして斥けられる。[39] さらに「職人とその道具」という心身関係のデカルト的比喩（『省察』第五答弁）も「船と水夫」の比喩と同様の外的関係をあらわすものとして斥けられる。[40] たしかにデカルトの『人間論』『屈折光学』をはじめ『情念論』においては、機械としての自然界のなかの一機械としての身体の内部に「精神の座」を設けて、そこに精神を入れ込むような説明がみられる。ところがメルロ＝ポンティによれば、「これは明らかにデカルト哲学の本筋ではない」[41]。身体の機能としての視覚や触覚を生理心理学的に分析することではなく、「見たり触れたりしているという思考だけ」（『省察』第五答弁）を分析することにこそ、デカルトの根本的な独創性がある。デカルト自身のことばで言い表すならば、「身体器官を介して起こる視覚や触覚ではなく、われわれが毎晩夢のなかで経験するように、そのような器官を必要としない、見たり触れたりしているという思考」の分析である。ここにおいて身体は、もはや外界物の作用を知覚の結果につなぐ仲介者ではなく、「明白な経験としてわれわれに呈示されるとおりの、疑いないもの」である。メルロ＝ポンティは、このように外界実在論を放棄することによって、「外からの説明」ではない「人間経験の記述」に立ち帰ったと、『省察』の試みをデカルトのオリジナリティとして高く評価し、そこに成り立つ「知覚の内部構造の探求と知覚の意味の解明」を受け継ごうとする。デカルト的懐疑もまた、「もはや疑い得ない、シニフィカシオンの領域」の開示として捉えかえされる。そこでは、いっさいの物体と同じく身体は、実在論によって与えられていた「隠れた力」を失い、「身体という意味」signification corpsによってかえって内面から支えられ生気づけられたものとして、「疑いえない明晰さ」を与えられて呈示されるはずであった。メルロ＝ポンティにとって「デカルト哲学の本筋」はこのようなものであり、デカルト自身はその「早すぎる」死によってその本筋の道を最後まで辿っていないがゆえに、メルロ＝ポンティはその道をひきつづき進もうというのである。これは身体論にかぎらず、デカルトのコギトについても既にいえることであって、メルロ＝ポンティは「コギトは、わたしの存在の確実性をわたしに露わにするだけではなく、もっと一般的に、ある普遍的な方法を与えることによって、認識の全領野への通路をわたしに開く」と言っている。(42)

ではデカルトは、その独創的な道をどこまで辿ったのか。あの有名な蜜蠟の例によって、それは言い表せば次のようになろう。周知のように『省察』二のなかで一片の蜜蠟は、熱すると味も香りも色も固さもなくなって、ついにはただ「拡がり(延長)をもった……あるもの」だけが残るとされている。メルロ＝ポンティによれば、「デカルト哲学の本筋」からいってそこで露わにされているのは、素朴な意識が味や香りや色などの一時の見かけを越えて確固とした蜜蠟という存在の確信にいたる、もろもろのモチーフを与え「内面から支えているもの」、すなわち「知覚の内的構造」と「意味」の顕在化であったはずだ。それなのにデカルトは蜜蠟の知覚の例によってそれを、物体の「真理認識」、物体の「本質」の「知的理解」の例にしてしまった。「知覚の内的構造」と「意味の領域」を開示すべきであった道によって、物の「知的構造」を求めてしまった、というのである。これは先ほど前節で、デカルトが、『省察』においては精神を物体との実在的区別に重点をおいたがゆえに心身結合に十分言及しえなかった、と述べていることにも対応するであろう。そしてデカルトはなお暫く、彼の「本筋の道」を歩み続ける。それは、とりわけ感覚に示される心身結合に触れた『省察』六においてであり、この『省察』こそがメルロ＝ポンティにとって、「早すぎた」死に襲われたデカルトの遺言ともいうべきものとなるだろう。私たちもまたそれ故にこそ、その『省察』を前節まで特にとりあげていたのである。

メルロ＝ポンティは早くから、この『省察』六においてデカルトの行き着いた地点を詳しく調べている。[43]そのさい彼が特別に注意を払ったのは、『省察』中の、想像と感覚の像が観念一般と区別される指標となる「実存的指標」**indice existentielle** である。あるものが現に感覚されてそこにあるのはなぜか、と説明するために、精神に内在する観念とは区別された、ある現実的なものがそこにあることを訴えるのである。メルロ＝ポンティも引用している『情念論』の表現にならっていえば、精神は、その精神がそれへと向かい、その精神が外界の実在的拡がりのなかにある出来事を「表す」**représenter** ような表象対象が、現にそこにあると思うようにさせられる。そしてそのような実在的対象が現にあるように精神に思わせるのは、身体のなかの出来事による、と説明されるのであった。[44]この媒介に要される身体は、まさにデカルトが『省察』六で、「ある特権によって私が自分のものと名付けたこの身体……」なのである（**A. T. VII, 76; IX-1, 60**）。メルロ＝ポンティは以後「私の……この身体」を、「真理の認識」にたいする「現実の体験」**l'épreuve de la réalité** の主体として、すなわち「実存認識の総体」の主体として、基軸にすえていくであろう。メルロ＝ポンティがデカルトから離れるに際して、そのような「私のもの」としての、私の身体の経験が——前節で見たように——、デカルトによっては精神との実在的混合として説明されただけでなく、精神と身体のいずれからも、その両方からも把握できない、「それ自身からしか理解されえない」原初的概念として捉えられていたこと、さらに「生活の次元」に属するものとして捉えられていたことを、忘れてはならないのである。

（2）　残されたデカルト二元論と、主体＝身体の哲学

おそらくデカルト自身にとって「早すぎた」死のあと、「ついには取り消しがたい意味をもつ」残されたデカルトの哲学は、心身の実在的区別に重点をおく二元論として、あらゆる方向に展開された。デカルト的二元論によれば、身体は物体として知覚されて、本質が「拡がり」である物質に還元され、知覚する主体は「精神」である。このようなデカルトの「主知主義的」判断が現実の人間身体について誤ったもの――あるいは少なくとも一面的――となることを、メルロ＝ポンティは心理学や生理学、医学の多くの具体例をあげて指摘する。たとえば、幻影肢の現象はデカルト的機械論の側からは説明できないし、失語症において神経科医のもちいるGreifenとZeigen、具体的運動と抽象的運動の区別も説明できない……等々。メルロ＝ポンティは『知覚の現象学』でこれらの事例を集成しコメントする。ゴルトシュタインをはじめとする精神病理学や大脳生理学の研究成果を現象学から捉え直し、逆にまたそこから現象学を捉え返し豊かな現実性をもたせる。フロイトの精神分析にたいする実存主義的な把握のしかたもみられる。「身体論は……知覚論」となり、ストラットンなどの業績もふまえた空間知覚論や運動感覚論が展開される。

メルロ＝ポンティによれば、二元論は身体を「内面性なき諸部分の総和」とし、「精神」にとっての透明な「対象」とする。存在するのは「意識かもの」であり、「対象は徹頭徹尾、対象、……意識は徹頭徹尾、意識」である。[45] これに対して「自己の身体の経験」が私たちに開示するものは、このような二元論ではない。純粋精神と物理的身体を対立させるような思考様式は斥けられる。メルロ＝ポンティにとっては身体こそが主体であり、身体が、われわれが世界のなかに存在していることを保障する媒介であり、世界にたいするあらゆる運動、そして思惟を可能にするのである。そしてわれわれはあらゆる分析に先立って、世界と身体においてからみ合い、そこに住み込んでいる、というわ

けだ。[46]「自己の身体」あるいは「生きられる身体」とメルロ＝ポンティがよぶものの存在のしかたは、「両義的」である。たとえば、ある対象に触れているときに、同時に左手から触れられる右手の場合がそれである。触れる機能と触れられる機能が一致することはないが、「触れるもの」と「触れられるもの」との機能分離が反転しうる。さらに左手と右手、身体の諸部分が、相互のなかに「包み込まれている」ことが空間知覚の例で示されていく。[47]

さてデカルトは心身結合を、それ自身によってしか説明されない「原初的概念」だとした。直観と演繹を基礎に構築されたデカルトの理性は結局は、心身結合の原初的「概念」を捉えるにとどまった。この「概念」の示す現実の経験について知覚の構造が明らかにされることはなかったのである。ただ、幻影肢の事例に戻って、デカルトがこれについて述べていることを見ておこう。『省察』六でデカルトは、「遠方からは円いと見えていた塔が近づいてみると四角いことが明らか」なような外部感覚の誤りを論じたあと、内部感覚の誤りを指摘するために幻影肢の事例をとりあげて、痛みの感覚の不確実さを指摘している（A. T. IX-1, 61）。アルキエ版の注釈はデカルトはここでは痛みそのものの不確実さでなく、痛みの「部位」の不確実さに限定されていることを強調しているし、[48]その少しあとでデカルトは「足か腕あるいは身体の他のどの部分が切断されても、精神から取り除かれたものは何もない」（Ibid., 68）といって精神と身体の区別を強調している。けれども前節でもみたように、痛みなどの「感覚すべては、精神と身体の結合に由来」（Ibid., 64）しているのであり、『情念』三〇では「精神は真に身体全体に結合していること」、「身体の諸器官の仕組みは、どれかひとつの器官を除けば全身に欠陥をきたすほど器官相互に密接な関係があるので、身体は一つであり、……不可分であること」が強調されているのである。

ともかく、デカルトの理性は心身結合の問題を呈示したにとどまり、メルロ＝ポンティのように身体－主体を現実的なかたちで明らかにし展開することはなく、自己の身体の経験として次のように述べるにとどまる。「ある特別な権利によって私が自分のものと名づけたこの身体が、他のいかなる身体にもまして……私に属する、と私が考えたのは、ゆえなきことではない。というのは、他の身体と違ってこの身体からは、私は切り離されえなかったからだ。そしてあらゆる私の欲望と情動を、この身体のうちに、かつこの身体のために感覚したのだから……。」(A. T. IX-1, 60, VII, 76)

2　精神と脳の相互作用——生理学を有する哲学

(1)　松果腺の仮設から

他方デカルトは、松果腺の仮設によって、生理学の方向から「精神」と身体をつなげる努力を続けた。精神と脳の相互作用は、脳のなかの小さな腺である「松果腺」glande pinéale でおこなわれるが、そこでのメカニスムは次のようなものである。「……観念——すなわち理性的精神が機械に結びつけられて何らかの対象を想像したり感じたりする場合に、直接に眺める形あるいは像……は、外部感覚の器官や脳の内表面に刻みこまれる形象ではなくて、想像と共通感覚の座である腺の表面に精気によって描かれる形象だけである」(『人間論』A. T. XI, 176)。この節はデカルトが精神の働きを松果腺のなかに位置づけた最初であろう(49)。当時この腺に関しては二つの理論があり、一つはこの腺が第三脳室と第四脳室のあいだの精気の流れをコントロールするというものであり、もう一つは脳にはいる管を支えて分岐の状態を保つというものであった。さてこの腺は『屈折光学』では、「脳のくぼみのほぼ中央にあり、本来は共通感覚の座である小さな腺」と説明されている。「松果腺」という名がみられるのは、一六四〇年一月二九日のメソニエ宛の手紙(50)で、「コナリウム conarium とよばれる小さな腺……この腺が、精神の主要な座であり、われわれのあらゆる思考がなされる場」と述べ、脳のなかで対をなしていないものがこの腺だけだといっている(A. T. III, 19)。コナリウムとは「松果腺」であり、[51] 同年四月一日のメルセンヌ宛手紙でも、[52]「精神が……結びつけられるのはこの小さな腺のみ」だと言い、その理由は人間の頭のなかで対をなしていないものがこの腺だけだからである。そしてこの手紙によれば、デカルトは松果腺を実際にみるためにレイデンへ行き、解剖された女性を見ているが、結果は不成功で、この腺は「殺されたばかりの動物」ではしばしば見られるが、人体では腐食が速いために見られない、といっている[53](A. T. III, 47, 49)。

『情念論』三〇～四四ではこの松果腺の位置や機能がやや詳しく述べられている。「身体……には精神が他の部分よりも特にその機能を果たしている部分」があり、それは「心臓でもなく、……脳の全体でもなく」「ただ脳のもっとも奥まった部分」である(『情念論』三一)。この腺が精神の主座である理由は、「脳の他の部分や……外部感覚の器官がすべて対をなしている」のにたいして、われわれは「ある一つのものについて同時にはただ一つの単一の思考しか持ちえない」ことである。対になっている感覚器官を通してただ一つの対象からやってくる二つの印象は、「精神に到達する前に合わさって一つになる場所を必要とし」、それがこの腺である(同三二)。

精神はそこから「精気や神経や、さらには血液を介して、身体のすべての他の部分に放射する」血液は精気の刻印を動脈によって肢体のすべてに運び、神経の細かい糸は、感覚対象によってひき起こされる運動を動物精気によって伝えていく。またこの腺は、「精神によってもさまざまに動かされ」、精神はまた「その腺のうちに起こる運動の多様に応じた……多様な刻印……多様な知覚をうけとる。」(三四)

けれども物質性がなく、「考える」ことだけがその属性である精神と、物質である身体とが、脳の松果腺において結びつき相互作用がおこなわれるというのは、周知のとおり、デカルトの思想体系の基礎となっている二元論からみれば矛盾する。それはデカルト自身次のようにみとめている。「精神と身体の区別とその結合を、人間の知性がきわめて判明かつ一時に把握できるとは思われない。そのためには両者を一つのものとして捉えねばならず、それは矛盾です。」(一六四三年六月二六日、エリザベト宛、A. T. III, 693)

この点についてスピノザは、『エチカ』第五部序文で次のようにデカルトを批判している。「デカルトは……魂や精神が松果腺と結びつき、精神はその松果腺によって身体のなかに起こる一切の運動と外部の対象を感覚し、そして意志するだけでこの腺をさまざまに動かすことができると主張している。」しかしデカルトは「精神と身体の結合をどのように理解しているのか、……拡がりのある松果腺と密接に結びついた思考を、どれほど明晰判明に理解しているのだろうか」と。

このようなスピノザの批判は、今日、哲学と医学の交錯領域で仕事をしているエンゲルハルトらによれば、現代諸科学が「精神」を位置させるものとしての「脳」を探求したり、精神と脳の相互作用を考えるさまざまな試みについても通用するという。これに対するデカルトの答えはきわめて不十分である――「われわれの精神があれほど明瞭に身体と結びついて身体が精神に作用するほどであることを、われわれは経験によって知っている。成人の健康な身体のなかで精神は、感覚によって規定されている事物ではなく他の事物を考える自由を享受しているけれど、病気である人々においては同様の自由がないことを、われわれは知っている」(一六四一年八月、ヒペラスピスティス宛)。ここでもまた、経験の問題に差し戻され、そして病理的身体(と精神)の問題も指示されている。スピノザの問いに対してデカルトは結局、ただ「分割不可能」なものである精神(『省察』要約)が、「一つ」である身体(『情念論』三〇)と結合しているのだ、と主張するにとどまるだろう。精神の諸機能がどのように脳に位置づけられているのかはそれ以上明らかにすることはなかったし、精神と身体の結びつきについての具体的説明は得られず、説明不可能となっている。[54]

この問題は現代なお、さまざまなアプローチが試みられる。たとえばフランスの著名な神経生理学者ジャン＝ピエール・シャンジューは『ニューロン人間』(一九八三)という著書で、脳‐機械のスタティックな記述(それを構成する神経単位の「ケーブル構造」)と、そのダイナミックな認識(電気的インパルスとシナプスの化学的機能)を基礎として、人間の行動と精神的対象を神経活動の言語で記述しようとしている。そこでは意識は、神経総体の働きの、調整システムとなり、神経総体の物理的働きが精神的働きの諸単位と同一視されるであろう。[55] またギルバート・ライルが一九四九年『心(精神)の概念』で精神的実体の概念を完全に排除し、精神を「機械のなかのファントーム」として以降、精神の状態を中枢神経のシステムにみちびいていくような心脳同一説など、さまざまの唯物論的な試みもみられる。[56]

(2) 知的記憶と精神

デカルトは感覚・知覚・記憶・感情など精神の諸機能を、身体の生理学によって説明することを試み、そして同時に、精神が身体に結びつくことの困難さに直面しているのであるが、デカルトは精神と脳が同一でないばかりか、精神が必ずしもすべて脳に依存するものではないことを明瞭に指摘している。

まず記憶についてデカルトは身体的な記憶と、純粋に知的な記憶を区別している。身体的記憶は動物の記憶と似ており、想像力を場とし、外部感覚からくる形象や観念が「現実の身体部分」である想像力に刻印され、保持される(A. T. X, 416)。そのような身体的記憶は脳内の襞を物質的基盤とする[57](一六四〇年六月一一日、同年六月六日、メルセンヌ宛)。

これに対して一六四〇年四月一日メルセンヌ宛の手紙でデカルトは、身体的記憶について述べたあと、「精神のみに依存する」まったく別の記憶があることを指摘する(A. T. III, 48)。同年八月の手紙でも、身体的記憶の刻印が脳の襞によって説明されることを示したあと、「もう一つ別の種類の記憶」があり、それは「身体の器官に依存することは全然なく、まったく精神的で、獣にはけっしてない。そしてわれわれが主に用いるのはこの記憶である」という(Ibid., 143)。

このような知的記憶は『ビュルマンとの対話』で、「痕跡が脳に刻み込まれておらず、したがって身体に属することのない」記憶として説明される(A. T. V, 150)。一六四四年五月二日メラン宛書簡でも「思考するものの内に残る痕跡」と言い表されている(A. T. IV, 114)。一六四八年七月アルノー宛書簡でも「私はあなたとともに、二つの種類の記憶があるとみとめる」(A. T. V, 220)としており、デカルトは晩年にいたるまでほぼ恒常的に身体的記憶と、純粋に精神的な知的記憶を区別している。脳に依存することのない「知的」記憶の存在が示されているわけである。しかし残念ながらデカルトは、知的記憶がどのようなものか、それ以上説明しておらず、身体的記憶に対比するにとどめている。[58]

脳と精神の関係についてデカルトはガッサンディの反論に対して次のように言い切っている。「……精神は脳と独立に活動できる。なぜなら脳は、純粋な知性作用をかたちづくるときは何の役にも立たないからである。脳は、感覚したり何かを想像することに関するときにだけ役に立つ」(『第五答弁』二-七)。精神の働きは脳から独立しており、純粋な知性作用に脳はかかわらないことになる。初期の『人間論』以来デカルトは機械論を基礎として人間の精神の働きをいわば神経生理学的なやりかたで解明していく努力を続けたのであったが、究極的には、脳に依存しない「知的」記憶や「精神」「知性作用」をみとめていることになるだろう。[59]

(3)　精神と脳の相互作用

さてここまでに見てきたようなデカルト的立場は、現代の行動主義や唯物論的立場と異なるわけであるが、ポパーが生理学者エックルズと組んで著した『自我と脳』[60]はある意味で、デカルトの提起した問題を現代の科学と哲学の言語で再び定式化することを試みたともいえよう。ジャック・ブーヴレスも解説しているように、現代の行動主義や唯物論の潮流——方法的ないし「分析的」行動主義であれ、サイバネティクスであれ、心脳同一説であれ——に抗して、デカルトの立場を復権しようとしているともいえよう[61]。二人の理論は二元論であり、相互作用的である。厳密にいえば、それはまず相互作用的な理論であり、その結果として二元論となる。ポパーは、ライルが「機械の中のファントーム」とした「神話」の側に立つことを言明し、精神と身体の関係を水夫とその船をモデルとして表象することを「多くの点で卓越し適合している」という。ポパーにとって、脳は、精神をもつ自我を「所有者としている」のであり、その逆ではない。精神をもつ自我は、コンピューターである脳への能動的なプログラマーである。自我を、自らの経験の集合ないし流れる束とするとらえかたは、そのもたらす受動性ゆえに受け入れ難いものである。精神的な自我は、本質的に、そしてほぼ絶えず、能動的な作因であり、いわば自我は、脳という楽器の演奏者、ピアノをひくピアニスト、車を運転する運転手である。ブーヴレスの指摘するように、ポパーは結局、「精神とは何か」という問いにではなくて、「精神は、何をどのように行うのか」という問いに答えようとしているのであり、心身問題の哲学上の諸学説を——唯物論的なものであれ、心身併行論であれ、心脳同一論であれ——、この問いに答えていないとして批判する。ポパーによれば、物質や生命、生体の物的世界は「世界一」、精神・意識・自我の心的な状態と過程は「世界二」、人間の科学や文化、思想的所産は「世界三」とよばれる。ポパーはこの三つの世界の相互作用を考え、進化論的に、「世界一」の進化が「世界二」を生み出し、「世界二」が「世界三」を生んだとし、その際、人間の精神がとりわけ言語を生み出したことによって脳と精神が現在のように作り上げられていったとしている。

エックルズはこの土台のうえに、彼の神経生理学の仮説を展開する。問題設定の基本図式はデカルト的であり、精神と身体、心的状態と物理的状態の相互関係を考える。それは実際には、精神と脳、あるいは種々の意識と脳の特定部分(「優位半球」の特定部分)との相互関係である。意識をもつ自我は、この脳の機能とともに現れる総合的な働き activity による。脳梁 corpus callosum 部分の諸経験によりエックルズは、劣位半球は直接的には意識経験を主体にもたらさないと考えるにいたり、その結果ある意味でのフィジカリズムにゆだねられうる。エックルズにとって(ポパーにとっても)、意識の統合性が「神経の機械系内の究極的総合」に由来するという考え方は排除される。意識の統合性は、特別な作因の統合的かつ総合的な働きにのみよるもので、この特別な作因はまさしくこの機能とともに現れたのである。

エックルズによれば、「自己の意識をもつ自我は、独立した存在 entity」である。それは「連絡脳」liaison brain に生じる諸活動を、制御し、選択し、解釈する力をもつ(「連絡脳」ということで、意識をもつ自我と直接に関係をもつ脳コルテックスの流れすべてを指す)。エックルズはさらに、自我あるいは精神は、脳と独立した起源をもつと考え、それは超自然的なものかもしれないという。ポパーはこの点で、意識の起源は、生命や脳の起源と同じくらい説明不可能と考えているようだ(62)。エックルズは『脳と実在』においても、意識をもつ自我と脳との関係は最も基本的で重要な問題だとしている。意識は、自然の進化の過程で「想像を絶するほど組織化された大脳の複雑さ」によって生み出された。意識/精神と脳とのあいだに相互作用があり、この関係は liaison という語によって表されている。ここでも脳にたいする精神の独立活動と独立性は繰り返し述べられている。しかしまた、脳科学者として意識と脳の関係を述べるエックルズはきわめて慎重で、脳科学において解明されていない事柄がいかに多いかが強調されるのである(63)。

四 情念

1 『情念論』の位置

人間の情念は、精神と身体の結合からのみ説明される。そこでの身体は、デカルト的機械論からは自動機械として説明される。その際デカルトは、身体をもたない理性的精神については——たとえ精神の不死性がその可能性を残すとしても——、語っていない。神学者として情念の問題を扱うことはないし、マルブランシュのように(『真理の探求』以降の)、堕罪以前のアダムの非パトス的知覚を扱うこともしない。[64] そして先にみたように、ある種のプラトニスムに対しては、精神と身体を、水夫と船の関係にたとえることは否定したのだった。逆に人間精神をもたない身体は、自動機械に還元される。それは本能その他によって機械的にうごく動物であり、さらには精神が未発達で理性的言語能力——動物すべての上に人間を位置づける——のない幼児 infans もそこに含まれるかもしれない。デカルトは、形而上学において学問の基礎を確立したあとで、科学者として、[65] 精神と身体の結合、情念の問題に向かう。ゆえに情念の問題は、精神と身体の結合の理解不可能性を根底にもち、かつ同時に生体の機械論を基礎としていることになる。

デカルトは、彼の哲学体系の理性の秩序(諸理由の連鎖の順序)のなかで情念の研究に与える位置について躊躇しているようだ。『哲学原理』仏訳者への手紙で「哲学全体」は——ここでは「自然の諸学全体」を意味する——、一本の木にたとえられ、その主な枝は「医学、機械学、道徳《モラル》」の三つである。情念の研究はどの枝につながるのか。この有名な箇所はデカルト哲学の体系のなかでやや調子が異なっている。「手紙」ゆえの筆のすべりか、あるいは理性の線的な秩序が、発生的である樹木のたとえへと移されたからか――樹の例はすでに『規則論』にみられた(66)。『哲学原理』の論理の連鎖は機械学を期待させ、そこから機械論的医学と道徳《モラル》が導かれる。そのような医学によって、身体から精神につながる情念の科学に接近できるであろう。ところが『哲学原理』では、精神と身体の「結合」ではなくて、自然学をあつかっている。「仏訳者への手紙」の別の一節では、医学―道徳《モラル》―機械学が連続し、「機械学」mécaniquesは複数形であり技術へと向かう。デカルトの考え方は次のようになる。機械学の法則から出発し(機械論)、理性の連鎖の体系によって、世界を天体から地球まで説明し、地上においては或る界から他の界へと説明していく。けれどもライプニッツものちに批判するように、機械的運動から表象作用、さらに意識へのつながりは説明できない(67)。それについてはまた別に検討しなければならないが、ここではともかく、機械論が情念(passion＝受動)のメカニスム(受動性)を説明していくことが予想され、そこから情念さらにはモラルの技術が引き出されていくことになる。そこには延長(拡がり)を有する物質の機械論的演繹がなされるのであって、物質(身体)＝延長と精神＝非延長の、「結合」についての展望はみられないであろう。

だが一六四三年エリザベト王女がデカルトに質問を発して後、問題の視点はその位置をかえていく。デカルトはその時点までは、『省察』にみられるように精神と身体を区別することに力を注いでいた。「人間の精神には二つのものがあって……一つは考えることであり、もう一つは、精神が身体と結びついているゆえに、身体に対して働きかけ、身体から働きを受けることです。」この後者についてデカルトは、「私はこれまでほとんど何も論じていない」と認めている(一六四三年五月、エリザベト宛、A. T. III, 664)。これにつづく同年六月二八日の手紙では、対象によって異なる三つの認識が区別される。「精神は純粋な知性によってだけ捉えられる。物(身)体すなわち延長・形象・運動は、知性によるだけで認識されうるが、想像力に補助された知性によって一層よく認識される。そして最後に、精神と物体の結合に関する事柄は、知性だけによっても、想像力に補助された知性によっても、不明瞭にしか認識されないが、感覚によってきわめて明瞭に認識される。」(A. T. III, 691-692)

初期の『規則論』で太陽にたとえられ(A. T. X, 360)、対象がいかに多様で変化しようと常に同一で不変であった(人間の)知性は、かくして認識する対象の不鮮明さの影響を受けることになるだろう。精神の認識において知性の達し得る明晰判明、次に延長体(物体・身体)の認識において想像力に補助された明晰判明、そして最後に心身結合の認識における明晰――ただしこの場合は感覚的な明晰。

デカルトは生涯の最終段階において「心身結合」の問題にあからさまに直面したかたちとなり、[68] いわば彼の哲学の裏面を明白に見いだしたともいえる。この問題についてはそれまで「ほとんど論じたことがなく」(A. T. III, 664)、思えば『方法序説』(一六三七)第三部で、後に実現すべき企図として示されただけであった。学問が十分にできあがるのを待つあいだ、仮のモラルをもち、世間一般の考え方で満足しておこう、知性(理性)ではなくて実践的賢慮 prudence で満足しておこう、というものであった。ともかく、デカルト哲学のこの裏面を無視してしまうならば、デカルトの企てた哲学全体は歪められてしまうのではないか。

遺された『情念論』は正しく捉えられているだろうか。『幾何学』や『省察』や『哲学原理』のあとで、心身結合とそれに基づく情念の問題をあつかうとき、彼の方法と理性の秩序は次元をかえていくのだろうか。形而上学者・哲学者であるデカルトはここで、経験論的な医学を有する哲学者となるようだ(哲学を有する医者――たとえばラ・メトリ[69]――ではなくて)。『情念論』は、『哲学原理』が示しているような演繹的理性の線上には位置づけられない。心身「結合」を語るデカルトのやり方は、それとは異なっている。「哲学する」ことすら勧めず、演繹的理性よりも経験と観察を重んじる。一八世紀になされるように(たとえばビュフォンの例があげられる)、数学的方法を適用しないで、観察し、記述し、分類するのである。

『情念論』は『哲学原理』を否定するものではない。生体の機械論的概念など、必要に応じて依拠している。だがやはり『哲学原理』とは別の次元にある作品といえよう。デカルトにとって情念はまず、われわれの経験するままに観察される。生活や会話の実践において意識に現れるがままに観察される(一六四三年六月二八日、エリザベト宛、A. T. III, 692)。時には心理学者のように、観察し、調査や分類の難しさを述べ(一六四四年一〇月六日、A. T. IV, 313)、数や順序の整理の困難さを語る(同年一一月三日、Ibid., 332)。またときには社会学者のように次のように言う。「われわれはめいめい他人と切り離された一個人であり、したがってその利害は、ある意味で世のすべての他者の利害とは異なっているにもかかわらず、やはり自分ひとりでは生き続けることができない。われわれは実際、宇宙の諸部分の一つ、さらに詳しくいえば、この地球の諸部分の一つなのです」——ここまでは『哲学原理』の構想がみとめられる。そして「この国家の、この社会の、この家族の、諸部分の一つにすぎないのであって、われわれはそこに住み、宣誓し、生まれたことによって、それらに結びついているのです。」(同年九月一五日、Ibid., 293)

そして身体上の、情念の直接見える結果が観察される。目や顔の動き、赤面、蒼白、震え、熱、痛み、等々。これらの兆候に基づいて、情念の局在や自動作用を探る、いわば医学者の仕事も始まる。情念に関する古代人の学問を批判し、『方法序説』第六部の医学思想の具体化をも感じさせる。さらには現代の神経生理学のテーマを予知させる点もみられるし、神経科学と精神医学の境界をあらわすような問題も示される。いずれにしても『情念論』は『哲学原理』とは一直線につながらない。それ以前の作品との連続性を考えるなら、直接的には、『方法序説』第三部よりも『省察』六につながる。『省察』六においてデカルトはあたかも自分の意志に反するかのごとくに、機械論を越えてしまい、「自然の教え」を呼び起こすのであった。心身結合の次元の因果性は、われわれがその原因を知ることができず、結果のみを快感や苦痛、飢えや渇きなどの経験において知るだけなのである。それは結局、自然あるいは神によって教えられるものであった。

『方法序説』第三部のデカルトは、未来における決定的道徳《モラル》を約束していたが、エリザベト宛の一連の手紙にそれを見いだすことができるだろうか。否である。セネカの『至福の生について』を語るに際してデカルトは、自分がかつて『方法序説』で設けた「三つの規則」で十分であるといい、常にそれにとどまっていたことが認められるからである（一六四五年八月四日、エリザベト宛、A. T. IV, 265）。思い起こすとこの三つの規則は実践の領域だけのものであり、これを理論的に正当化することは、学問の完成の後に延ばされていたのであった。時がたち、デカルトは心身「結合」について、「哲学などやったことがなくただ感覚のみを用いる人々」を哲学者たちより上位においてさえいる（一六四三年六月二八日、A. T. III, 662）。道徳《モラル》（実践）につながる感覚的認識は、理性だけでは説明できない（Ibid., etc.）。『情念論』は、精神と身体の「結合」を扱う論考であり、そこでのデカルトは精神と身体の両方およびその「結合」を考慮しなければならない。それはモラリストの論考ともなって実践的賢慮 prudence の技法を示すであろうし、あるいは医学者の論考ともなってモラルの技術を示し、現代の精神分析や神経生理学などの境界にみえる問題にもつながることになろう。(70)

2　能動／受動——情念の一般的意味

情念（passion）とは何か？　語源的意味が自ら答えているように、受動的なものである。一般的に、情念＝受動 passion は能動 action に対立する。では能動的なものは何か？　デカルトにおいて知性は受動的であるから、意志は精神にとって能動的である。物体にとっては運動が能動的である。能動と受動は相関的だ。なぜなら「或る主体に関して受動であるものは、そのまま、他の主体に関して能動である」から（『情念論』一）。一六四五年一〇月六日付けのエリザベト宛の手紙がこれを説明する。「脳のなかにある印象（刻印）だけによって、意志の協力なしに——したがって精神から生ずるいかなる能動もなしに、精神のなかにひき起こされるすべての想念 pensées を一般に情念 passions と名づけることができます。すべて能動でないものは、受動 passion にほかならないからです」（A. T. IV, 310）。意味を限定していく前に、まずこの一般的定義をみてみよう。受動／能動の相関関係はそれぞれ、やや異なったやり方で説明されているようだ。第一のテクストには、受動と能動のあいだに繋がりがあり、連続性がみられる。そこにおいて受動的なものは、世界ないし神によって能動的原因が私のうちに行使される限りでの感覚（sensation）である。「さらに、私のうちに感覚する或る受動的能力がある。すなわち、感覚的事物の観念を受けとり認識する能力である。けれどもそれは、私あるいは他者のうちにこれらの観念を形成し生み出すことのできる別の能力がなければ、私にとって無益なものとなろうし、私はそれを用いることができないだろう」（『省察』六、A. T. IX-1, 63）。他方これと反対に、「すべて能動でないものは受動 passion にほかならない」というテクストからは非連続が読み取れる。第四章でみた次のテクストに対応する。「すべて運動でないものは静止にほかならない。」静止の状態にあるボールがラケットがあたるや否や、移行期なしに反対状態の運動となるのであった。運動は「能動」action を意味する（mouvement ou action『気象学』A. T. VI, 234; モラン宛、A. T. II, 204, 362）。能動は動因のなかにあり、受動は動かされるもののなかにある[71]（一六四一年三月、レギウス宛、A. T. III, 454）。レギウス宛手紙では、精神における能動が類比的に追求される[72]（Ibid., 455）。物体的事物において能動は動力因であり、受動はその効果（結果）である。能動と受動は伝達される運動の両面をなす。

さて精神においてはどうか。まず物体を別にして精神だけをみよう。能動的なものは意志のなかにある。受動的なものは知性であり、神はそのなかにわれわれの生得的観念を刻みこんだのだ——「その像のうえに刻まれている職人のしるしのように」(『省察』三)。能動と受動は特別な意味をもってくる。神と自由意志の場合、能動は「無限」につながっていき、受動は有限性に結びついたままだ。そこで、純粋に精神的な実体にとって受動とは何か、という問いがたてられる。それに答えるのは容易ではない。ライプニッツはモナドには扉も窓もないはずだと結論する。そしてドイツ観念論における原活動性 Urtätigkeit と表象の問題がこれにつながるであろう。デカルトはそうした方向はとらない。精神の能動性と、物質とともに創造された運動の結合の次元、つまり想像力の次元で、能動と受動の結びつきを考えることになろう。結合において精神は物体(身体)と混成するのだが、エリザベト王女は、精神の力は物体とは異なる次元のものではないかと指摘する。「精神が身体のなかへ働きかけるときの力の概念と、物(身)体が別の物(身)体のなかへ働きかける際の力の概念とが混同されていた」こと(A. T. III, 667)、「それはちょうど精神の性質を捉えるのに想像力を用いようとしたり、精神が身体を動かす仕方をとらえようという際に、身(物)体が他の身(物)体を動かすしかたによって行おうというのと同じ」(Ibid., 666)だったことが認められる。結合は二元論を越えていない。二元論を保持している。想像力は精神の力と物質の力を総合するような第三の力を出現させることはなく、ただ両者の出会う場にすぎない。情念は観察され、経験され、記述される。しかしその基礎も、物質と精神がどのように相互作用をおこなうのかも、われわれには捉えることができない。そしてまた、情念は二重の意味をもっている。物質は受動し、自動機械はその受動によって調子が乱れる。痛みや病気は身体の受動といえる。しかしながら、物質そのもの、有機的物質、生命体でさえ、ただそれだけでは、自らが受けるものを経験したり知ることはない。マルブランシュが、打たれた犬は苦しむのでなく自動機械として反応しているのだというのも、そのゆえであろう。[73] けれども身体に、一つの精神、すなわち魂ある意識が結びつくと、情念は経験される。そして身体に人間の精神が結びつけば、「精神の受動(情念)」*Passions de l'âme*——デカルト『情念論』題名の直訳——となろう。

3　情念の限定的意味

情念の一般的定義をみたので、今度はその意味を限定してみていこう[74]。この結合の前提には二元論の原理がある。身体から来るものと、精神から来るものとが識別される。身体のみに属するのは、熱、運動（『情念論』四）、動物精気。感覚ないし感情、記憶というかたちでのこの感覚の反映（感覚によって脳内に遺された痕跡による）、想像力（記憶の想起を結びつける）、そして気質すなわち生来のもの。感覚・記憶・イメージ・気質は、身体のなかで動かされた物質の結果として、その物質性において捉えられ、精神のなかにはない。デカルトにとって、痛みやくすぐったさ、飢えや渇きの感覚は、精神の情念のなかには分けられていない（一六四五年一〇月六日、エリザベト宛、A. T. IV, 312）。動物機械の理論は、動物をこうした感覚に限定し、精神の情念から排除する。

精神のみに属するものは何か？　概念すること、判断すること、そしてこれゆえにあらゆる情念は、その情念の認識ないし何らかの認識を含むのである。感覚はそれ自身において観念になる。いかにして？　われわれはそれを知らない。けれどもわれわれはそれを、結合の経験によって認める。同じ経験が、われわれにこの観念――身体なしには産み出されないから偶有観念――が抽象的（非パトス的）ではないことを教える。それは身体的感性を帯びるが、感覚とは混同されない。精神がこの力をもつことは、コギトを見いだして以来、われわれは知っている。すなわち、それは思考 pensée である。なぜなら――私とは何か？　「考えるもの。考えるものとは何か？　すなわち、疑い、概念し、肯定し、否定し、欲し、欲せず、想像し、そして感覚するもの」（『省察』二、『哲学原理』一-九、『第二答弁』二）。そして「われわれのうちにはただ一つの精神しかなく、この精神それ自体には部分のいかなる相違もない。感覚的であるところのものがまた理性的なのであり、すべて精神の欲求は意志なのである」（『情念論』四七）。結合によって、観念は感性的となるのである。

ここでわれわれは情念passionの語の一般的意味を限定できる。精神のなかに響く刻印としてデカルトの挙げる四つの型をみよう。感覚、記憶、想像、気質。想像は厳密な意味では情念を喚起しない(定義上、論理的に)。記憶は、「身体のみを原因とする想像力」から生じるときは受動的である(『情念論』三)。反対に、意志を動かすときは想像力を能動的にし、この能動性は情念(受動)に対立する。「……記憶が意志をもちいて可知的なだけでなく想像的でもある思考penséeに決定されるとき、この思考は脳に新しい刻印をなす。これはそれ自体は情念(受動)ではなく、固有に想像力とよばれる能動です」(エリザベト宛、A. T. IV, 311)。先にみたように、これは純粋知性の次元にあるのでもなく、単なる感性的認識の次元にあるのでもない。想像力に補助された知性の次元なのである。さらに、結合の「混成」においては、この想像力を――必要に際しては幾何学のそれ――、デカルトはもはや情念とはよばない。しかし物体の能動に結びつけるのである。物体の能動がなければ、意志の能動にともなう形象はないだろうし、精神の自由な能動性は想像の物質性を必要とする。それは先にみた次のテクストから次のように言い得ることの一つの場合となろう。すなわち、「能動でないものはすべて受動である」が、「或る主体に関して受動であるものは、そのまま、他の主体に関して能動である。」この方向をあたえられた能動的想像力のほかに、情念に直接結合できないのが気質であるが、その理由は異なっている。情念は或る乱れであり、情動emotionである。「精神が情動を受ける前に……そしてそこ[情動]においてのみ情念がある……」(Ibid., 312)。さて気質は、個体の生来的なものともいえるが、身体内の動物精気の「通常の流れ」によるだけで(Ibid., 311)、「精気の個別的な動き」によるのではない。この精気の個別的動きが情動すべてを特徴づける。気質も情念から外れ、身体の側で残るのは、感覚と、その結果(受動的想像力)のみが限定的意味で、精神のなかに情念をひき起こす。「精気の個別的な動きから生じる思考のみが残り、精神そのもののなかでのごとくに comme en l'âme même、その結果を感じられる、それが固有な意味で情念である。[75]」(Ibid.)

4　情念の研究

情念の研究は、身体の側から接近すれば、医学的ないし生理学的なものとなるし、精神の側から接近すれば心理的ないし倫理的なものとなろう。生理学的にみれば、『哲学原理』四-一九〇のように、七神経から始まって、胃や喉などがどのように飢えや渇きや他の自然的欲求を起こすのか、あるいは心臓や横隔膜が歓びや悲しみや愛や怒りを起こすのか、……等々を説明することになろう。『情念論』はさらに、脳に重点をおいてそこでの動物精気の形成を説明する(『情念論』一〇)。だがここでのわれわれの課題はデカルト生理学を研究することではない。心理学的には、情念の研究は次のように定義することから始まる。「精神の情念とは、精神の知覚、感覚、情動 émotion であり、特に精神に関係づけられ、かつ、精気の或る運動によってひき起こされ、維持され、強められている」(同二七)。もし精神が感じることがないとしたら、精神は情念を経験しないだろう。つまり感覚と情念の一般的条件である。より限定的な意味では、情念は精神の情動 émotion である。情動は運動 motus であり、そこでの接頭辞 ex は、揺られ動かされて、ある場所から移される観念を加える。何が揺られ動かされるのか？　松果腺の媒介による精神であり(『情念論』二九)、「精神のうちに生じるいっさいの変化」である(同二六)。外部から(ex)、すなわち身体から、外的知覚によって、精神に生じる(arrivent)(同二九)。そして重要なのは「情動」であり、これ以上に「強く精神を刺激し、動揺させる」ものは他にないのである(同二八)。エリザベト王女宛の手紙でデカルトはこの強度を心臓の神経と火とに結びつけている。

結局のところ情念とは、身体の動揺の感覚的認識であり、「知覚」は(受動的)志向の一種を示し、「感覚」は身体においてこの知覚をひき起こす原因、「情動」はこの原因の或る様式を示すといえるのではないか。

結合はかくして、情念を生理と心理の二つの面から同時に研究することを要求する。一方で、どの情念がどの身体器官に関わるか、血液と精気のどのような運動をともなうのか、という二重の関心がでてくる。六つの基本情念の第一「驚き」admirationとは「精神の突然の襲われ」であり(同七〇、五三)、心臓や血液の変化には結びつかず、脳との関係にとどまっている(同七一、七二)。これは他のすべての基本情念の基礎である。他の基本情念は、愛、憎しみ、欲望、歓び、悲しみであり(同六九)、他の身体器官に依存する——心臓、肝臓、「そしてその他、血液ひいては精気の産出に役立つ限りの、身体のあらゆる部分に存する……」(同九六)。「驚き」は現代の心理学でいえば「衝撃」chocであり、それはあらゆる情動を始動させる。

さらに情念の外的記号《シーニュ》が観察される——外観の臨床的記号である(同一一三以下)。そのディーテイルにおいて『情念論』を批判しなければならないのなら、これら多様な生理学的オートマティスムとその自然的表現を分析しなければならないだろう。だがここでは心理学の側へ移ろう。

この視点は情念を区別し命名する。区別することと命名することは緊密に結びついている。デカルトは情念の記述において、古典的テーマつまり当時社会的であった他の意見を完全に認めている。すなわち、デカルトは、言語もまたわれわれの情念とその区分の源泉であることに気づいていないようだし、自らの分析が情動の語彙のなかですでになされていたものかどうかを検討はしない。いずれにせよ、情念は或る意味作用をもつ。この意味作用は何に由来するのか？　まず形象figure。「この形象がたいへん異常で恐ろしいものである場合、つまりそれがかつて身体に有害であったものと大いに関係がある場合、それは精神に危惧の情念をひき起こし……」さらにそれにつながるあらゆる種類の情念をひき起こす(同三六)。情念の意味作用は原理的に有用性をもっているわけだ。情念は基本的に、身体の最善の状態としての健康との関係で決まっていく。恐ろしげな形象の場合、生体に有害な経験をよび起こす限りにおいてのみ、恐ろしいのである。その意味作用は現在と過去の比較を含み、現在の知覚に意味作用を移すのは記憶である。けれどもまだ過去が存在しないときはどうなのか？　そのときそれは、良いものあるいは悪いものの直接的――比較の判断のない――経験となる。それは生の直接的・無媒介的意識であり、初めの目覚めともいえよう。「われわれの精神が初めてわれわれの身体に結合されたときに精神のもつ最初の情念は、次のようなものであったにちがいない。すなわち、心臓に入る血液や他の液は、熱を心臓において維持するために、時に通常以上に適した養分であった。その熱は生命の原理なのだ……」(同一〇七)。その生の初めにおいて人間は、自らに身体も精神も認識することなく、まったき結合のなかにあり、意識的思考をもたずに分けられることのない経験を生きていたのだと解することができよう。そこで「精神は意志によってこの養分を自己に結合させた。すなわちこの養分を愛したのであった……以来、精気のこの運動は常に「愛」の情念に伴う……」(同一〇七)。愛も、また憎しみも(一〇八)、人間が外的あるいは内的作用に反応するものであるが、まずは過去の意味作用の響きを現在になす反復作用をともなう――ただしこの作用は「習性」の形成に限定されたものとして。次に、このような意味作用を名づけによって表すことのできる、記憶から生じた意識的思考をともなう。そこで意識的思考とともに、人間に固有のもの、すなわち時間の意識が現れる。情念の意味作用が経験――生命的かつ社会的――とともに形成され、それゆえに過去への回帰を内蔵しているとすれば、同じ運動は未来へも投じられる。たとえば善いことや悪いことの記憶は未来におけるそれに投じられる。これが欲望であり、次のように考えられるとそれはあらゆる情念に本質的なものとなる。「情念が現在や過去よりもはるかに多く未来の方にわれわれを向かせること」(五七)。「欲望の情念は、精気によってひき起こされる精神の動揺であって、精神がみずから自分に適すると表象するものを未来に向かって意志するようにさせる。かくて欲望の対象になるものは、いま欠けている善があるようになるばかりでなく、今ある善が保たれていくことである。さらに、すでにある悪がなくなることでもあり、将来こうむるかもしれぬと思われる悪がなくなることでもある」(八六)。無秩序、乱れ、精気の個別的動揺、それがまず情念を示した。そして欲望から、「諸情念を順序よく並べるため、時間が区別され」(五七)、未来に向かって秩序づけられるように見える。

この未来への方向づけはどのように解釈できるのか。いわば盲目的な方向づけとして、目的論によって情念の意味を考える場合は『哲学原理』の次の原則が思い起こされる。

「各々の事物を神がいかなる目的で作ったのかを検討してはならない。いかなる手段によって神が事物を作ろうと欲したかを検討すべきなのである」(『哲学原理』一-二八)。けれどもこの原則は自然学つまり「世界」Monde の構築に適用されたのであった。さて心身結合をあつかう『省察』六では「世界」は「自然」Nature に代えられていく。そしてエリザベト宛の初めの手紙をいくつか読めば、われわれに心身結合を教えるのは「自然」であることがはっきり述べられている。かくして心身結合によってのみ可能となる情念もまた、「自然」に属するといえる。そして情念は明らかに調整機能をもつ。すなわち、善を求め、悪を避け、可能な限り生体の健康を維持するのである。欲望は未来の善または悪の意識といえる。

すでに胎児は母親の身体のなかで「共感」**sympathia** のなかに生きており、胎児のうちにおいてはまず、心臓がその運動によって、形成過程のすべての四肢のあいだの共感を組織していく。その結果、片方の足での刺激は他方の足で響きあうし、脳は生殖器とも関連する。「共感」の運動は身体すべてに効果を及ぼすのである(*Generatio animalium*, **A. T. XI**, 518)。胎児には器官の記憶しかない。胎児は誕生するとまもなく知覚する。つまり、あらゆる対象が個別的な知覚をひき起こし、動物精気の個別的運動を始動させる。この動揺は脳内にその痕跡を残す。これが情動であり、固有のニュアンスでは、快楽や苦痛となる。「感覚器官を動かす対象がわれわれのうちに多様な情念をひき起こすのは、対象のうちにある多様性すべてではなく、ただ対象がわれわれに利益または害悪をあたえる仕方、一般にはわれわれに関わりうる仕方による……」（『情念論』五二）。けれども赤ん坊は、利益・害悪を考えることはできない。それを被るのみである。心地よいか、そうでないかで、反応する。心地よい経験、あるいは心地悪い経験が反復され、この反復作用がいうなれば機械論的反射を形成する。それは単純な記憶の反響であり、情念に意味をあたえ、習性に結びつけていく。それ以降、習性は、精神と身体の経験的共有物となっていき、結合の結び目となる。習性は「或る身体的能動を或る思考に結びつけ」（同一三六）、その結果、一方は必ず他方を想起することによって現前する。習性は、われわれの経験の多様性を説明する。母親の胎内にいたときからのわれわれの経験の多様性が習性の多様性をみちびき、情念の効果が各人によって異なることを説明する（同）。しかし、人間の意識では、過去はその反復作用によって、未来へ投射される。情念は希望あるいは不安をもち、欲望は、幼児（あるいは動物）の機械論的情念が盲目的に示していた合目的性を、解明する。

たしかに情念の防御メカニスムはつねにうまく作用するとは限らない。最初いかなる悲しみもひき起こさず、歓びさえ与えるような、身体に有害なものがあるし、初め不快であっても身体によいものもある。『省察』六はこれらの身体的乱れ・不調整についてさまざまの例をあげ、多くのことを述べている。「そしてさらに……」情念はその表象する善や悪の重要性をしばしば非理性的に歪める（同一三八）。これを正すのはわれわれの警戒に属する。けれども情念は「その本性（自然）からしてすべて良いのである」（同二一一）。その用法を健康や幸福の観点からみちびく必要があれば、手段は情念の本性（自然）そのもののなかにあろう。なぜなら、情念は習性に支えられ、習性は想像や思考に結びつき、われわれを逸らせる想像に結びつく情念に働きかけるのは、理性の照らす自由意志に属するからである。この間接的能動の処方箋は新しいものではない。それはすでに古代の哲学者にみられたものではないだろうか。

第三部

想像力、言語

——二元論の間——

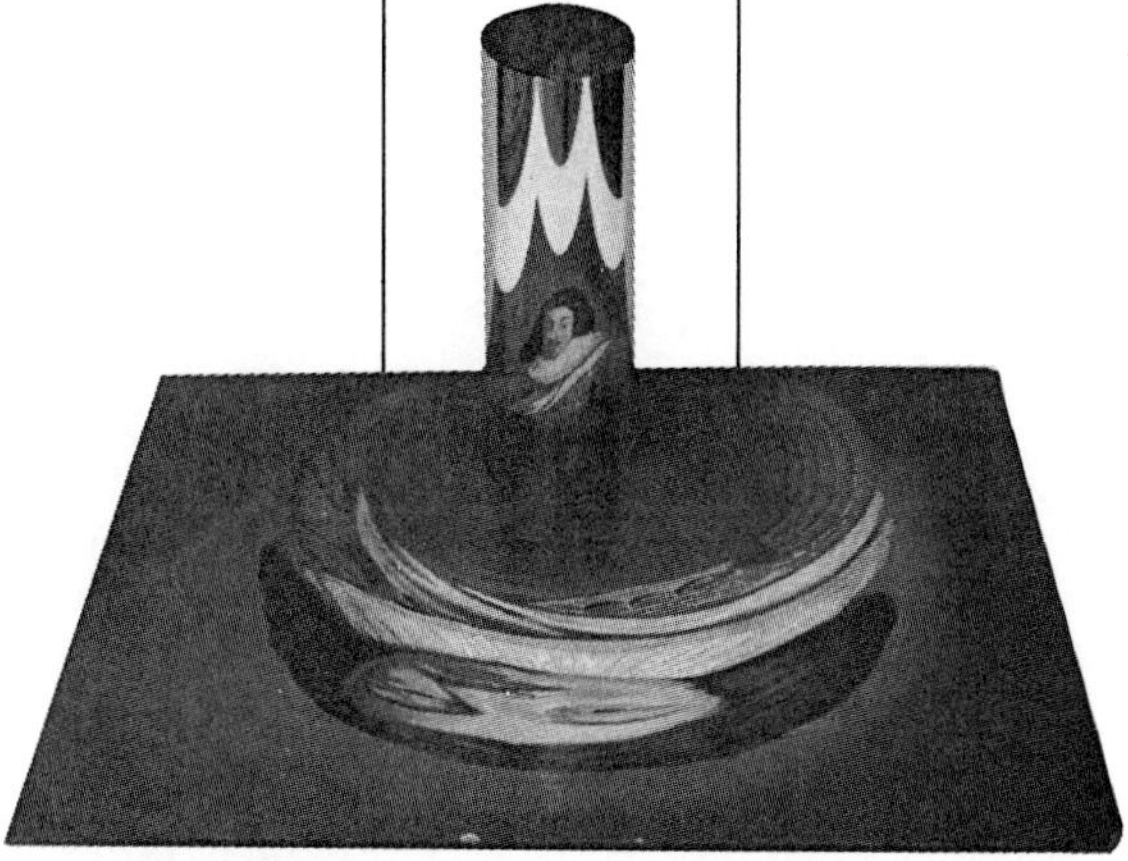

作者不詳〈デカルトと言われている男の肖像〉

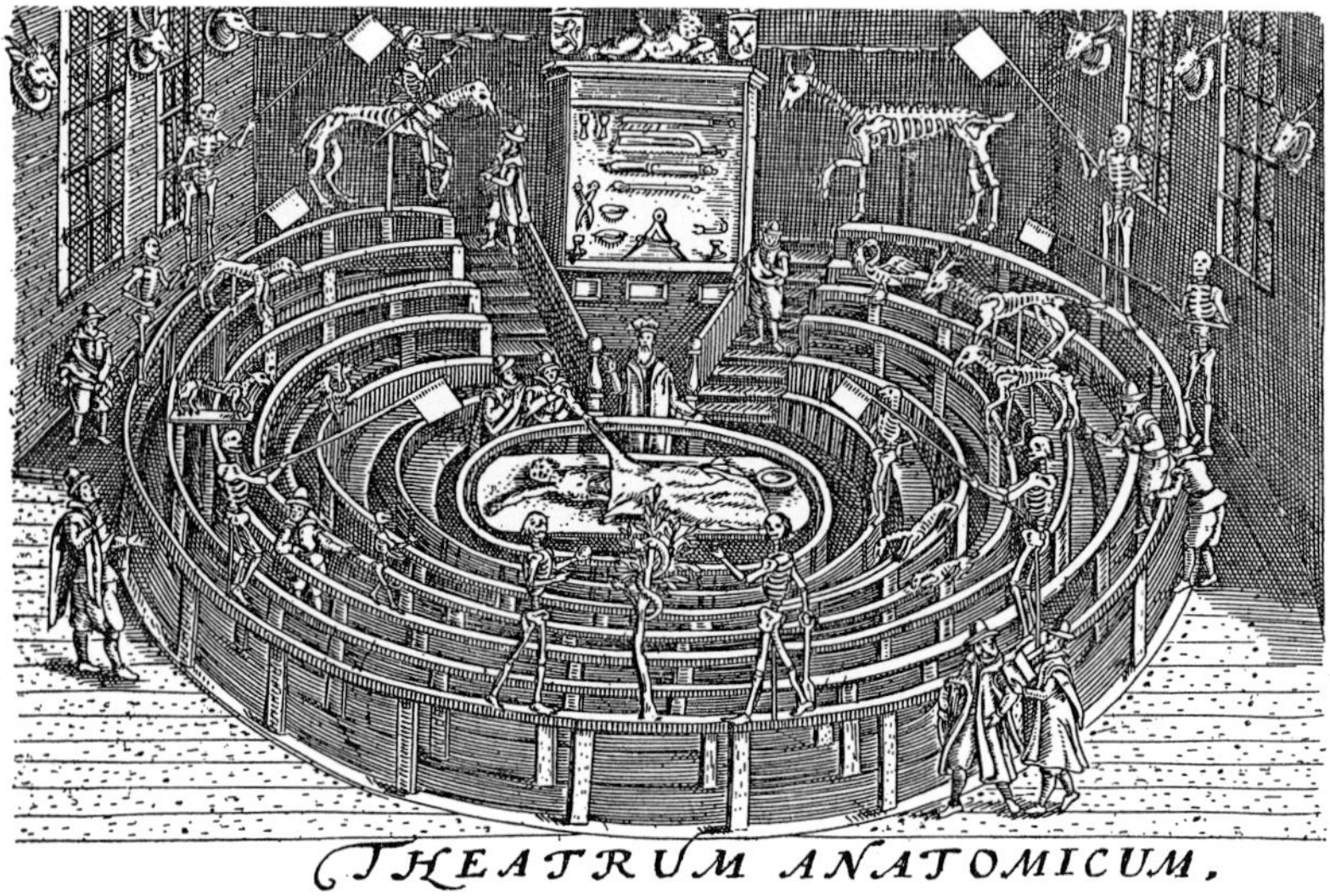

レイデン大学，解剖学大教室

第六章　想像力——精神と身体のあいだで

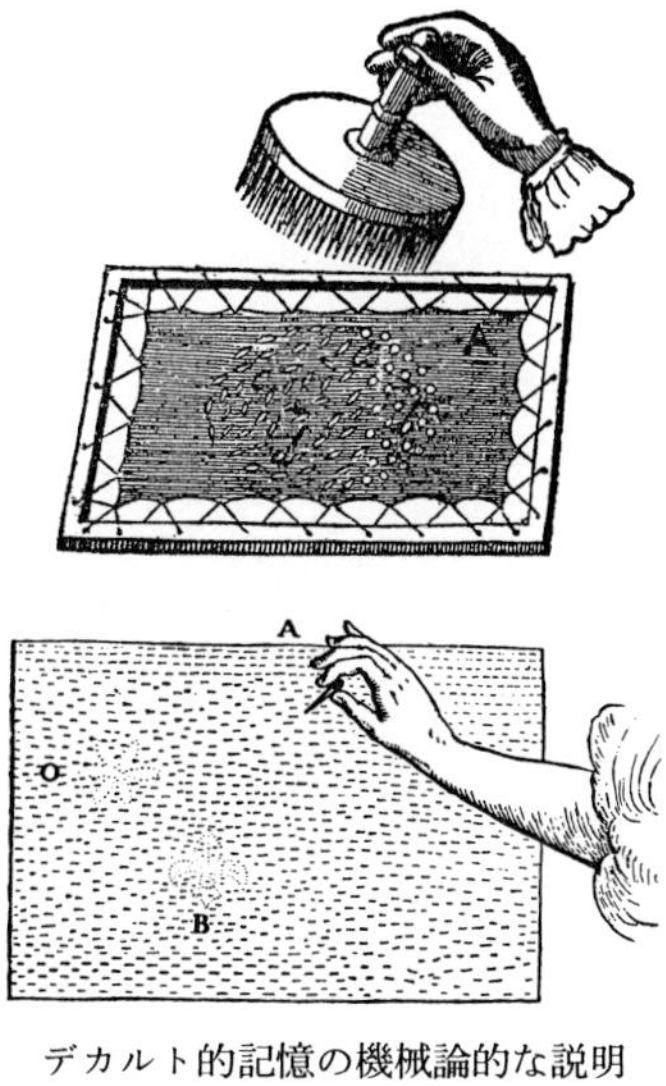

デカルト的記憶の機械論的な説明

一　記憶と想像力

1　身体的記憶と想像力

デカルトは若いときから「記憶」の問題に関心をもち、一六一七—一九年頃に記憶術やルルスへの興味を示している。シェンケリウスの『記憶術』をひもといたことを述べ、「脳のなかで完全に消えてしまったイメージを再形成する記憶」について語り、ルルス信奉者の驚嘆すべき術にふれ、ベークマン宛書簡でアグリッパのルルス文書に言及し、ルルスの術の意味と効用を知りたいと言っている(1)(A. T. X, 164-165 ; 200 sq.; 230)。ノート『オリュンピカ』の、「想像力が物体を考えるために図形を用いるように、知性は精神的なものを形象化するために、風や光などの、ある種の感覚的物体を用いる」(A. T. X, 217)という一節も、ロッシによればピエトロ・ダ・ラヴェンナからシェンケリウスにいたる人工記憶論にくり返しみられる、抽象概念の表示のために物体イメージや感覚イメージを用いることにつながる(2)。

ヴァニーニ

だがデカルトは、このような当時ひろまっていた記憶術やルルス思想を批判し、離れていく。シェンケリウスの記憶術の書を「たわごと」、学問に益することのない誤った術だ、といい(Ibid., 230)、ルルスについても一六一九年四月二九日ベークマン宛書簡で、ドルドレヒトで出会った学識ある老人とルルスの『小さき術』について語りあったことを述べ、「書物に由来し……頭脳よりも口先に宿り」「真実を語るよりも、無知な人間の称讃を得る」ためのものだ、と批判している(Ibid., 164-165)。以後、ルネッサンスの魔術的学問にたいする批判は『規則論』や『方法序説』で随所に示され、「記憶」の問題も記憶術とは異なる次元でとらえられ、デカルトの二元論のなかで展開されていく。『規則論』以降、「身体的」記憶と、身体的でない純粋に知的な記憶とが対比されていくが[3]、想像力が結びつくのはまず身体的記憶である。

身体的記憶と想像力のメカニスムは『規則』一二で次のように説明されている。「共通感覚は想像力に働きかけ、外部感覚から来る純粋で非物体的な形象や観念を、あたかも印章が蠟に印するように、想像ないし想像力(phantasia vel imaginatio)のなかに刻み込む。この想像力は現実の身体部分であり、そのさまざまな部分は互いに区別された多くの形象を受け容れる大きさをもつ。通常はそれらの形象を長く保持し、記憶とよばれる。」想像力は、共通感覚の働きによって外部からのイメージが脳に描かれる場として示されている。イメージは産み出されてすぐ消えるのではなく、共通感覚の活動が終わった後もその痕跡が残り、記憶として保持される。ここで想像力は、形象や観念が刻まれる、いわば記憶の場であり、身体の一部として脳のなかに位置している(A. T. X, 414)。ただし想像力はまた、認識能力として、「形や観念」の新しい結合を可能にする精神の創造的働きをすることも、つけ加えておこう[4](Ibid., 415-416)。

さてこのような記憶の場としての想像力‐記憶は身体的レヴェルで、脳内の数多くの「襞」を物質的基盤として説明され、その想起はそこでの「刻印」の継続による(一六四〇年六月一一日、メルセンヌ宛)。それは「一度折られたあと紙のなかに保たれる摺(折り)」にたとえられ、イメージは、ルネサンスにおけるような隠れた力や神秘的現象をまったく想定せずに、物質的な形式として説明され、原則として「脳の実体すべて」において受け容れられるのである。だが脳の実体すべてに位置しうる想像力‐記憶は、松果腺には位置しない。「われわれは二つの目で同一の事物を見、二つの耳で同一の声をきく……二つの目や二つの耳から入ってくるものは身体の何らかの部分で統一され、精神(魂)によって捉えられねばならず」、それが頭のなかの松果腺であり、「良質で精妙な精神をもつ人のそれは、まったく自由できわめて動きやすい」(以上は一六四〇年一月二九日、メソニエ宛書簡)。先ほどの『規則論』のテクストでも、身体的な想像力‐記憶は、共通感覚と区別されていた。松果腺は、すべての感覚からの刻印を受けとり整理する共通感覚の場であり、創造的な思考のためにはこの腺が自由に動きやすく、精神の共通感覚や松果腺への働きに伴わねばならない。これについての説明は一六四〇年四月一日のメルセンヌ宛書簡でなされている。この腺は「コナリウムとよばれ……あらゆる種類の新しい刻印をうけとるのにきわめて適しており、したがってそれらを保存するのに不適である。……精神が結合しうるのはこの腺のみである。頭のなかで二つでないのはこれだけだから。記憶に役立つのは、脳の残りすべて、とくに脳内部の諸部分であり、あらゆる神経と筋肉も役立つ。たとえばリュート奏者の手の記憶。彼が習慣によって獲得した、さまざまに指を折り曲げ動かす能力は……演奏の諸節を想い出させるのに役立つ。」さらに、われわれの想起する事柄は、われわれの身体内部だけでなく、外部の物体にもかかわる。たとえば「私たちが本を読んだとき、中にあるものを私たちに想起させる本性すべては、私たちの脳のなかだけでなく、読んだ本の紙のなかにもある。」そして「これらの本性が私たちの想起する事物と類似していないことは重要でない。『屈折光学』四部で説明したように、脳のなかの事物ともさらに類似していないのだから。」

現実の事物の表象は、共通感覚によって直接に与えられるのではなく、事物の形や質を思わせる記号や指標による。知覚は精神の判断であって刻印の機械的併置ではない。記憶‐想像力も同様で、それは脳内に保存される過去の事象の正確なイメージではなく、感覚や外的対象との接触から生じる運動の痕跡であり、運動は対象の本性とはいかなる類似もないのである。その前提が『屈折光学』四部に述べられている。

「当代の哲学者たちが一般に行っているような、感覚するためには対象から脳まで送られてくる何らかのイメージを精神（魂）が考える必要があるということを前提しないように気をつけよう。少なくとも、それらのイメージの性質は哲学者たちの考えるものとはまったく異なると考えよう。彼らはそれらのイメージについて、それが表す対象とイメージは類似しているはずだとしか考えていないため、いかにしてそれらのイメージが形づくられるのか、いかにして外部感覚器官によって受容されるのか、いかにして神経を通って脳まで送られるのかを、示すことができないのである。……われわれの思考は絵を見れば画かれている対象を表象するように容易に刺激され得るから、同様にわれわれの思考は頭のなかにつくられる若干の小さな絵によって感覚に触れるものを知るように刺激されるはずだと、彼らに思えたことだけが、その理由である。そうではなく、われわれの思考を刺激し得るものは、たとえば記号や言葉のようにイメージ以外にもたくさんあり、これらはその意味するものとなんら似ていないことを考えるべきである。」（A. T. VI, 109 sq.）

デカルトは銅版画法を例にとる。紙のうえにおかれるわずかなインクがわれわれに森や町や人、さらには戦争や嵐までも表現し、イメージによってわれわれが知る対象の性質と、イメージそのものとは必ずしも似ていないことが例証される。つまり、「脳のなかで形づくられるイメージ」についても、「イメージがそれ自体として対象と似ていること」はまったく問題でなく、「イメージがかかわる対象のすべてのさまざまな性質を精神（魂）に感覚させる原因がどのように与えられるかということだけ」が問題なのである。ではそのようなイメージを魂に感覚させる「原因」などのように説明されるのだろうか。

2　生理学的説明

それについての生理学的説明は『人間論』で体系的かつ機械論的になされている。「精気は……何らかの観念の刻印（impressions）を受けたあと……脳の部分を構成する細糸のあいだの孔すなわち間隙にはいる。精気は少しだけ間隙を押し広げる力があり、その運動の仕方や……管の入り口の開き方に応じて途中で出会う細糸をさまざまに折り曲げて配置する。対象の形象に対応する形象が描かれる……」（A. T. IX, 176）。「これらの形象［事物の質をも表す］のうち観念は、……外部感覚の器官や脳の内部表面に刻みこまれる形象ではなく、想像力と共通感覚の座である腺Hの表面に、精気によって描かれる形象だけである。……私が「想像したり感じたり」といっているのに注意してほしい。私は観念の名のもとに、精気が腺Hから出るときに受ける刻印すべてを広く含めたいのである。……この刻印は、対象の現前によるときはすべて共通感覚に帰せられるが、あとで述べるように多くの他の原因によってもできるのであって、そのときは想像力に帰せられる……。」（Ibid., 177）[5]

腺Hとは松果腺のことであり、ここでは想像力と共通感覚とに、松果腺のただ一つの場があてられている。さきほどの『規則論』を中心とした引用テクストでは、想像力は共通感覚と区別され、記憶と重ねられて、脳の実体すべてに位置しうるが、松果腺を場とすることはなかった。これはひとつには、想像力が二つの機能をもつことによる[6]。第一は、共通感覚にまで至った刻印を、新しい刻印を受けるまで保存する機能。第二は共通感覚におけるこれら刻印の再現であるが、共通感覚は身体的感性の中枢で精神の情動を引き起こす唯一の直接的原因となるが、過去の刻印の痕跡は、共通感覚に変化を起こす限りでのみ身体器官の運動を引き起こし、精神に再現を与える。この二つの機能を区別することで、想像力は、過去の記憶の場と、それら記憶を現前する働きとの二つがあり、そのいずれをみるかで、記憶あるいは共通感覚のいずれかと重ねられるのであるし、その位置も、過去の記憶の位置しうる脳の部分と、記憶やイメージそのものを現前させる松果腺の両方になりうるのである。なお他方、デカルトの、時期による考え方の変化も考慮しなければならない。『規則論』では当時論議されていた「内部感覚」の数についてデカルトは、ラ・フレーシュ学院で教えられていたスコラ哲学の註釈書にしたがって「共通感覚」と「想像ないし想像力」の二つだとしている。しかし『省察』になると「共通感覚」と「想像力」を二つに分けずに、一つのものとする。これについては後ほどみることにしたい。(7)

過去のイメージの想起や保存は、布地に針や錐をとおした後、一度あけた穴が開いていたり跡が残るのにたとえられて次のように説明される。「たとえば対象ABCの作用で管の入り口が圧し広げられ、そのため精気が作用のないときより大量に中に入るとき……精気はさらに進み、そこに進路を形づくる力をもつ。この通路は対象ABCの作用がやんだあとでも、まだ開いているか、あるいは脳のこの部分Nを構成する細糸に以前よりは容易に通路が開くようなある種の傾向を残す……」(Ibid.)。想像力は、過去のイメージを保存する記憶の能力と、イメージを再現・再構成する共通感覚の活動の両方をもつわけだが、ここで記憶力と共通感覚とを区別することによってデカルトが身体的な視点から表現しようとしているものは、現代の用語でいえば無意識と意識の心的な区別だという解釈もなりたつ。(8)

3　記憶‐想像力の想起

このいわば無意識の側の心的領域ともなりうる記憶‐想像力は、物質的な習わしや配置・運動によって、イメージ痕跡の連結が記憶‐想像力の継起や想起を調整していく。脳内の刻印の隣接がそれらの結びつきをもたらすが、脳の諸部分の結びつきには、生得的・原初的配置があり、また、外的対象からの作用や精神の意志作用によって徐々に形成される後天的配置もある（**A. T. XI, 192 sq.**）。記憶やイメージが脳内の刻印の連結により想起され順次目ざめるのであれば、その最初の震動はどこから来るのだろうか。それには次の三つの場合があるようだ。(9)

第一は外的対象が私たちのうちに、すでに経験された刻印をもたらし、精気が脳まで運ぶそのイメージの運動が、かつて知覚された類似のイメージの痕跡に出会う。これまでの説明例からも明らかであろう。

第二は精神がその自由な意志で共通感覚に働きかけて求めるイメージを現す。そしてそのイメージが機械的に他のイメージを呼び起こしていく。これは『情念論』四二にその説明がある。

そして第三に、最初のイメージが、外的対象の現前にも精神の意志にもよらず、いわば偶然に、生体組織の状態にのみ依存して現れる場合がある。主な原因はまず二つあり、ひとつは、動物精気の粒子が、微細さも運動のしかたも「それぞれがほとんど常に何らかの点で異なって」いるので、脳のなかでも、脳から肢体にいたるときも、異なった動きをし異なった道をとる。これによる機械的な脳の動きの変化の結果、たとえば肢体の一部が動き、肢体を動かす観念（イメージ）も脳の松果腺に提示される。もう一つは、精気がたまたま脳の記憶の襞の或るものに向かい、そこでの記憶の「形象の刻印」をうけ、「過去の事物が……感覚に触れるいかなる対象によっても喚起されることなしに、偶然のように蘇る……」（**A. T. XI, 181 sq.**）。そしてさらにもう一つ、精気が記憶の襞をたどる仕方によって、過去に知覚されたさまざまのイメージを蘇らせ、意外な全体に組み合わせることもある。「多数の異なった形象が、脳の同じ場所に、ほとんど同じくらい完全に描かれている場合には、精気は各々の刻印からいくらかのものを、それらの部分のさまざまな重なり合いに応じて、あるいは多くあるいは少なく、受けとる。こうして白昼夢を見ている人つまりその空想を外界の物体によって他に転ずることもなく、理性によって導くこともせず、ただあちこち気ままに彷わせている人の想像の中に、キマイラやヒッポグリフォスのような怪物が形作られる」(Ibid., 184)。外的対象にもよらず精神の意志にもよらない、イメージの想起がこのように説明されている。[10]

二　同時代の想像力理論——像《イメージ》の移動、情念《パシオン》の刻印

1　母斑・小犬の像

さて『人間論』では、「観念の痕跡が動脈を通って心臓に移り、そこから血液全体に広がる……母親のある種の作用によって、胎内の胎児の肢体に観念の痕跡がときおり刻みつけられる」と指摘されていた。ここでの「観念」は、「理性的精神が機械[身体]に結びつけられて何らかの対象を想像したり感じたりする場合に、直接に眺める形あるいは像と考えられるべきもの」であり、知覚・感覚・想像力のいわば物理的生理的条件といえる。[11]観念の痕跡が「脳の内側の部分に刻みつけられて」、記憶‐想像力が形づくられ、精気は観念の「刻印」をうけ、精気の運動によって物体の像さらには観念の像が体内で機械的に運搬されて、脳の記憶の座となる部分に形象を描くのであった(A. T. XI, 177)。

当時一七世紀初めは科学的精神と実験的方法が誕生しつつあったが、まだきわめて遅々としたもので一般には、すべての自然現象を普遍的法則によって科学的説明をあたえようとする近代精神からはなお遠く隔たった心性にあった。[12]気象の怪異現象や奇跡的な病気の治癒が伝えられ、魔術の類の存在が信じられ、魔女や妖術使いの裁判がヨーロッパ

を覆っていた。たとえば当時の『メルキュール・フランセ』誌には一六二三年「アンスニでの血の雨」「ヴュルテンベルク、ヘッセン、ボヘミヤでの血の雨」「ポワトゥー、アンジューで雨にまじって子供そっくりの頭をもつ毛虫が降った」「ポワトゥーでの樽ほどの大きさの赤褐色の蛾」「ニオールの真っ黒な芋虫」などの話が伝えられている。さらに大気中には恐ろしい像《イメージ》がみられる。一六〇八年アングーモアでは多くの小さな雲が地上に降りて軍隊となり、森のなかに消えていくのがみられ、一六二〇年にはリュシニャンの城の守備隊の兵士たちが血の滴る槍をもつ男二人が戦っているのを見た、等々の記述がある。(13)

デカルトも「血の雨」などについては手紙で触れ、事実としては認めるような言い方をしている(A. T. III, 49–50 etc.)。石目が聖ベルナールの像に似ている奇跡については、デカルトは慎重だが可能性を否定してはいない(A. T. II, 537–538)。悪魔憑きの兆候である痙攣を示した女性については、痙攣は超自然的なものではなく、医学の領域に入ると考えている(A. T. I, 25)。ヴェーゼルで首吊り人の口に金の歯が生えたことについては、刊行された新聞に依拠させている(A. T. III, 41, 85)。そして当時医師たちを驚かせていたといわれる新生児の母斑や、狂犬に噛まれた人の尿に現れる小さな犬の似姿について、デカルトはこれまでみてきたような理論をもとに、像の移動による機械論的な説明をあたえる。母斑は『屈折光学』五部で次のように説明される。光とは「何らかの運動をひき起こそうとする運動ないし作用」であり、ゆえに光線の運動は「視神経の繊維全体を動かし、脳の箇所を動かす力をもつ。」異なった色は「異なった仕方で」神経そして脳を動かすわけである。対象から眼底にやってくる光線は、視神経の末端に作用し、視神経は脳に通じ、その結果、脳の内部表面に、対象に対応した「絵が形づくられ」(14)、そこからその絵は「脳の窪みのほぼ中央にあって本来共通感覚の座である小さな腺に移される。」さらに時とすると、「その絵がその腺から妊婦の静脈を通って、胎内にいる胎児の一定の肢体にまで移り、そこで、すべての医者を驚かせている母斑に変貌する……」(A. T. VI, 129)。狂犬に噛まれた人の尿に現れるという小犬の似姿にも、母斑と同様の説明が想定される。これらはいずれも手紙で、記憶‐想像力についての重要な説明がなされた直後に触れられているが、小犬の似姿についてはデカルトは懐疑的で、作り話と考えたようである(A. T. III, 20-21, 49)。

2　ヴァニーニらの想像力理論

母斑と小犬の似姿の事例は当時流布していたものであるが、その頃ひろく読まれ大きな反響をえていたジュリオ＝チェーザレ・ヴァニーニの『女王にして女神なる自然の驚嘆すべき秘密について』(一六一六)にもとりあげられていた[15]。「妊婦は胎内の胎児に自分が欲していることの像を刻印する。狂犬に噛まれた人間の想像力は、自らの尿のなかに犬の像を出現させる」と、想像力の力をあらわす典型的な例として示されている。ヴァニーニにとって想像力は、精神的なだけでなく肉体的ないし生理学的機能をももつ。想像力によって表されるイメージ＝像は、それを引き起こした対象と連続するような、物質的な次元のものであり、外的対象の脳内における対応物のごときものとなる。それらの像は移動可能であり、人体の他の部分さらには人体の外部にさえ出現しうる。それはヴァニーニの多くの同時代人たちにとっても同様であった。たとえばモンテーニュの『エセー』をみると、想像力について書かれた章は「強い想像は出来事を生む」というラテン語文の引用ではじまり、「想像の力」を示す幾多の例があげられている――闘牛見物に興奮したあまり、その夜じゅう頭に角をはやした夢をみて翌日、想像力の力で本当に頭に角がはえていたイタリア王キップス、結婚式の日に女から男に変わったルキウス・コッシティウスを見たプリニウス、レプラに罹ったダゴベール王の聖地の露による奇跡的治癒、聖フランチェスコの傷痕……等々[16]。

ヴァニーニによれば想像力はその作用を外在化しうる。「強力な想像力は精気と血液を意のままにあやつって、精神の思いを内部だけでなく外部においても実現する。」こうして空中に出現する幻は次のように説明される。「これらの幻はわれわれの想像力の産物にすぎないと主張するほうが正しい。実際、もし女性が生殖行為中や妊娠期間中に心に思い描いたことの像を胎児に刻印することができるのなら、われわれが熱望するものごとの像を思いのままに作り上げることができるのに不思議はない。こうした感応をうけた体液の蒸気が体外に失われると、それは体内にあった像《イメージ》の刻印をきざみこまれているので、それを澱んだ大気中にふたたび描き出す[17]……。」

　このようなヴァニーニの理論の出発点をなすのは、自然が秘密の隠れた力をもつことであり、それはルネサンスの自然哲学や魔術的学問の根底をなすものであった。ヴァニーニの著書の題名がそれを端的に示しているが、さらに次のように述べられている。「植物、鉱物、岩石のなかには、さまざまな力が潜んでいて、直接……あるいは間接に……さらには潜在能力によって、その特性を表す。他にも無数の隠れた力があり、プリニウス、アルベルトゥス・マグヌス、マルシリオ・フィチーノら、生薬について著述した学者たちが取りあげている。こうして、この第三の治療手段を知っている哲学者たちは患者をほとんど知らず知らずのうちに治すという結果が生じ、無学な連中はその効果を悪魔のせいにすることになる。[18]」

　ヴァニーニの著作はその理論の多くをピエトロ・ポンポナッツィに負うといわれる。ポンポナッツィによれば想像力は動物精気や生命精気を介して、その効果を外在化でき、それによって他人に病を移したり治癒を施したりさえもできるし、それはまた一五―一六世紀の哲学者・医学者たちにもみられた考え方であった[19]。このようなポンポナッツィの理論の影響は、さきほどのモンテーニュの『エセー』にもみられたし、パスカルもいわばすれすれのところで接している。ジャンセニウスにおいて想像力は原罪の伝達の問題にもつながる。両親の想像力が体内の卵の構造に影響し、現世(肉)欲による両親の行為により、その何ものかが子に伝達され、原罪がいわば生理学的損傷として拡がることは否定できないという。[20]

想像力の概念は当時までの医学者たちによっても広くもちいられていた。パラケルススもそうであったし、パドヴァ学派の医師たちは、痙攣や狼憑き変身妄想や伝染性恍惚など、悪魔憑きや魔術として告発されていたものを、想像力の障害、メランコリー体液障害と考えた。百科全書的博識をもつ医者‐神学者ロバート・バートンや、著名な医師フェリックス・プラッターも、病の原因と治癒手段のなかで想像力を最重要なものの一つとしていた。[21] 想像力についての著作や論考も当時は多くあり、たとえば一六〇八年ルーヴァンで出版されたベルギー人フェアンスの『想像の力について』では、想像力は想像作用をおこなう血液や精気に力を及ぼし、それらに緊密に結びついた卵子や胎児にも影響を与えることが説明されている。ただしポンポナッツィと反対に、そのような想像力の働きは他人には及ばない。この本の最終章は当時想像力のもっともポピュラーな現れであった子供への母斑を述べている。[22]

3　胎児期や幼児期の刻印と情念の形成

デカルトはメルセンヌに宛て、「母親の想像力によって子供に刻まれる母斑については……検討すべきことだと思います。しかし私はまだそれを行っていません」と書いている（**A. T. I**, 153-154）。ここには当時の想像力理論にたいする躊躇いがみられる。デカルトはたしかにヴァニーニと同じ事例をあつかっているけれど、ヴァニーニのように「自然」が秘密の隠れた力をもつことは認めなかったし、像の移動は、『屈折光学』でもみたように、光線の運動→視神経→……→脳の動きというように機械論的に説明されたのである。おそらくはヴァニーニの『自然の秘密……』の自然観を否定して、デカルトは『世界論』で自然を次のように定義している。

「自然ということばで、私はここで、なにか女神とか、その他なにか架空の力を意味しているのではない。そうではなくて、物質そのものを意味するのであり……[物質の]諸変化がそれに従ってなされる諸規則を、自然の法則と私は名づけるのである。」(A. T. XI, 37)

そして想像力の物質的基盤もまた、ルネサンス魔術のオカルト的力の概念を排除した、脳の襞、腺や精気の機械論的運動によって生理学的説明がなされたのであった。母親の想像力の子供への痕跡、胎児への刻印の問題を、デカルトはルネサンスの想像力理論とは別の角度から考えていく。『動物の生成についての第一考察』では、胎内の受精卵の形成が、母親との運動の「交感」sympathia から説明され、運動は動物精気によってその流れが保証される(Ibid., 515 sq.)。晩年に書かれた『人体の記述』でも、身体の形成に影響する母親の想像力が述べられている。

胎児の感情原基の形成は一六四七年二月一日のシャニュ宛の手紙で詳しく説明される。

「われわれがこの世に生を享けたとき、……われわれの想念にともなう肉体の最初の状態は、のちに想念にともなってくる肉体の状態にくらべると……もっと緊密に想念に結びついていたにちがいない。心臓の周囲に感じられる熱の起こりや、その他愛にともなって見られる肉体の状態の源を吟味してみると、われわれの精神(魂)が肉体と結びついた最初から喜び、つぎに愛、それから憎しみや悲しみをもまた感じたのであろう……。そのときこれらの情念を精神にひき起こした、その同じ肉体の状態が、のちにもそれらの情念に必然的にともなったと思う。」

精神(魂)が肉体のなかに宿ったのは、肉体がきわめて良い状態にあったときであり、そのような状態のときは当然われわれに喜びがもたらされる。そのときは肉体の滋養となるなんらかの物質が存在し、後でこの養分が切れた場合に悲しみを感じる……というように説明される。そして「これら四つの情念こそ、われわれのなかに、まず最初に存在し、われわれが母胎を出る以前に、いだいたと思われるすべての情念にほかならない。それらは初めきわめて混濁した感覚ないし想念にすぎなかったと思われる。精神（魂）は、物質ときわめて密接に結びついていたため、そこからさまざまの刻印をうける以外、まだ何にもかかわることができなかった……。」（A. T. V, 601-605）

デカルトの情念理論を医学思想の面から検討したリーゼはこのテクストについて、内受容性・自己受容性の感覚や、六－九カ月、三〇－四〇cmの胎児において感覚がある役割をはたすことが知られている現在、デカルトのこのような考えは奇異なものではないという[23]。さらに現代の精神分析によれば、誕生が精神生活に永続的痕跡を残しうるような心的外傷として体験されることも指摘され、たとえばフロイトは、そこで人間の神経系に初めに刻み込まれる記憶とは何かという問題を提起している[24]。

さて同じシャニュ宛ての手紙で、あらゆる情念・欲求・感覚は、「神経のある種の働きによって精神のなかにひき起こされた混濁した想念にほかならず、その想念が精神（魂）を動かして、理性的愛というもうひとつのもっと明晰な想念へ向かわせる」、とデカルトは語っている。われわれの胎児期や幼児期の混濁した思考が、理性的思考につながり、理性的思考によって、精神が愛するにふさわしいとするものを愛する。これはきわめて現代的な結論で、われわれの生の初めの数年間にかたちづくられたイメージを負ったものとして現れる情念のダイナミックな解釈であり、このような解釈は機械論に統合されてしまう従来のデカルトとは異質なものを示しているのではないか、とリーゼは付け加えている[25]。たしかに精神は自律的な意識活動に高まる前に、このような情念を経験することから始まった。感覚することも思考－意識とみなされることが『哲学原理』一－9で述べられているが、感覚および情念は「心身間の密接な結合のために混濁し不明瞭になった知覚に数えられ」（『情念論』二八）、それは子供のころから慣れ親しんできたものである[26]（『第六答弁』A. T. IX-1, 239）。それらの混濁した不明瞭な感覚－情念が刻み込まれた人生の初めの痕跡が、われわれの感情生活に影響をあたえうることは、シャニュ宛の手紙で具体的に説明されたとおりである。

幼時体験については、生理学的には幼児期に生じた「大脳の刻印 impressions」によって説明され(A. T. V, 57)、さらに特定の人間における情念への効果や原因は次の例によって示されている。「たとえば、薔薇の香りをかいだり、猫を見たりすることが耐えられないような或る人々にみられる奇妙な嫌忌(aversion)は……生まれた当初なにか同じような対象によってひどく害を加えられたとか、あるいは自分の母親が妊娠中それらの対象によって害を加えられた母親の感覚に共感したことからきている。母親の身体運動は、胎内にいる子供の身体運動にすべて関係するのだから……。また、薔薇の香りが、まだ揺籃にいたころ、ある子供にひどい頭痛を起こしたかもしれないし、猫にひどく脅えたことがあるのに、だれも気づかず、本人もそれをすっかり忘れていたということもありうる。しかも、そのとき薔薇や猫にたいして抱いた嫌忌の観念は、その子供の脳内に終生刻み込まれる」(『情念論』一三六)。当時このような奇妙な「嫌忌」の例として、アンリ三世の猫嫌い、マリー・ド・メディシスの薔薇嫌いなどが知られていたが、デカルトはそのような「嫌忌」を、現代の精神分析で用いられているような精神的外傷によって説明しているともいえよう[27]。

初期のテクストに溯ると『音楽提要』第一章末尾に、「人間の声をわれわれに最も気に入るものとしているのは、単にそれがあらゆるもののうちでわれわれの精神に最も適しているからだと思われる。おそらくそのようにして、また情念の共感と反感から、最も親しいものの声は敵のそれよりも快いであろう……」という一節がある(A. T. X, 90)。音のひき起こす情念を生み出す性質を、新しい近代の自然学による機械論的な説明をこころみるなかで、物理的には説明しえない人間の声への共感と反感が、友への快、敵への不快の記憶、つまり個人の過去の体験によって説明されることにもなっている[28]。

4　想像力と「イマジネール」

デカルトが論じた想像力の刻印や情念の形成は、現代の精神分析の考え方にもつながるものがあったが、ここでふたたび想像力そのものに戻ろう。『情念論』二一で「身体だけを原因とする想像」は、意志の関与しない想像力すべてをさし、大部分は神経に依存する。そうでないものは、精気が刺激によって脳内の刻印の痕跡に出会って、たまたまある孔を流れることによって生じる、夢の幻覚や夢想などである。これらの知覚も、意志の関わる精神による想像も、すべて神経を介して精神にやってくるのであり、想像は外的対象に関わる知覚、身体に関わる知覚、精神に関わる知覚の三つに区分される(『情念論』二〇-二六)。

ミシェル・ベルトランは、デカルトの『情念論』で説明されるこのような想像力を次のようにとらえる。精神と身体の二元論、両者の能動と受動の関係(精神の能動と身体の受動、身体の能動と精神の受動)によって、芸術や詩的想像力や理論仮説などの想像力は、意識の制御するものとなる。他方、動物精気の流れや感覚の刺激による身体的想像力は、固有のロジックのまったくないカオスとなり、それらの説明原理は脳や神経の機械論しかない。だから、それ固有のロジックをもつ「イマジネールなもの」はデカルトの想像力には存在しないという。(29) たしかにベルトランのいうように、スピノザの「想像力」はデカルトのそれよりもはるかに広大で、「精神」とともに重層的な構造、ダイナミックな機能、力をもつ。そこでは幻覚や夢想もデカルトとは異なった次元の意味をもちうるし、夢遊病は抑圧されていた身体や精神の現実をあらわすことにもなる。基礎をなす、精神－身体の、能動－受動関係が、デカルトとはまったく異なること、ある意味では逆であることはドゥルーズやベルトランが強調するとおりであろう。(30) ただスピノザが身体は、「精神でさえ驚くような多くのことをなし」「人間の技術で作られたいかなるものよりも精巧で複雑」だといい、身体の活動が意識を越えたものであることを示すとき、デカルトもまた、きわめて微妙にではあり、体系的に展開することはまったくなかったけれど、同様の問題を考えている部分もみえるのである。(31)

「イマジネールなもの」l'imaginaireという語は一般的にはスタロビンスキーの指摘によれば、表象性であり、心的な「力」を意味しない。[32] 一六―一七世紀には生理学的医学的意味をもっていた「想像力」imaginationは、一八世紀末まではその意味をもち続ける。たとえば一七八四年の、メスマーに対する王立医学会の審査委員会の報告書には、メスマーの動物磁気論を説明する主要な箇所にこのような「想像力」の概念がもちいられ、治療効果は「想像力」の力に帰せられている。しかし一九世紀になると、この意味での「想像力」はほぼ消失し、主要な医学辞典などからも姿を消している。そして二〇世紀の精神分析では、たとえばフロイトの『夢判断』の事項索引にもみいだせない。[33] 幼年期の心理経験が生涯の精神生活に残存するイメージは「イマーゴ」imagoの術語をとり、それを形容するのに「イマジネール」imaginaireがもちいられる。能力としての「想像力」はみられなくなる。代理表象機能としての「想像力」も姿を消し、「イマジネール」がもちいられ、心的な力を含まぬ表象機能を示し、特にラカン以降「現実的なもの（現実界）」との対比で「イマジネールなもの」がもちいられるようにもなってくる。[34]

こうした、時代による「想像力」の意味や用法の大きな変化をみると、現代の用語である「イマジネール」あるいは「イマジネールなもの」から、デカルトや一七世紀の「想像力」をみる場合、当時の具体的現実的な意味やありさまを探りつつ、実際の比較や検討をしていくこともさらに必要であろう。

三　想像力の役割

1　「知の母」から「誤りの主」へ

デカルトの「想像力」に戻ろう。想像力は『規則論』の段階では認識能力として、形象や観念の新しい組み合わせを可能にする創造的な働きもあった。『規則』七では後に形成されるデカルトの方法の中核をなすような、連続して中断されることのない思考の運動が述べられているが、そこで想像力は「思考」と明確には区別されずに用いられることもある。(35)『規則』一二では、「事物の認識のために……われわれのうちにあるのは四つの能力だけである。すなわち、知性、想像力、感覚、記憶。……知性のみが真理をとらえるが、知性は、想像力、感覚、記憶に助けられねばならない」(A. T. X, 411)。知性が、図形や拡がり(延長)・物体を認識するには、想像力は不可欠であり、デカルトは「純粋な知性ではなく、想像力のうちに画かれた形相の助けを借りる知性」といっている。物体とその拡がりの認識に関するところでは、「われわれは想像力の助けを借りずには何事も企てないつもりだ」とさえいって、われわれが「想像力のうちに形成する」観念を注意深く識別することを強調する(Ibid., 440-442)。

上の四つの認識能力は、「同一の力がさまざまの機能にしたがって、純粋知性、想像力、記憶、感覚とよばれたもの」であり、その同一の力は「本来インゲニウム ingenium と名づけられる」(Ibid., 416)。「インゲニウム」(生得の知的能力・精神の力・構想力)は第二章でも見たが、当時ヨーロッパで広く関心をよんでいた概念のひとつであった。(36)デカルトにおいてはまず、われわれの精神のうちにある生得的な能力である。デカルトの「方法」がそのようなインゲニウムを要し、「方法」は新しい真理を発見する能力を与えるのではなくて助長するものであることを、ベラヴァルは、ライプニッツとの対比で強調している。過去と断絶して自らの天分・知力を自覚し、学問が革新を成し遂げつつあった時代に新たな真理を求めたデカルトは、新しい真理を発見する者は「生得の(ingenitam)洞察力に導かれ」(Ibid., 403)、まずはわれわれの精神に生得的とみえる力によって得たものから出発して暗中模索の歩みを始めたのである。(37)

このインゲニウムという語は『規則論』以後のデカルトのテクストにおいては消失する。[38]『規則論』*Regulae ad directionem ingenii*（インゲニウムを導くための諸規則）から『方法序説』（自らの理性を正しく導くための方法叙説）にいたる、デカルトの理性の確立の過程はなお検討しなければならないが、インゲニウムと「理性」raison は必ずしも同義ではないのである。「インゲニウム」の一つであった「想像力」もまた、『方法序説』では四つの格率のなかで言及されることもなく、内容的にも線分についての引用など（A. T. VI, 20）、きわめて限られたものとなる。[39] この語の頻度数も『規則論』での58に対し、『方法序説』では7と大幅に減少し、[40] さらに、形而上学において想像力は無益であるばかりか有害でさえあるとされる。「神を認識し……自分の精神（魂）とは何かを認識するのに、困難があると思い込む人が多いが、その人たちが感覚でとらえうるもの以上に自分の精神を高めないからであるし、イメージを浮かべて想像しなければ（これは物質的なものにたいする特殊な考え方）、……何も考えない習慣がついているからである」（A. T. VI, 37）。

『省察』においては、「想像するとは、物質的な事物の形象あるいはイメージを視ることにほかならない」（A. T. VII, 28）といい、一六四一年メルセンヌ宛書簡で、精神（魂）は「想像されることはありえない。つまり、物質的イメージによって表象されることはありえない」（A. T. III, 394）といっている。想像力は完全に身体=物質の側にあり、それゆえデカルトの二元論によれば、精神や神の存在とは切り離されてしまう。さらに『省察』二では、『規則論』の段階で二つに分かれていた想像力と共通感覚を一つのものと考える。[41]「想像の能力」は「いわゆる共通感覚」と同一にあつかわれ（A. T. VII, 52）、物質的な事物の認識においてさえその役割が失われていく。ここでの蜜蠟の例では、蜜蠟の変化や属性をかぞえあげ、想像力によって無限にたどっていくことの不可能を示した後、こう結論する。「この蜜蠟が何であるのか、想像力によっては捉えることさえできない。私の知性だけがそれを捉えることができる」

(A. T. IX, 24-25)。事物を認識するのはここでは、想像力ではなく、知性あるいは「精神の洞見」である[42]。

『省察』六の千角形・万角形の例でも、「千角形が……千の辺から成る図形だと概念するのであって、三角形の三つの辺の場合のように、その千の辺を想像することはできない」(Ibid., 57)として、想像力は、知性あるいは概念とは根本的に区別され、事物を捉えることはない。すでに一六三七年デカルトはメルセンヌに宛て、「感覚あるいは想像力による判断すべてにみいだされる偽りと不確実」(A. T. I, 330)と書き、数学にかかわる役割が留保されることはあっても、形而上学からは完全に追放されてしまう(A. T. II, 622)。かつて「知の母」であった想像力は「誤りの主」となってしまうのである[43]。

2　残された留保——生きること

こうしてデカルト哲学の確立とともに、事物の認識においても形而上学においても、「想像力」の役割は限定され、否定的なものとさえなった。だがデカルトの晩年には、「想像力」には重要な役割が留保されている。

一六四三年デカルトはエリザベトに宛てて次のように書いている。「想像力を要する思考には一日のうちごくわずかの時間……知性だけを要する思考には一年のうちのごくわずかの時間……それ以外の時間のすべては……感覚を緩め、精神を休ませることにあてるのです」(A. T. III, 692)。ここで「想像力を要する思考」とは数学や自然学のこと、「知性だけを要する思考」とは形而上学のことであるが[44]、それらにわずかな日時しかあてなかったことを、デカルトは「研究のうえで常にしたがってきた主たる規則」だという。そして「実に知性は、想像力や感覚の領分にまで口をだしてもあまりうまくいくものではない」のであり、形而上学の原理すなわち神と精神(魂)にかかわる認識は「一生に一度だけしっかりと理解する」ことが不可欠であるが、残された時間の大半は「知性を、想像力や感覚とともに働かせることのできる想念にもちいること、これが最上の途」であるという(Ibid.)。この手紙が形而上学的に「考え過ぎ」のエリザベトに宛てて書かれたものであり、多少の誇張はあるとしても、デカルトが生活において重んじたのは、想像や感覚とともに知性を働かせることだったのであり、多くの伝記的事実のつたえる、数学・物理学・天文学・音楽から解剖学・生理学・医学等々の広大な領域にわたるデカルトの知的活動は、「想像や感覚とともに知性」を働かせる日々の仕事だったのではないだろうか。

『哲学原理』の序文でデカルトは、「はじめはこの本を物語《ロマン》のように全体を通読すること」(A. T. IX-2, 11)を読者にすすめているが、デカルトの諸作品を一瞥してみよう。『世界論』では宇宙の形成を、現実の宇宙を直接の対象として説明するのではなく、「想像上の空間」を舞台とする可能的な宇宙形成の「物語の発明《ファーブル》」として説明するという(A. T. XI, 31)。『方法序説』ではこの「物語」という語は用法的に「歴史《イストワール》」と結びつき[45]、「歴史」は記憶によって、「物語」は記憶だけには基づかない虚構によって、精神をかき立て想像力をめざめさせる働きをする(A. T. VI, 7)。さて『世界論』では第六章以降「物語」として宇宙の形成が語られ、「彼ら(＝哲学者たち)のように、実在世界に真実にあるものを説明するのではなく、気の向くままに一つの世界を見せかけるだけだ……」(A. T. XI, 36)といって、「新しい世界」が記述されていく。宇宙の形成を一つの「物語」として示すことがたんなる叙述上の方便にすぎず、デカルトの真意は現実の宇宙の形成そのものを説明することにあったのか、あるいは、現実の宇宙は創世記の記述どおりに形成されたことを認めたうえで、なお神はこの「物語」の述べるような宇宙をつくることも可能であったというのか、「物語」にどのような意味がこめられていたのか一七世紀初頭のヨーロッパの状況を考えると、さまざまな疑問は残されているのだが。

この「新しい世界」はしばしば、人間の感覚を越えたものや目に見えないものの諸現象としてあらわされ記述されるが、感覚できないものや見えないものを捉えるやり方は、『哲学原理』で次のように述べられている。[46]「微細な小物体に起ることで、それがあまりに小さいため感覚できない場合、大きい物体に起ることで感覚によって知られているものを範として判断するのがよい」(四-201)。「人工的に作られたもの」がその説明に役立つ。人工物と自然物の差異は、「人工物の働きはたいてい、感覚で知覚できるほど大きな道具によっていることだけ」であり、これと逆に自然の働きは「どんな感覚にもとらえられない微小な何らかのしくみに依存している」。そしてデカルトは、「機械学は自然学の一部ないし一種であり、機械学の理論で自然学に属さないものはない」といって、人工的なもの＝機械と、自然とのアナロジーを想定し、それによって自然の事物の解明を可能と考えるのである(四-203)。『人間論』においても当時の機械学のイメージと比較・アナロジーすることによって人体の構造や機能を説明する部分は多い。モデルとなったのは歯車や分銅で動く時計、水車や人工の泉などであったし、消化作用は干し草・水・篩・ブドウ酒など日常的なもののイメージによって説明されていた。ムイはこのようなデカルトの身体論-動物機械論を、「理性ではなく想像力の次元」だという。[47]これもまた、人体の解剖が宗教的攻撃をうけ、地動説が宗教裁判にかけられていた時代に、機械論の権利を、『世界論』における「物語《ファーブル》」のようなかたちで表現したといえるのかもしれない……。

さて『哲学原理』ではこのような機械と自然のアナロジーについて、同じ時計職人が異なった仕方で複数の時計を作る場合にたとえ、自然の「最高製作者」である神がさまざまに多様な仕方で自然を作った可能性をみとめ、さきほどの説明が真でないこともありうるという(四-204)。けれども、それが神との関係では不確実であっても、「実践的に」moraliter、つまり人生に役立つのに十分であるかぎりで確実としてよいという。絶対的に真実かどうかではなく、現実に生きることに役立つという意味で、機械と自然の比較イメージに依拠したアナロジーがみとめられるのである

（四-205）。

このような、いわばイメージや想像による説明ないし連結は、デカルトの著作の随所にみられる。デカルト自身は想像力論を展開することはなかったし、想像力はデカルトの主軸となる哲学の体系からは排除されたかにみえる。だが理性の環の、ときにはかすかなひび割れ、ときにはあらたな起動力のごとくに、デカルトの作品のあちらこちらにその働きの跡がみられるのである。

第七章　言語——その二元性と普遍言語の問題

「ヒエログリフ」風の語呂合せパズル（17 世紀）

一　言語の位置——機械論のリミット

言語の問題はデカルトの思想体系のなかで微妙な位置にある。ことにその二元論に由来するさまざまな困難が、言語の問題を扱う際にあらわれ、デカルトの苦慮が感じられる。デカルト自身、言語についてのまとまった論述を著してはおらず、同時代のアルノーやホッブズのように言語論を展開することはなかった。だが断片的ではあるが、この問題に関してかなり多くの考察が著作のあちらこちらに見られる。初期の『規則論』から晩年の『情念論』にいたるまで主要著作の大部分が部分的にせよ、言語や記号の問題にふれており、書簡のなかにも多くの言及がみられる。このように散在している記述から問題を整理していくのはかなり難しいが、まずはデカルトの二元論の困難さと問題点を示すものとして、さらに、当時の重要テーマにかかわるものとして、言語の問題をみていこう。

1　動物と人間の差異

デカルトの二元論において物質は、精神と峻別され、精神作用をもたず機械論によって説明された。動物は精神を

ライプニッツ

もたないゆえに機械としてあつかわれ、人間の身体も同様であった。このような機械論の見地から『方法序説』第五部では、心臓を中心とした人体の諸機能が説明されている。人体は神の手によってつくられ、すぐれた秩序とみごとな運動をもつ「一つの機械」である。さて動物や人体がこのような自動機械とみなされるとすると、「理性をもたない動物」と、まったく同じ器官をもつ「機械」とでは、どちらが動物でどちらが機械か見分けることはできない。しかし人間は、そのような人体機械があるとしても、それが単なる自動機械であって本当の人間ではないことを検証する二つの手段があるとデカルトはいう。第一は、そのような機械が「言葉や……記号」を構成できないこと。言葉を発することが機械にできても、それは器官の物理的な対応にすぎず、意味に応じた多様な「配列」はできない。第二は、人間の理性が「普遍的な道具」でどのような場合にも対応できるのに対して、機械は各々の個別的な行動に「個別的な器官の配置」を必要とするので、人間のように単一の理性をもってあらゆる状況に対応することができない（**A. T. VI, 56-57**）。

こうして「さまざまな言葉を配列し、ひとつづきの言説《ディスクール》をつくりあげ、自分の考えを伝えることができる」のが、人間と動物の違いとなる。言語は、人間の普遍的な理性の存在を示し、思考を表現し伝達するものとして、人間を動物や自動機械から区別するのである。

デカルトの二元論の体系において言語は精神の存在を示すことによって、人間を動物や機械から区別する指標として位置づけられる。自動機械の世界には言語活動は存在しない。そのことは手紙などでも述べられている——「自動機械は……質問されることについて、言葉で答えることもないし、記号によって答えることさえもない」（一六三八年三月、宛先不詳、**A. T. II, 40**）。さきほど第五章一節動物機械論でみたように、動物は精神がないゆえに自動機械とみなされているが、動物たちが言語をもつことは全くないのだろうか。言語だけが、人間を動物から区別する指標なのだろうか。

一六四六年一一月二三日のニューカッスル侯あての手紙では、前述の『方法序説』第五部の内容を敷衍するとともに、動物に思考作用はないのかとの質問に対してデカルトは次のように答えている。「たしかに動物たちがわれわれよりも多くのことを行うことを、私は十分知っているが……ひとりでに、時計のような仕掛けで行動しているのです。時計はわれわれの判断よりも正確に時を示します……。」機械である時計がわれわれの及びもつかぬ正確さで時間を刻むことができるように、(1)動物たちにも人間以上のさまざまなことができる。たとえばツバメの季節の渡りや、ツルの群れの秩序だった飛翔、サルの埋葬など……。しかしそれらは「機械仕掛け」によって自然に行われているだけであり、「思考作用」にみちびかれているのではない。これに対して、われわれの身体のなかには「思考作用をもつ精神」がある。それを保証する唯一の外的な行動が、「いかなる情念」にも関係せずに話される言葉、あるいは記号なのである(A. T. IV, 573)。

この手紙ではまた、人間である限り、たとえ唖者であっても何らかの「記号」を用いうることが指摘されている。これに対してカササギやウマやサルなどの合図や身振りは情動的なもので、「いかなる思考作用もなしに」行われる。動物たちは、記号をもちいて「情念に関わらない何か」を他の動物たちに理解させることは決してない。言語あるいは記号によるコミュニケーションの可能性は、動物においては根本的に否定されている。

デカルトはさらに、動物における記号否定の形而上学的根拠を求める。動物の身体器官が人間のものとそれほど異なっていないことから、動物もこれらの器官に結びついた「いくらかの思考作用をすることが推測される」ことがあるとしても、動物たちが「われわれのように思考する」ことはありえない。なぜなら、動物は「不死の魂」âme immortelleをもたないから。ここでのデカルトは「不死の魂」をもちだすことによって神学的な次元の根拠を求めているが、これは『方法序説』第五部末尾を「神を否定する人々」への反駁を軸としてしめくくっていることと軌を一にしている。こうして形而上学的・神学的な根拠づけによっても、動物における言語と思考の可能性が否定されるのである。

ヘンリー・モアへの手紙でもこれらの点はさらに強調される。一六四九年二月五日の手紙では、「動物が考える」とは偏見であり、動物の動きはすべて身体的機械的なものだ、という。「考える働きをする精神」の存在を証明するものは、そこには何ひとつない。たとえ「声や他の身体の運動」によって怒りや恐れや飢えをあらわすとしても、それは「自然的な衝動」にすぎない。動物は、「真の言語」すなわち「自然的な衝動ではなくて思考にだけ結びついたものを声や身振りで表現すること」は決してない。この「真の言語」は、「身体に潜む思考の唯一の記号」[2]であって、すべての人間は、馬鹿であっても、精神異常であってもそれを用い、舌や発声器官を失った者にもその能力がある。どんな動物もこのような言語を用いることはできず、言語は「人間と動物のあいだの真の差異」を示すのである(A. T. V, 267 sq.)。

同年四月一五日の手紙でも同様のことが述べられ、次のように確認される。犬が尻尾をふるのは、たんに情動にともなう運動であって、「身体に潜む思考をあらわす唯一のものである言語」とは区別されなければならない。たとえ人間の幼児の場合に精神があるとはいえないにしても、「思考の記号」を示すまでに動物が成長することはありえないのだ。デカルトにしたがえば結局、動物には思考と結びついた「真の言語」は存在せず、言語は外的に人間の思考を表す唯一確実な記号なのである(Ibid., 342-345)。

2　チョムスキーのデカルト派言語学

こうして人間の言語表現は、身体的‐機械論的なものである動物の情動表現とは全く異質なものとして区別される。身体器官や生理的状況に依存することなく、精神に結びついたものをあらわす言語が、思想を限りなく自由に表現し、あらゆる新しい状況に無限に対応できるものであることは、言語学者チョムスキーが『デカルト派言語学』を初めとする著作で強調したところでもある。(3) チョムスキーは、本章冒頭で引用した『方法序説』第五部のテクストを引いて、言語使用の創造的面 creative aspect として言語は機械的刺激(内的であれ外的であれ)から自由であり革新的であって、発話はあらゆる状況に無際限に適合することを強調する。そしてデカルトが言語を動物にはなく人間のみが有することを示したことを受け、言語が人間という種に特有の能力であることを強調する。こうした言語についてのデカルトの考え方を新しい合理主義の出発点とし、コルドモワやラミー、さらにはドイツ・ロマン派のシュレーゲルやフンボルトにまで連なる、精神をあらわす、言語の創造的産出を根拠づけた思想として位置づける。このようなチョムスキーの『デカルト派言語学』に対しては、思想史や哲学史の観点からは主として次のような多くの批判がある。まず、チョムスキーのいう合理主義は『方法序説』に始まるものではないということ、たとえば『序説』の引用テクストを分析してその重点がむしろ主体の現前と発話の論理的つながりであることの指摘や、(4) 哲学史や科学史のなかでのデカルトの問題点を示して「合理主義」に疑問を投じるなどの批判である。(5) 次に、チョムスキーが、デカルトの二元論を出発点としてポール＝ロワイヤル文法によって、文の表層構造と深層構造の発想を説明していることであるが、ポール＝ロワイヤル文法に中世やルネサンスの継承をみる研究などをあげることによって、その扱いの偏りを示す批判も多い。(6) 無論、言語学者としてのチョムスキーの仕事の一部のみを思想史の観点からだけ批判することは、あまり生産的ではないし、チョムスキーの仕事の本筋に直接触れるものではない。ただここでは、ロビネやジョリーとともに次の点を押さえておきたい。(7)

第一に、先にみたように『方法序説』第五部の文脈は、言語の問題を持ち出して動物と人間の差異を示すことで人間の魂の不死性を結論づけることであり、形而上学的な根拠を示すことであった。第二に、『デカルト派言語学』の第一章末尾はライプニッツの「言語は精神の鏡である」という言葉を引用してデカルトに始まる合理主義のしめくくりとしているが、このデカルトの言語観をライプニッツにつなげるのはロビネのいうようにたしかに「誤り」である。これに関してデカルトとライプニッツの根本的違いは具体的に、一七世紀の普遍言語の問題とも関連して、本章三節で検討したい。そして第三に、「精神」はデカルトの思想のなかでは、チョムスキーのいうような言語の潜在能力すべてを説明することにはなっていない。デカルトはむしろ、記号と観念、言語と精神の根本的区別を示している。チョムスキーは『方法序説』のテクストを解釈しながら、「人間の種に特有の能力」というような考え方を導き出すが、デカルトはそのようには言っていない。それはむしろ、チョムスキーがこれについての注で述べ、(8)さらに『言語と精神』の冒頭以降、大きな枠組みとして用いている一六世紀後半のスペインの医者フアン・ウアルテの見方に近いと思われる。ウアルテの著作は仏訳も版を重ね、当時ヨーロッパで数カ国語に訳され、宗教裁判で検閲もされた名高い著作のなかで、人間の精神的能力――記憶・想像力・知性――について述べているのである。(9)このような言語と精神、記号と観念の乖離については以下具体的にみていくことになるが、ともかく、ここで注意したいことは言語が、精神をあらわすものであるが、精神そのものではないことだ。デカルトにおいて言語と精神、記号と観念は根本的に区別されている。人間の言語は実際には感覚器官や身体基盤と結びつかざるをえない宿命にあり、(10)「精神」はそのような言語を越えてしまう。言語は身体的なものと離れることはできず、機械論的に説明される物質世界との境界に位置することになる。物質性をもつと同時に、精神に結びついた唯一のものとして、言語はまさに精神と物質の接する臨界地点ともなってる。

二　言語の二元性

1　言葉への不安

精神ないし人間理性の普遍性は、まず『規則論』の『規則』一で明示されている。理性は、「太陽の光が、照らす事物の多様性からは差別をうけることがない」のと同じように、いかなる対象に適用されても常に同一であり続ける（A. T. X, 360）。さきほど見た『方法序説』第五部では動物との比較に際して、この理性は言語に結びついていたし、それゆえチョムスキーも言語の普遍的創造性を強調したのでもあった。けれども『規則論』では、この理性の普遍性は言語に真っすぐには繫がっていない。『規則』一二では、「隠れた力をもって人間精神の限界を超える魔術的な言葉」というような表現で言葉に対するデカルトの警戒がみられる。『規則』一三では、「事物の問題」と「言葉の問題」が区別され、デカルトは言葉によって事物を探求することに批判的である（Ibid., 433-434）。「言葉によって事物を求める」、とわれわれが言うのは、言語表現のなかに困難がある場合」で、これに属するのは、「初めは四つ足、次に二足、その後に三足となる動物についてのスフィンクスの謎」や、「海岸に立って魚を釣ろうとして針と竿を準備し、自分はもはや捕らえた魚はもたぬが……まだ捕らえることのできなかった魚はもっている」という漁師の謎だけにとどまらない。「学者たちが議論している大部分の事柄においても、ほとんど常に問題は名辞に関するもの」であり、「名辞に関するこれらの問題は、きわめて頻繁に起こるので、もしもこれらの意味について常に学者たちが一致するなら、彼らの論争のほとんどは消え失せるであろう。[11]」言葉の煩雑はデカルトからみれば、「学者たち」の無意味な論争の最大の機因であり、真理の探求において言葉を頼りにすることはできないのである。デカルトが信頼するのは、誤りに導かれるかもしれないこのような言葉ではなく、事物の明晰な直観である。[12]「事物の直観においてのみ――それが単純なものであれ、複雑なものであれ――、誤りが存在しない。」そこには言葉が存在しないからであろう。

『規則』一四では、「いかなる概念の媒介によって言葉の一々の意味がわれわれの理性に示されるか」が述べられている(Ibid., 442 sq.)。理性は言葉の指示するものに注意を向けるだけであり、「想像力」が「事物の真の観念」を形成し、「言葉には表現されていない事物の他の条件」に目を向けさせる。デカルトはこのことを「数」と「数えられるもの」を例にとって説明している。この『規則論』のテクストを引いてロビネは、言葉と事物の関係が不安定なものであることを示している。[13]ミシェル・フーコーも観点はやや異なるが、『規則論』のテクストを引用して次のように述べている。それまでの西欧思想のなかでエピステーメの基礎となっていた「類似」が、デカルトにおいて普遍化された手続きにすぎなくなってしまい、それによって見いだされる事物の「秩序」は、事物にとって「恣意的」**arbitraire** になっていく。[14]そして言語はもはや、真理のしるしでもなく、世界や事物の形象《フィギュール》でもなくなってしまうのだと。[15]デカルト自身のテクストをみても、初期のノート、たとえば『オリュンピカ』には、風と精神、光と認識など、物質的なものと精神的なもの、感覚的なものと知性的なものとのあいだに象徴的対応や類比《アナロジー》の関係がみられるが、『規則論』以降、そのような立場はさまざまな角度から排除され転換されていくのである。[16]「人々の習慣として、二つのもののあいだに或る類似をみとめるごとに、両者の相異点についてさえ、一方だけについて真であることを確かめた点を、他方にあてはめてしまう」(Ibid., 359)という『規則』一の冒頭の一節は、類似を批判する古典時代の思考法の端緒として、フーコーによって引用されている。(17)

2　言葉と事物

こうして『規則論』では、言葉によって事物を捉えていくことへの不安がみられるが、『規則論』以後のデカルトは、言葉と事物の関係をどのように考えていくのか。

まず、言葉とその意味するものとのあいだには、類似の関係がまったくないことが指摘されている。「言葉はそれが意味する事物とはいかなる類似性もない。……その事物を理解させる一つ一つの単語の音や音節に注意を払わないのに、それでも事物を理解することすらしばしば起こる」(『世界論』第一章、A. T. XI, 4)。「われわれの思考を刺激するものは、たとえば記号や言葉のように……その意味するものとはなんら似ていない」(『屈折光学』第四講、A. T. VI, 112)。

次に、われわれの思考や観念が、音声や文字による物質性をもつ言葉とは独立したものであることが示されていく。たとえば、「ある話を聞いて、その意味を十分に理解したあとで、その話が何語で語られたのかを言えないことも起こり得る」(『世界論』A. T. XI, 4)。逆にいえば、「同じことが、異なった言葉で説明可能」である(一六四一年七月三〇日、メルセンヌ宛)。さきほど見たように、人間の理性はデカルトにとっては常に同一性を保ち続ける普遍的なものであった。それゆえに、人間の思想は、たとえばフランス語で語られようと、ブルターニュ方言で語られようと、その使用言語に関係なく、普遍的な同一性をたもつことができる。「最も強靱な理性の力をもち……最も良く自分の思考を整える人は、たとえ低地ブルターニュの言葉しか喋らず、修辞学《レトリック》を学んだことが一度もなくても、自分の述べることを常に最も良く相手に納得させることができる」(『方法序説』第一部)。この『序説』の部分はしばしばデカルトの反ーレトリック的な理性中心の思想を示すためにも引かれる箇所であるが、レトリックの観点からデカルトのテクストを全体的にどう捉えるかは最近、注目すべき資料の発見や、[18] いくつかの重要な論考もみられるので、[19] 別の機会に検討しなければならない。

ともかくこうして、理性による普遍的なものとしての思想は、各国の言葉で暗記された記憶の集積を越えるものである。『規則論』においても、記憶の集積であるような〈historia〉(「歴史」「物語」)は、われわれの真理の発見を直接に前進させるものではなく、外的権威の憶見や、ときに誤りにさえ結びつくことが述べられ、さきに第二章二-2でもみたとおりであった。言語の知識もまた、歴史や地理のように、理性ではなくて記憶による「単なる知識」としておとしめられる。「良識をもつ人間《オネットム》にとっては、スイスや低地ブルターニュの方言を知る必要がないのと同じく、ギリシア語やラテン語を知る必要もない」(『真理の探求』A. T. X, 503)。

理性とそれに基づく思想は、各国語で語られる言葉からは独立した普遍性をもちうる。それゆえ、「フランス人もドイツ人も、異なった国語で同じことを考えることができる。[20]」理性の領域と言葉の領域は、はっきりと区別され、「理性活動において組み立てをなすものは、名辞の組み立てではない」ことが確認される。つまり、「名辞によって意味されるものの組み立て」が、理性の働きを構成するのである(『第三答弁』)。各国語で語られる名辞や言葉は、理性そのものではない。これらによって「意味されるもの」のみが理性の働きをなすのである。

デカルトの二元論に即して見てみると、精神の側に属するのは、「思想」や「観念」や「意味」であり、「理性の働き」である。物質の側に属するのは、話されたり書かれたりした「言葉」や「名辞」や「各国語」となろう。両者のあいだには、類似の関係はまったくなく、「思想」や「意味」は、実際の諸国語の文字や音声からは、独立しうるものであり、またそのゆえに普遍性をもちうる。

3　精神と物質の結びつき

さて精神的なものである意味や観念は、物質的なものである話し言葉や書き言葉から独立しているわけだが、しかし言語は、両者が結びついて一つのものになることによって初めて機能する。こうして言語は、デカルトの二元論の体系における心身結合の、特権的な一例ともなり、そこには一般に心身問題に関して二元論から生じうるさまざまの困難な問題がみられる。言語が、精神と物質の結びつきによって構成され機能するとすれば、まったく異質な実体である両者は、言語においてどのように結びつくのだろうか。

デカルトによればまず、理性的な事柄は「ある名辞」に結びつけられる「習慣」がある。それらの名辞は「物質的なもの」であり、私たちにその「記憶」をもたせる(一六四一年八月、宛先不詳、A. T. III, 422 sq.)。そして言葉は、「声で発音されたものであれ、紙に書かれたものであれ」、私たちの精神に言葉の意味する「すべての事物」を理解させ、「さまざまの情念」をあたえる(『哲学原理』四‐197)。この結びつきの仕組みは『情念論』五〇で次のように説明される。「言葉は腺に或る運動をひき起こす……この運動は言葉が声で発音されたときは音を、書かれたときは文字の形を精神に表示するだけだ。しかし……その音を聞き、文字を見ながら考えることで、習性(habitude)を身につけてしまえば、腺の運動は、通常は文字の形や綴りの音よりも、その意味を考えさせる。」同様のことは『情念論』四四でも確認されている――「言葉を学ぶことによって得た習性は、腺を介して舌や唇を動かしうるところの精神の運動を、この舌や唇の運動そのものと結びつけるよりも、その運動から生じる言葉の意味のほうに結びつける。」腺の運動を基礎とした生理学的説明が試みられ、精神的なものと物質的なものの結びつきは「習慣」や「習性」によって定着される。こうした両者の結びつきは、人為的・恣意的である。一六二九年一一月一八日のメルセンヌ宛書簡では、「規約」

convention によって成り立っている各国語の違いが恣意的（任意的）なものであることが、泣き声や笑い声などの「自然言語」との対比で示される（A. T. I, 103）。「人が泣いたり笑ったりするときに発する声は、あらゆる国語で類似している。しかし、私が天や地を見るとき、そのことが私にある一定の仕方で天や地を名づけるように強いることは決してない。」自然言語の一般的な類似性と、通常の各国語の恣意性・偶然性とは、こうしてはっきり区別される。さらに『ビュルマンとの対話』（A. T. V, 150）では、具体的単語を例に、言語記号とその意味内容の関係が恣意的であることが例証される。REXという言葉をきいてその意味を理解するとき、このR—E—Xという「三つの文字」とそれらが「意味する内容」のあいだには、「意味を汲み出せるような親近関係」はまったくない。「知的記憶」mémoire intellectuelle によって、この三つの文字がその意味をもつことが憶えられているのである。この知的記憶は、「個々の事柄」ではなくて「普遍的事柄」にかかわり、「痕跡が脳に刻み込まれておらず、したがって身体に属することのない」記憶である（『ビュルマンとの対話』）。それは「思考するものの内に残る痕跡」である（一六四四年二月九日、メラン宛）。

知的記憶は『規則』一二で、身体的でない記憶として、身体的記憶と対比され、身体的でなく、動物の記憶に似ない別の記憶だとされる。以降書簡のなかで「身体に依存する記憶ではなく……まったく知的な……精神のみに依存する記憶」（一六四〇年四月一日、メルセンヌ宛、A. T. III, 49）、「脳の襞にはまったく依存しない……本性をもつ記憶」（一六四〇年六月二日、メルセンヌ宛、Ibid., 84-85）、「脳の襞によって説明される身体的記憶のほかに、知性のなかにある別の記憶……まったく精神的なもので獣にはけっしてない」（同年六月六日、メルセンヌ宛、Ibid., 143）等々、一六四八年アルノー宛書簡（A. T. V, 220）にいたるまで言及がみられる。しかしアルキエ版テクストも註釈しているように[21]、デカルトは知的記憶がどのようなものであるか、それ以上は説明しておらず、身体的記憶に対比するにとどめている[22]。

このような言語におけるデカルトの二元論を、チョムスキーのいうようなポール＝ロワイヤルの文法理論の基礎とみなすことは難しい。デカルトによれば、意味と文字、音声を結びつけるのは外的な習慣や制度であり、チョムスキーのいう「深層構造」と「表層構造」をつなげる内在的な規則・文法理論をみいだしていくような発想は出て来ない。当時でいえば、ポール＝ロワイヤル的な「一般論理文法」を求める方向にではなく、むしろヴォージュラ的な「用法」usages を記述し、言語の外的な習慣・慣用を整理していく方向が出てくるのではないだろうか。[23] もしそのような内在的規則を確立する方向の言語論を当時に求めるとすれば、それはデカルトではなくライプニッツにおいて幾分かみいだされるだろう。

また他方、チョムスキーのいう「深層構造」の基盤となる「精神」mind も、デカルトのいう意味や思考の基盤である「精神」âme, esprit とは別のものとなっていくように思われる。たとえばマリオ・ブンゲは、言語習得・生得主義を未解決の問題とみとめたうえで、チョムスキーの「精神構造」という着想が厳密さを欠き、彼の著作で中心的であるのにどこにも定義がなされていない、という。ブンゲによれば、そのような「精神」は、脳髄のひとまとまりの機能として精神を研究されなければならなくなるだろうという。[24] そして「生得主義」が何世紀にもわたって多く「未決定」の部分を有することを強調し、それを一六世紀末にウアルテが、さまざまな精神的能力――記憶・想像力・知性を中心とした――を脳髄の副組織の諸機能とみなし、生得の能力の多様性を脳髄の配列における多様性として説明したことに溯って、問題を突き合わせている。[25] そしてチョムスキーの「生得主義」や「精神」も現在では、一七世紀ヨーロッパの「生得主義」とは一線を画し、デカルトとは異なる生物学的 naturalism となっていくようである。その萌芽は、きわめて微妙にではあるが、すでに『デカルト派言語学』に、たとえば先ほどみたウアルテに関連する箇所などでも垣間見られたのだった。

4　言語（誤りの原因）／直観

フランシス・ベイコンが言語を、人間の社交から生じるイドラをうみだすゆえに、「市場のイドラ」と称したのは有名である。言語は、知性を妨害し、歪め、混乱に陥れる[26]（N.O.I, 43,59）。ベイコンは言語を、逃げながら後ろざまに敵に射返すダッタン人の弓になぞらえて、言葉がその力を学者や賢者の知性にはね返して判断をもつれさせると述べている（『学問の発達』二-14、11）。デカルトの場合、物質的とみなされる言葉と精神的なものとみなされる意味とが、まったく異なった次元のものとして区別され、両方の結びつきが習慣・規約・制度のような外面的なものにもとづくだけだとされ、二元論の観点から捉えられる言語は、その物質性ゆえに人間の誤謬につながっていく。

普遍言語について述べたメルセンヌ宛の手紙で、言葉は「混濁した意味」しかもたず、「人間の精神は長いこと、このような言葉に慣れ親しんできたので、ほとんど何も完全に理解することがない」とまでいう。そして周知のように『哲学原理』一-74では、人間の誤りの原因が挙げられている[27]。第一に感覚に結びついた幼年時代の偏見、第二にそれが記憶にこびりつくこと、第三に感覚に現れないものに注意を向けるときの精神の疲れ、そして第四が「事物に正確に対応していない言葉に観念を結びつけること」である。すなわちわれわれは「口で表現するためにあらゆる観念を言葉に結びつけ、事物ではなく言葉を記憶する」のである。それで後になると「事物を思い出すよりも言葉を思い出すほうが容易」なので、言葉から切り離せるほどにはっきりとした事物の観念をもつことができなくなる。こうしてすべての人間は「事物よりも言葉に注意を向けてしまい」、人間の思考は「事物そのものよりも言葉をめぐって動き」、「理解していない言葉に同意を与えたりする」。こうして言葉は人間の思考に誤りをもたらす原因になっている。

このテクストに続けてデカルトは次の留保をつけている。「人間の身体の本性がまだ証明されていないし、およそ物体が存在するかどうかもまだ証明されていないのだから、ここで厳密に論じるわけにはいかない。」しかし究極的にはデカルトが観念を、それを表す言葉から切り離して、観念だけで思考したいと望んでいることは明らかだろう。アルキエ版テクストの注釈もそのことを指摘している。デカルトにとって真に考えることは、物質性をともなう言葉によってではなく、精神のみに属する観念によって考えることであった。これまで見たように、言葉が個別的制度的恣意的なもので、物質性からくる混濁をともなうのに対して、精神は普遍的な明晰さをもちうるから。初期の『規則論』でも、言葉によらない直観にだけ、誤りの存在しないことが指摘されていたが、デカルトの明証性の原則もここにつながるであろう。

デカルト自身の理性の確立過程においても、言語は精神の弱さをあらわすものとして現れる。精神の存在が確立される『第二省察』ではあの有名な蜜蠟の例によって、蜜蠟を認識するのが視覚や触覚でも想像力でもなく、精神——ただ精神の洞見のみ solius mentis inspecto——であることが示されるが、それとともに、言葉にかかわる精神の弱さが指摘される。「しかし、いかに私の精神が誤りやすいかに驚くほかはない……というのは、以上の事柄を、言葉にすることなく私の心のなかで考察するにもかかわらず、それでもやはり私は言葉にとらわれてしまう。そしてたいていの場合、日常の言語に欺かれてしまう……」(A. T. VII, 32; IX-1, 25)。窓から通りを歩いている人間を見るとき、帽子や衣服のなかにいるのは自動機械ではなく人間であると「判断」する。それは「私の精神のうちにある判断する力によってのみ」なのである(Ibid.)。

そしてデカルトが懐疑の果てに到達したコギトの自覚も、言葉の媒介によるのではなかった。「私とはただ考えるもの以外の何ものでもない……すなわち、精神・知性・悟性・理性に他ならない。これらはいずれもいままで私がその意味を知らなかった言葉である。……私は真なるものであり、真に存在するもの……考えるものである。」(『省察』二、傍点筆者)

三　普遍言語

1　アダムの言葉

当時のヨーロッパにおいて言語の問題は大きな知的関心をもたれたものの一つだった。そのなかで、一方には過去へ溯って原初の自然言語「アダムの言語」を求めようとする動きがあり、他方には未来へ向かって、代数学の発展とも並行して人為的な普遍言語を作り出そうとする動きがあった。そしてまた、この両者は一七世紀においては微妙に交錯する。

言語の問題は西洋では古代以来、哲学の中心課題の一つだった。「知性」や「思考」の明晰さを曇らせ、曖昧にしてしまう「言語」については、古代ギリシアにおいてもスコラ哲学においても、さまざまな問題提起がみられるが、一六―一七世紀以降ヨーロッパで盛んにみられる普遍言語の探求は歴史的文化的さらには哲学的な地殻変動が根底にある。コロンブスの新大陸発見や新しい宇宙観の浸透にともなわれ、ヨーロッパはもはや宇宙の中心ではなくなる。無限なほど古い中国や全く新しい未開のアメリカインディアンというような、他者の存在も露わになり、根本的に異質なエクリチュールをもつ古い国と、エクリチュールのない新しい未開の民族の存在は、言語の次元でもヨーロッパに衝撃を与え、ユートピア言語や普遍言語の探求が具体的なかたちをとってくる。まずルネサンスのユートピア小説のなかで諸々のユートピア言語の考案がみられる。それらは現存する言語をもとにしたア・ポステリオリなものである。フランシス・ベイコンの『ニュー・アトランティス』でも、そこでの言語は古代ヘブライ語やギリシア語やラテン語やスペイン語であって、カンパネッラやトマス・モアの作品にもみられたように、普遍性を表現しうる言語はルネサンス人文主義の文化を土台としたものだった(28)。

一七世紀になると言語の探求は様相を変える。ユートピア主義者たちは言語を新しく「発明」することを考える。「アダムの言葉」を求める動きも、新しい科学の影響を被ってダイナミックな変換がもたらされる。さらに数学をモデルにとった人工的な普遍言語も夢見られる。普遍の哲学言語の発想は、フランシス・ベイコンが『学問の進歩』で述べている「実在記号」**real caracter** にみられる。「文字や語ではなくて、事物と観念」を表現することのできる記号である。ベイコンはユートピア言語の次元ではルネサンス人文主義の発想を出ることはなかったが、この「実在記号」の考えかたは一七世紀の普遍言語探求の出発点をなすといえる(29)。

事物の本質や観念そのものを表す哲学的普遍言語の探求は、イギリスでもフランスでも多くの試みがみられる。ゴドウィンやシラノ・ド・ベルジュラックは地球の外の月世界に一種の理想言語を考える(30)。それには中国の影響や音楽性の特徴があり、「アダムの言葉」のように「事物の本性」をそのまま表そうという思潮が根底にある。フォワニィの小説の南方大陸の住人たちの言語は、事物の本性を示す名辞以外は許されないし、ダルガーノやウィルキンズはこの方向での合理的な哲学言語を求めていく(31)。

さて「アダムの言葉」とは、アダムが原罪を犯してエデンの園を追われる以前に、この楽園で「すべての生き物に与える名がその名となる」(『創世記』二-二九)ような言語であり、このような意味で人間の原初的な自然言語と考えられていた。ヤコブ・ベーメはこのような言葉を「自然のことば」**die Natur-Sprache** ともよび、「アダムの言葉」**Lingua**

Adamicaという呼称は、ベーメや神秘主義者たちが名づけたものだという。[32] そして古くバベルの塔以来混乱しバラバラになった諸国語について、その起源と系列を探り、原初の純粋な自然言語を求めるものとなり、ヘブライ語の語源研究などとも関連して、当時多くの論議をよんでいた。[33]

デカルトは、このようにアダムの原初に溯って諸国語の系列関係を求めて行く考え方を否定しているようだ。[34] 一六三〇年一月のメルセンヌ宛書簡では次のように述べている。「……神という名辞を、ローマ人がヘブライの単語から引き出し、ドイツ人がアラブの単語から引き出した、などというのは馬鹿げている。」それはまるで諸国語を作った民族が、言語学者の夢に従うことを強いられたかのごとくであり「子供じみたことだ」(A. T. I, 112)。その後の三月四日付けの書簡でも、原初の自然言語の完全さは否定されている。「子供たちは……自分たちだけで話すことを覚えることは決してない。自分たちで発明できるような単語はいくつかあるかもしれないが、それは私たちの言葉と比べて、より良いものではないし、適切なものでもない。その反対に私たちの言葉は、初めにそのように発明されて以来、用法 usages によって日々修正され磨かれてきた」(Ibid., 126)。われわれの言葉は、当時ある人々の言うようにアダムの言葉から段々と堕落してきたのではなくて、逆に、各々の民族によって高められ、統御されてきたのである。思考や観念と必然的なつながりをもたない、音声や文字などの物質性の所産である各国語から、完全さをもつ原初の言語であるアダムの言語を求めていくことはデカルトにとっては馬鹿げたことであった。またそのような原初の自然言語は、言葉とその意味する事物のあいだの類似性を前提することになり、それはいま見たように、デカルトが否定していることなのである。

2　普遍言語の探求とデカルト

普遍言語の発想は、当時ひろまりつつあった中国の紹介とともに表意文字である漢字の存在が知られたことも刺激となり、「書き言葉」と「思考」の一致をもとめるかたちで普遍言語の企てが関心をよんでいた。[35] それは、怪しげなものである話し言葉の媒介なしに思想の伝達を可能とするような、理性的記号体系、すなわち至上の哲学言語を作り出す試みであり、それによって異なった国語をもつ人々のあいだでも普遍的コミュニケーションを行うことのできる新しい言語を作ることだった。それはまた、ヴィエト以後の代数学の発展にともない、のちのライプニッツなどにもはっきり見られるように、数学的モデルによる記号体系が夢見られることでもあった。

フォワニィの小説から三〇年あまり後のティソ・ド・パトの小説に出てくるような簡略で規則化された数学的言語や、[36] その他、象徴論理や数学をモデルにとって多くの人工言語の考案が試みられる。数学を用いた人工言語のようなものは一七世紀に百花繚乱のごとく案出されたが、それらは概念の論理的類型化にもとづいていても内容は単語が数字と結びついただけの辞書というような馬鹿々々しいものが多かった。[37]

他方、ルネサンス以降形成されたユートピア的な「普遍のエクリチュール」を夢見る思想的流れはつづいていた。[38] その企てはルネサンスの中心部で形成された。中世の写本のスタイルが活字による切り離された文字となり、アルファベットのなかに純粋に視覚的な単位を出現させ、そこにヘブライ文字におけると同じほどの意味を——神秘とまではいかなくしても——見いだせると信じられたのだった。この想像的なエクリチュールは言語となりうるのか？　或る者たちはそう思った。たとえばベイコンはそれを望み、ヒエログリフの探求をともなってそれを呼び出そうとし、ウィルキンズの場合はそこから、万人の語り得る新しい言語の諸原理を演繹しようと考えたのだった。

さて当時流布していた多くの普遍言語、特に普遍エクリチュールを作ろうという企ての一つについてメルセンヌがデカルトに意見を求めている[39]。デカルトは一六二九年一一月二〇日付けの返事で、メルセンヌが伝えた文書の六点を検討して、この企てが実現不可能だとみなしている[40](A. T. I, 76-82)。これ以後、デカルトが普遍言語について自分の考えを述べているテクストは見られないようだ[41]。デカルトはまず、こうした普遍言語のもつ障害を指摘する。一つはシラブルのぶつかり合いによる音声的不快感の生じること。たとえばフランス人にとって発音しやすく不快でないものが、ドイツ人には耳障りで耐え難いというように、各国語の用法によって不快感が異なることである。次はヴォキャブラリーにかかわるもので、「自国語の語」を基本語としなければ、「すべての語」を辞書で引かねばならず、あまりにも手間がかかりすぎる。ただ、一つだけ有用なやり方があるとすれば、それは「書き言葉《エクリチュール》」で、「綴り字にではなく意味に対応する共通の文字」が発明されることであるが、しかしこれも、すべての文字を辞書でひくことになり、実際的には不可能であろうという。

デカルトによれば、普遍言語の発明は結局は「真の哲学」に依存する。「数の間に打ち建てられる秩序があるように、人間精神の中に入り得るあらゆる思考の間に一つの秩序を打ち建てること」によって、その「言語の基本語とともにその表意文字」をなす普遍言語が初めて可能となる。けれどもそのためには、「人間の想像力のなかにある単純観念」が何であるか、説明されねばならず、そのような単純観念から「人間の考えることすべてが構成され」、「それがすべての人に受け入れられる」ようにならねばならない。そうすれば、「きわめて容易に覚え、発音し、書くことができ……あらゆる事物を判明に表象して、判断を助ける」、普遍言語を望むことができよう。

こうしてデカルトは、「人間のあらゆる思考を枚挙し、秩序づけ……思考を明晰判明に弁別」できる哲学による、

「一切の事物を見誤ることのないよう判明に提示」しうる普遍言語の夢想を語っている。そのような言語によれば、「農夫でさえ現在の哲学者たちよりも、事物の真理をよく判断できる。」けれども現実には、そのような言語は期待できない。彼によればそのためには、「事物の大いなる変革」が前提され、「全世界が地上の楽園」になることが必要とされる。そしてそれは、「小説《ロマン》の世界」でしか可能でないことが付け加えられるのである。

こうしてデカルトは普遍言語およびその基礎となる哲学——万人の理解しうる——の可能性は認めるのだが、普遍言語ないし普遍エクリチュールの実現は不可能となり、その構想はユートピアにとどまる。デカルトは後に「普遍」を、「……何らかの関連する、いくつかの個別的事柄を考えるために、同一の観念を用いることからのみ形成される」とし(『哲学原理』I-59)、それはもっぱら人間の精神に属する。これに対して「言語」は、本章二でみたように、各国語としての個別性・恣意性・物質性をもつ。したがって、「普遍」の「言語」を作るためには、まず精神の側で、「あらゆる思考の間にひとつの秩序」を打ち建て、「真の哲学」を確立することが必要となる。それは学問の全面的な変革、そして「事物の秩序の大いなる変革」なくしては、実現不可能ということになろう。精神や哲学の側に属する「普遍」と、物質の側につながる「言語」とが、別々に捉えられ、観念の側では可能でも、現実の言語においては断念せざるをえない。アルキエ版テクストの注釈も指摘するように、デカルトは権利的には普遍言語の可能性をみとめるが、事実的にはその可能性を否定するのである。(42) またカッシーラーはこのデカルトの書簡をとりあげ、数学的な「普遍学」Mathesis Universalis への要求と同質のものがあることを指摘し、多くの異なった対象に適用されようとも常に同一でありつづけるような知の統一の理想が根底にあったのだという。そしてその構想の実現が断念されたことにも触れて、次のように付け加えている——すぐ次の世代は、このようなデカルトの批判的慎重さに惑わされることはほとんどなく、人工的な普遍言語の多様な体系が続々とあらわれてくる。(43)

3　ライプニッツの普遍記号学とデカルト

(1)　ライプニッツ

ライプニッツはデカルトのこの手紙の余白に次のような書き込みをしている。「この言語が真の哲学に依存するとしても、その哲学の完成に依存するのではない。すなわち、哲学が完全なものでなくとも、この言語は確立されるのであり、人間の学問が進歩するにつれて、この言語もまた進歩するのである。」[44] ライプニッツはデカルトとは反対に、可知的世界がアダムの言葉のなかで表されうるとし、アダムの言葉についてわれわれが無意識的想起をもちうると考える。そして他方、そのような可知的世界を、人間精神の「進歩」つまりは「歴史」と切り離すことをしない。[45]

さきほどの書簡でみられたようにデカルトの、当時の普遍エクリチュールの主張に対する批判は、主として次の二点であった。すなわち、普遍的エクリチュールを少なくとも考え方として受け入れるなら、それに関わる言語の各語を示す膨大な辞書を作り上げねばならないことと、この普遍のエクリチュールが「真の哲学」によって創られねばならないことである。問題は、「人間の思考すべてを枚挙し、それらを秩序づけること」であり、さらになお――しかも何よりもまず――、「それらが明晰かつ単純になるよう弁別すること」なのだから。

ライプニッツは、このデカルトの批判を検討することから始まって、言語とエクリチュールに関する普遍的で豊かな発想を表現するにいたる。[46] デカルトは観念の明証から出発したが、重要なのは観念の明証ではなくて、観念の表出だ、とライプニッツは言う。「観念は内的な直接的対象であり、その対象とは事物の本性ないし性質の表出」である(『人間知性新論』A. VI-6, II, i, 1)。観念の表出は、諸実体――書かれた言葉――に依存する。だが観念の表出において決定的なのは、諸実体（書き言葉・文字・記号）そのものよりも、定義の内部でそれらを結びつける秩序である。こうした定義は他方、各言語の性質を機能としてもち、さらにそれを創出したものたちの視点の多様性をもつので、そうした秩序は視点によって異なりうる[47]（Ibid., III, ii, 1）。それゆえ「事物の……同じ本質を表出する幾つもの定義」があり、「同一の構造や同一の都市も、異なった側から眺められるに従って、異なったセノグラフィアによって表象されうる。」（Ibid., iii, 15）

彼は書き言葉を、話し言葉とは独立の表出様式として捉えうると考える。「話すことは、文節音によって思考に記号を与えること。書くことは、それを媒体に基づいて、恒久的な表記で為すこと。このような表現法は、中国の文字が示しているように、音に関連づける必要はない」（Couturat 1903, 497）。このような体系《システム》の利点は、それが幾つもの言語で解釈されうることだ。中国の文字について、それが普遍記号となっていくことを知る者たちは正しい。それの書かれる形は世界中で理解されるだろう。ある文字によってある事物を指示することで全世界の人々の同意が得られれば、ある民族は別の民族と違ったようにこれを発音できる、とライプニッツは強調する。『人間知性新論』やその他の論文や断片で中国のエクリチュールへの関心はコンスタントに示され、中国の文字は「哲学的」で「知的な考察」に基づいて構築されているという（GP. VII, p. 25, p. 67 etc.）。そしてライプニッツの普遍エクリチュールで優先するのは口述への透明ではなく、記号の物質的現前と記号の価値の複合性である。そのシンタックスも、言説のそれを単に反映するだけでなく、体系《システム》とその媒体が直接的に産み出すものである。それは終局的には、デカルトにおけるようなア・プリオリな理性を具えた「主体」を内蔵してはおらず、ある意味で「歴史」のなかに刻まれたものとなる[48]。

だがライプニッツは、この分析をそれ以上に進めること、エクリチュールの諸記号を機能的異質性によって考えることは断念する。おそらくライプニッツは、その理論的宇宙の網目が多様な本性をもつことを認めていたけれど、それら各々を構造化する方式が不確実・不安定ということは認めなかった。ライプニッツの構想は、その実現困難さと彼自身の多忙のゆえもあり、限定されたものとなっていく。普遍記号法についての論文『普遍記号法』Caracteristica Universalis でも、記号数の体系はいまだに発明していないと告白している。[49] 記号に関しては、モデルとして、万物のうちで最も純粋で最も抽象的なもの、代数学をモデルとすることになる。高位のモナドは、純粋記号の体系《システム》を不完全な記号の諸体系と調和させることを担っていた。それは宇宙の絶対的な統括者であって、宇宙の多様性を注意深く読み解く読者ではない。ライプニッツは普遍記号の問題において、デカルトよりも――デカルトの考え方をおそらく出発点として――さらに広大で現実的な理性の仕事を体系化し、「論理計算」の記号論理学的方向を生みだし、また一般記号学の先駆としても評価されるものであった。だがデカルトと同様に、宇宙の多様で異質な現実を読み解く読者となるのではなく、構築された体系《システム》はやはりある意味で、理性中心主義・ロゴス中心主義の哲学であったといえよう。[50]

　アダムの言語にたいしても同様の構図がみられる。この問題についての言及は『人間知性新論』三-2にみられるが、ライプニッツの明確な考えは、普遍的記号法に関する論文の一節で述べられている。「……人々はピュタゴラス以来、数に大いなる神秘が隠されていると確信してきた。……しかしこの神秘の鍵は知られなかったので、好奇心が人一倍強い者たちは無意味なことや迷信に陥ってしまった。……その間その神秘は、数によって、あるいは記号によって、あるいはまた、ある人達がアダムの言語とよび、ヤコブ・ベーメが自然の言語とよぶ新しい言語によって発見されうるという傾向が……植え付けられた。しかし私は、死すべき人間のうち誰かが今までに、それによればあらゆる事物に記号数を割り当てうるという真の根拠の洞察に至ったとは知らない……そしてある卓越した人たちが以前にある種の言語ないし普遍的記号を思いつき、それによってあらゆる概念と事物が見事に秩序づけられ、その助けによってさまざまな国々が自分たちの考えを伝えることができ、それぞれの国の者が他国で書かれたものを自分の言語で読むことができるようになったともいえるが、しかし、同時に発見術と判断術とを含む言語ないし記号法、すなわちその表現ないし記号が、数論上の表記が数に関して、また代数学上の表記が抽象的に扱われる量に関して果たすのと同じ役割をなすような言語ないし記号法を手掛けようとした者は誰もいなかった」(『普遍記号法』GP. VII, 186)。

まず「無意味なことや迷信」、「通俗的」な説に対する批判があり、次いで「ある卓越した人たち」おそらくはダルガーノやウィルキンズの普遍言語論がある程度評価される。しかしライプニッツはさらに、発見術や判断術を含め、数論や代数学を基にした記号法を高位のものとし、探求を進めるのである。

(2)　ライプニッツとデカルト

ライプニッツの考えかたは、二元論に基礎をおくデカルトの言語論と対照的である。デカルトの場合、精神と言葉が乖離し、記号と観念が区別され、両者の結びつきは習慣や制度などにより、恣意的・任意的であった。ライプニッツにとって言語は「精神の最良の鏡」(A. VI-6, III, vii, 6)であり、「語の意味の厳密な分析は知性の働きを、他の何よりも能くわれわれに認識させる」(Ibid., III, vii, 6)。文法的言説は論理的言説を表現しうる。したがって諸言語の比較は、「名辞がしばしば事物の固有性に対応しているのだから(さまざまな民族における植物の名称でもわかるように)、事物の認識にたいへん役立ち、私たちの精神の認識と精神の働きの驚嘆すべき多様性の認識にも役立つ」(Ibid., ix, 5-9)。各国語は歴史への「一つの視点」であり、それゆえ「しっかりした語源学を介して」民族の起源や移住や系統などを知ることができる。たとえば、「ワルーン語・バスク語・スラヴ語・フィン語・トルコ語・ペルシア語・アルメニア語・グルジア語やその他の言葉……の間にもっと調和を見いだせば、諸民族の起源を明らかにするのに……特に役立つであろう」(Ibid., III, ix, 5-9; ii, 1)。各国語は同時にまた、普遍理性への一つの視点でもある。言語にはこのように、「歴史」と「普遍理性」への視点がみいだされるのである。[51]

人間理性を形作る一般的・普遍的で不変の諸概念と、多様な諸国語とのあいだには、永遠的なロジックと、「歴史」の流れとのあいだにあるのと同様の関係が見いだされる。何事も理由(根拠)なしには生じない、語の意味にはその理由がある――「言葉の意味は恣意的(制度的)だと……言われるのが常であることは知っている。……だが偶然が関わるところでは自然的理由、選択が関わるところでは道徳的理由」があるに違いない(Ibid., ii, 1)。「脳の痕跡と、純粋知性(intellection pure)とよばれるものの間には、何らかの自然的関連があり」(フーシェ宛書簡、一六八六、GP. I, p. 382)、名辞とこれら「知性」の間には何らかの自然的関連がある。言語や数学の記号のように対象と相似性をもたない任意の記号も、記号相互の関係によってつくりだされる秩序が、なんらかのかたちで事態の秩序と類比的であり適合していることが必要とされている。このような秩序は、単語の組み合わせや語形変化のうちにもみいだされ、記号の使用と結合は任意ではない。[52]

言語や数学の記号のような、対象との相似性・類比性をもたない任意的記号でも、恣意性を拘束する社会的規約と、記号相互の関係によって作り出される秩序が、何らかの形で事態の秩序と類比的であり、適合していることが生じる。たとえば言語や数学的記号のように、記号を推論にもちいうるならば、記号群のうちには、事物の秩序に適合するある種の複合した相互関係ないし秩序が存在するはずである。このような関係や秩序は、個々の単語や記号のうちにはなくとも、単語の組み合わせや語形変化のうちに存在しうる。また、記号群の事物に対する関係には一定の類比が見いだされ得るのであり、たとえば十進法を使っても十二進法を使っても、同じように問題を解くことができる。こうして異なった計算法で計算した結果をじっさいの数えることのできる事物にあてはめれば、同じ答えを得られる。このように、個々の記号はそれ自体は恣意的・任意的でも、記号の使用や記号間の結合はそうでないのである。十の数と10の記号、無と0の間には何らの類似性もない。この場合、記号は全く任意的なものとなる。しかし両者の間には、関係すなわち秩序(ratio sive ordo)が存し、対応している。「……同様に推論や証明においても、記号の結合にそれに対応した秩序が存すれば、記号法が異なっても、同一もしくは等価の結論が得られる。……記号は任意であっても、記号の使用やその間の結合は、恣意的でないもの、すなわち記号と事物の間の比例関係や同じものを表す異なる記号間の相互の関係を含んでいる。」(『対話』GP. VII, 192)

ライプニッツは二〇歳のとき以来、人間の思考すべてについて包括的な結合法を提起している。(53) その構想はまず基本コンセプトを抽出し、数学化された記号システムによって複合概念の形成へ進む。ライプニッツの結合法は発見の論理学にも適用されるが、彼がめざしたのはある意味で、表層の表現がもつ真の論理的意味を発見するためにそれを表層からたどりうるようにするための論理的手続きだったともいえる。そしてポール＝ロワイヤル一般論理文法の影響がはっきりと見られる時期、彼はラテン語に手を加えて普遍記号の文法的論理構造のモデルにしようとしている。たとえば比較文や属格の曖昧さを指摘し、これらは二通りの読みが可能で、二通りの書替えがでてくる。逆に表層的には異なる言表でも、「鏡像」関係にみられるように、深層的には同義の場合もあると述べている。(54)

ライプニッツが哲学的思索の出発点とした「結合法」の理念は、人間の思考を分析してその究極的要素を発見し、それらの可能的結合を探求し、既知の認識の論証だけでなく、新しい認識を発見することをもめざしている。こうした出発点においてデカルトとの対比は著しい。自己意識の分析から出発して、明証性の直観を基礎とするデカルトに対して、ライプニッツは概念の分析から出発して、「思考のアルファベット」を求める。(55) そしてライプニッツは青年期の「結合法」や「記号法」の構想から始まり、記号的認識はデカルトよりも積極的な意味をもち、普遍記号学はデカルトよりも豊かな展開を示し、その言語観も、精神と言語を連続させるものであった。記号的認識は初めのうちは、諸観念の非記号的認識、直観的認識に到達するための、いわば技術的手段と考えられたり、推論の効果を増大するための心理技術的補助手段とされたり、推論と切り離せない構成要素と考えられたり……で、この問題に関してのライプニッツの歩みは一様ではなかった。(56)

ライプニッツは概念を構成するもろもろの単純観念を同時に直観する能力における、人間知性の本質的限界を考えるにつれて、十全かつ直観的認識をあくまで究極の理想としながらも、それは神のみに固有であり、人間知性においては記号的認識が実際の認識様式になるとする。だが、そこで記号的認識は消極的に捉えられるのではなく、神の知性の内容を一定の仕方で「表出」し、神の知性と人間の知性とを連続させるものとなる。『観念とは何か』(一六七八)はスピノザ『エチカ』定義四の影響をうけたといわれるが、(57)そこでライプニッツは観念をまず、「脳に刻印された痕跡」とする。観念は「痕跡」などという物質的なものではない。観念は思考であるが、「観念は一定の思考の現実的働きではなく、思考の能力であり……たとえわれわれがそれについて思考していなくとも、与えられた機会にそれについて思考できさえすれば、われわれはその事物の観念をもっているといわれる」(GP. VII, 263)。しかしこれだけでは十分でなく、「私のうちには、事物へと導くだけでなく、事物を表出するものがなければならない。」「何か或るものを表出するとは、表出されるべき事物の内にある諸関係に対応する諸関係を自分のうちにもっているものについていわれる」(Ibid.)。そこで表出の様々の例があげられ(器械の模型と器械、発言と思考・真理、数字と数、代数方程式と図形など)、表出には事物そのものとの類似は必要でなく、関係の類比があればよいことがわかる。(58)

『形而上学叙説』(一六八六)ではさらに次のように説明される。人間の魂は、「何か本性とか形相とかいうものを考える機会が来ると、それを思い起すという性質を常に自分のうちにもっている。……本質を表出するという、われわれの魂のもつこの性質が、本当の意味での事物の観念であり、それはわれわれのうちにある。……なぜならわれわれの魂は、神と宇宙、さらにはすべての本質とすべての現実存在を表出するからである」(『形而上学叙説』二六、GP. IV, 451)。魂(精神)の自然的性質と表現能力が、つまるところ観念であり、この意味で観念は生得的である。魂はさらに、神や宇宙、本質や存在を表現しているゆえに、そのあらゆる観念は生得的なのである。人間の魂の本質とは、「神の本質、思考、意志、およびそこに含まれているあらゆる観念の一定の表出、模倣あるいは似姿」であり(Ibid., 453)、人間の魂は「神の鏡、あるいは全宇宙の鏡」である(Ibid., 434)。人間は神のように、宇宙全体、歴史全体を構成する要素をすべて一挙に直観的に把握することはできないが、自らのうちに有する観念をもとにして、記号的認識によって神と宇宙を表出することができる。のちにライプニッツは、「神のもつ観念と私たちのもつ観念との間には、完全性と拡がりに関して無限の差異があるとはいえ、同一の関係において一致している」(A. VI-6, IV, v, 3)と明確に述べている。[59]人間は記号的認識を推し進めることによって、自らの観念と、観念が表出する対象との間の類型的・構造的関係を認めることができる。それは先ほどの『観念とは何か』で強調された「観念が含む関係」と「表出される対象が含む関係」の間の対応といえよう(GP. VII, 263)。

ライプニッツは二〇代後半のパリ滞在期にデカルトの手稿や著作に接し、多くをデカルトから学んだ。デカルトの体系、著作、そして手稿に至るまでを十分に深く検討し批判したうえで、自らの考察に吸収し、その方法、概念形成の土台にしていった。『結合法論』の序文でデカルトを優れた記号的解析の創始者とみなし、方法論一般においても、デカルトの考えから多くをとっている(A. VI-1, p. 165 sq.)。たとえば普遍学についての断章群のなかの『知恵について』という青年期の論文にはデカルトの方法概念に特有な事柄(分割・総合・枚挙)が忠実に提示されている。[60]しかしすでにここでライプニッツは、明証的知識を獲得できる「確信に達し得る手段のないときは蓋然性で満足すべきだ」といい、分析についても「デカルト主義者は……困難を分割する術を教えていない」という。そして「単純な思想の目録を手に入れると、[思考を]……アプリオリに始め、事物の起源を源泉から、完全な順序と完璧なまでに遂行された結合ないし総合によって説明できるようになるであろう」(GP. VII, 84)という。概念の分析から出発して思考のアルファベットを求め、単純な思考の目録を構成し、それによって事物の生成を結合や総合で説明しようというライプニッツの方法概念の萌芽がここにみられる。そして数年後にはデカルトの明証性の規則に対しても、異議を唱え、「いかなる言葉も、定義(説明)なしには受け入れないこと、いかなる命題も論証なしには受け入れないこと」としている。(61)

第三章でみたようにデカルトにおいては、神の無限の知性と人間の知性との間には越えることのできない断絶があった。またデカルト的理性は、その直観主義的性質のゆえに、「無限」の問題に対して、越えがたい限界にぶつかるのであった。無限なる神の知性と有限な人間の知性との間には絶対的な深淵があり、両者の関係は非連続的であった。無限なる神のロジックは、われわれのロジックと同一次元のものではない。絶対者である神がわれわれ人間に理性を賦与したのであり、われわれの内に生得観念を刻んだのである。神が欺くものでなく誠実であるゆえに、これら生得観念は、創造された世界に対応しうる。だがわれわれの論理も、世界と同様創造されたものであり、ゆえに絶対者に到達することはできない。こうしたことにより、言語はもはや絶対者のイメージに達することはなく、記号も、その意味するものにとって外在的な関係しかもち得ないのであった。(62) ライプニッツの場合、直観的認識と記号的認識が対置される。直観的認識とは、概念のあらゆる原初的成分を一度にしかも判明に把握することである。(63) これは人間には稀であり、とくに偶然的真理の無限に至る分析においては不可能である(『形而上学叙説』二四、GP. IV, 449-450)。「……

分析が長くなると、事物の本性全体をわれわれは一挙に直観はできず、事物の代りに記号を用いる」のであり、デカルトの明析判明を批判する『認識、真理、観念についての省察』においては、認識や観念の相違と基準が提示される(GP. IV, 422-426)。記号的認識は、直観的認識に限界をもつ人間知性の実質的な認識様式とならざるをえないが、ライプニッツはそれを、神の知性と人間知性を連続させるものと捉えていく。それが先ほどみた「表出」の考え方であり、記号法を推し進めることによって、人間知性に神と宇宙との表出を可能にすると考えたのである。デカルトの存在の両義性とは反対の、存在の一義性を基とする形而上学・存在論・認識論が根底にあるのであった。

付論一　「理性」の語とその用法

1　「理性」raison の語の用法――テキスト・データベースによる

デカルトの〈raison〉＝「理性」は、近代の合理主義の基礎として、あるいは近世西欧の自我意識を支えるものとして、あるいはまた、近代フランス精神の象徴として、さまざまに語られ、論じられてきたが、デカルト自らにおいてはどのようなものなのか。ジャン・ラポルトは『デカルトの理性主義』で次のように結論づけている。デカルトの理性とは、「われわれの明晰かつ判明な観念の総体である(1)」と。だがこれはラポルトの解釈と結論であって、デカルト自身の答えではない。「理性」についてデカルト自身は定義を与えていないようだ。おのずから明晰であるものを、定義することによってかえって不明瞭にしてしまうことを、デカルトは拒否している。「哲学者たちは自ら明らかなものを、論理学の定義によって説明することで、かえって曖昧なものにしてしまった」として、「思考」cogitatio、「確信」certitudo、「存在」existentia などがそのような概念だ、とデカルトは言っている（『哲学原理』一‐110）。「理性」もそうした定義による説明によってはかえって混乱してしまう、それ自身で明晰な概念の一つなのであろう。

近年コンピューターのデータベースを用いて、デカルトのテクストに現れているヴォキャブラリーの度数が調べられ、その結果が次の三つの主要テクストについて刊行されている。『規則論』はアルモガットとマリオン（Armogathe et Marion 1976)、『方法序説』はカーネ(Cahné 1977)、『省察』(仏語)はロビネ(Robinet 1976)による。「理性」raison という語の「定義」がデカルトにおいてみられないとしても、その「用法」をみることはできるし、それにはこの語彙調査が役に立つ。(2)

まず「定義」définition という語そのものを語彙表でみてみよう。『方法序説』には一度も現れない。『規則論』では、語源的意味に近い「限界を定める」limites definire(A. T. X, 398)という用法がみられるほか、運動について述べている『規則』一一(Ibid., 407)とそのスコラ派による定義を批判する『規則』一二(Ibid., 426)、色彩や音について述べている『規則』一四(Ibid., 441)だけである。『省察』には一度みられるだけで、「自然」nature の意味を確定するときである(A. T. IX-1, 65)。このように「定義」という語の度数はデカルトのテクストできわめて希少である。パスカルやスピノザやライプニッツのように、定義を挿入したり積み重ねたりして思想を表すことを、デカルトはしていないともいえよう。

さて「理性」raison の定義はみられないとしても、語彙表を使ってその用法をみることはできる。この語の度数はかなり多い。ラテン語テクストの『規則論』では ratio は64、フランス語テクストの『方法序説』『省察』ではいずれも、raison(s)を含めて58である。これらの語彙表を追って raison の用法を各テクストに当たってみると、いくつかの特徴がみられる。

まず『規則論』にはラテン語テクストで ratio の度数は64だが、ラテン語 ratio とフランス語 raison のあいだには、意味・用法の違いや問題点がいくつかある。(3) デカルトの個人的な使い分けもある。ラテン語 ratio からフランス語 raison への変遷とその多義性の問題がある。(4) さらに、当時の思想状況のなかでの語の意味や用法の移り変わりもある。(5) ratio—raison の対応が一様でないことが容易に察せられるが、『規則論』の仏訳を参照してみよう。J・ブランシュヴィック訳をみると、ratio 64のうちraison(s)と訳されているのは29にすぎず、残り35は別の語に訳されている。マリオン訳は、ラテン語原文にできる限り忠実に、しかもラテン語とフランス語の術語の一貫した一対一対応を原則とした仏訳であるが、それでもraison(s)と訳されていないのが4ないし5ある。これだけみても、デカルトのテクスト内で、ラテン語ratioとフランス語raisonを同等に扱うのは難しいことが分かる。

そこでとりあえず、『規則論』の仏訳されたraisonだけをみよう。ブランシュヴィック訳でもマリオン訳でも、単数形raisonと訳されているのは、26である。そのうち8までが、raison humaineあるいはnotre raisonとなっていて、「人間の」理性、「われわれの」理性であることが示されている。これ以外では、「何ゆえに」pourquoiをともなって理由をあらわすもの、「ひとつの」uneや「いかなる」aucuneなどの不定冠詞・不定形容詞をともなったものが多い。これらの特徴に対して、定冠詞をともなう*la* raisonとして普遍的ないし抽象的な絶対性を示すのは僅かに5である(しかもそのうち二つはla lumière de la raisonとなって「光」lumièreと結びついている)。

『方法序説』ではraison 58のうち、la raisonは11でやや多いが、そのうち6はla raison me les a persuadéのように、「私に」meや「われわれに」nousと結びついている。「私の理性」ma raison、「われわれの理性」notre raisonのような所有形容詞をともなうものは9あって、そのなかには「私固有の理性」ma propre raisonのような表現もあり、それぞれの人間に備わったものとしての「理性」を感じさせる。

『省察』ではraison(s)58のうち、raison(s)de……となって原因・理由・動機をあらわすものが相当あって10、pourやpourquoiをともなって理由などをあらわすものが4ある。これ以外には、「いかなる」aucune、「何らかの」quelqueなどの不定形容詞をともなうものが多く14ある。これらに対して、la raisonとなって、抽象的ないし普遍的な絶対性を示すものは少なく、4である。

以上語彙表によって、『規則論』『方法序説』『省察』のテクストにおける〈raison〉の語の用法を管見した。三つのテクストには書かれた時期の相違があり、デカルトの場合、時期によって問題意識や方法さらにはヴォキャブラリーまで異なることも指摘されているので、三つのテクストをひとまとめに論じることは粗雑の誇りを免れないが、ひとまず次のような特徴を指摘することはできよう。「理性」raison の語は、その用法からみると、普遍的な強い絶対性をあらわすよりも、「人間の」humaine ものに限定される有限性を示す傾向がある。それは各個人に備わる精神的知的能力に関わり、この語の用法にはかなりのしなやかさが感じられるのである。このようなことは、人間のコギトの経験を出発点としたデカルトの理性が、その働きにおいても、活用においても、柔軟な範囲と領域をもち、かつまたそれにともなう限界をもつことにつながるのではないだろうか。第三―四章でも明らかにしたように、コギトから始まるデカルトの理性は、神ではなく人間のものとして、神の絶対性に対しての有限な限界をもち、それとともに或るしなやかさを感じさせるものであった。

2　理性の普遍性

「理性」raison がこのように、絶対者である神との関係では「人間の」理性、「われわれの」理性として、人間に限定されたものであり、人間においては各人に備わった具体的な知的能力につながっていくことが語彙表での用法から読み取れるとしても、人間のあいだでの「理性」の普遍性は否定されることはない。「普遍」universel という語そのものを語彙表でみると度数は少なく、『規則論』で5、『方法序説』で1、『省察』で4にすぎない。そのなかで付加形容詞となっているもの5をみると、『省察』で「創造者」Créateur すなわち神を修飾しているのを除いては（A. T. IX-1, 32）、『方法序説』で「理性」に結び付く「道具」instrument（A. T. VI, 32）、『規則論』で学としての「マテシス」mathesis（A. T. X, 378, 379）、「知恵」sapientia（Ibid., 360）などを修飾し、人間の理性とその活動につながっている。

『方法序説』冒頭では周知のように、「良識《ボン・サンス》あるいは理性」は「この世のなかで最もよく分かち与えられているもの」であり、「あらゆる人間のなかに生まれながらに平等にあるもの」だと述べられている。さらに続けて、「理性あるいは分別力《サンス》は、われわれを人間にし、動物から区別する唯一のものであるだけに、私はそれが各人のなかにまるごと備わっていると思いたい……」と述べられる。[6] このような「理性」の普遍性はデカルトにおいては次の二つの点が基礎にある。

第一に、理性はあらゆる人間に備わっている。たとえ「生まれた時からずっと……全面的な使用」ができなくても（A. T. VI, 13）、「たとえ中国人や人食い人種であっても」（Ibid., 16）、そして「われわれと反対の考えをもつ人々も……多くはわれわれと同じくらいにか、それ以上に理性をもちいている」（Ibid.）。また、病気に犯されて混濁した人間であっても、このような理性は備わっている。たとえば、水腫病の患者が水を欲する場合（A. T. IX-1, 67-68）、黄疸の患者がすべてを黄色く見る場合（A. T. X, 403; VI, 39）などがその例であるが、「理性」raison は結局のところ、感覚や経験によって欺かれることはない。「これらのことが智者の知性を欺くことはない」（A. T. X, 423）とデカルトは言い切っている。さらに精神障害者についてもこのことは同様で、『方法序説』第五部では、「愚鈍な者」であっても、「気の狂った者」であっても、理性をもつことが確認されており、それが動物と人間の決定的な差異となる（A. T. VI, 56 sq.）。

第二に、「理性」はその向けられる対象によって変わることがなく、つねに同一のままである。『規則論』冒頭で述べられているように、人間の知恵は――「知恵」sagesse（sapientia）は後でみるように「理性」raison と同義である――、その適用される対象がどんなに多様であろうとも、太陽の光がその照らす事物の多様性からは変化を受けることがないように、つねに同じ一つのものなのである。「理性」のこの普遍性は『規則論』では言語に結びつくことはないが、『方法序説』で、動物や自動機械と人間とを比較して考察するときに言語と結びついていく。すなわち、「理性があらゆる種類の状況に役立つ普遍的道具」であるのに対して、動物や自動機械は「個々の行動のために、何らかの個別的な器官の配置」を必要とし、理性の欠如のゆえに「生のあらゆる状況」に対応することは不可能である(A. T. VI, 57)。チョムスキーはこれらのテクストをとりあげて、機械論が人間の言語活動を説明できないことを見事に示したが、(7) デカルトにおいては言語はいわば道具にすぎず、言語が理性を限定することはなく、理性の普遍性が言語を超越するものであるのは、さきほど第七章でみたのであった。

さて「理性」raison が普遍的であるのは、それが人間において〈innée〉(生得的・先天的)あるいは〈naturelle〉(自然的・生れつき)であることに由来する。〈innée〉(生得的)が〈idée〉(観念)につながることは、ラポルトによっても指摘されているが、(8) 三つのテクストの語彙表をみると、inné(e)は『方法序説』にも『省察』にもまったくみられず、わずかに『規則論』で「光」lumen を修飾しているだけである(A. T. X, 419. per lumen quoddam ingenitum など)。(9) これに対して naturelle は、『省察』の仏訳全般にわたって「光」lumière を修飾している。「自然の」naturelle の度数14のうち12までが「光」lumière をともなって、「自然の光」lumière naturelle となっているのである。残り2は「認識」connaissance(A. T. IX-1, 40)と「実在的能力」faculté réelle(Ibid., 60)を修飾している。「自然的」naturelle の『方法序説』での度数は3で、それぞれ、「光」lumière(A. T. VI, 10)、「認識」connaissance(Ibid., 43)、「理性」raison(Ibid., 77)を修飾している。

語源的に inné は innatus-natus、naturel は naturalis に由来する。それぞれ「生まれる」を意味する nascor, innascor につながり、いずれも acquis に対立する語といえる。精神的なものが「生得的」inné であることは、この時代には広く受け入れられていたが、[10] デカルトの場合「観念」idée にともなって、「生得的観念」idées innées として人間の認識の個々の対象となっている。これに対して「自然の光」lumière naturelle は、認識の対象ではなくて、その照明がなければ、対象の認識が完成されないものである。それは神と同値になりうるような普遍的「知恵」から放射され、『規則』一の冒頭にあったように、人間の「知恵」sapientia, sagesse にこの普遍性を分ち与える。この普遍性は、精神のみに属する「生得的観念」idées innées ばかりでなく、精神と物質（身体）の結合に由来する「偶有観念」idées adventices までも含む、われわれの観念すべてを照らすのである。

3　「理性」raison の同義語——「良識《ボン・サンス》」bon sens、「知恵」sagesse、「知性」entendement、「自然の光」lumière naturelle

広い範囲での「理性」raison の同義語には次のものがあげられる。「良識」bon sens、「知性」entendement、「知恵」sagesse、「自然の光」lumière naturelle などである。

「良識」bon sens は『方法序説』冒頭にある。もともとは「正しい分別力」sens を意味するこの語を、デカルト自身「正しく判断し、真なるものを偽なるものから区別する能力」と定義し、「理性」raison の同義語としている（A. T. VI, 2）。「分別力」sens もまた「理性」raison の同義語であることが続いて述べられるが（Ibid.）、語彙表をみると、「良識」bon sens の度数は多くなく、『省察』で1、『方法序説』で5ある。それらをみると、「良識をもつ人間」homme de bon sens という表現が2（A. T. IX-1, 12; A. T. VI, 13）、「自然的に」naturellement と結びついているもの2（A. T. VI, 2, 13）など、人間に備わる生れつきのものであることを示す用例が多い。「良識」bon sens は他方、これを正しく用いてその最高度の完成である「知恵」に達し得るので、ストア派の「知恵」sagesse を意味する。『規則』

七に、「人間理性」humana ratio（raison humaine）がその完成度に達したものが「良識」bona mens（bon sens）であることが触れられている（A. T. X, 360）。

「知恵」sagesse は語彙表をみると、『方法序説』で0、『省察』で1と少なく、『規則論』ラテン語テキストに sapientia として43ある。『哲学原理』序文でデカルトは、「知恵」sagesse を、「人間の知ることのできるあらゆる事柄についての完全な知識」と言っている。それは『規則』一で、諸学の基礎をなす能力として――de bona mente, sive de hac universali sapientia（A. T. X, 360）――、「良識」bona mens（bon sens）が普遍的な「知恵」sapientia（sagesse）と同義であることが述べられていた。

「知性」entendement（intellectus）は、スコラ哲学では精神に内在する光によって事物の真の姿を理解する「精神の鏡」のような認識能力とされ[11]、精神の知的能力をあらわす主要な語であった[12]。この語はライプニッツやマルブランシュにおいても精神の思考能力としてとらえられている[13]。デカルトにおいても事物の観念を提示する「認識能力」（A. T. IX-1, 45）として用いられている。語彙表をみると、『規則論』で51の度数があったが（intellectus）、『方法序説』で5、『省察』で22と相当減少している。「理性」raison がこれら三つのテクストでいずれもほぼ60前後で一定していたのと比べ、減少傾向が目立つ。度数の減少したテクストでの「知性」entendement の用法を追ってみると、『方法序説』5のうち3は「想像力」imagination や「感覚」sens、2は「意志」volontéとの対比で用いられている。『省察』の22では、「想像力」imagination との対比で用いられているのは2にすぎず、残りの大部分は「意志」volonté との対比で用いられている。特に誤謬の問題を追求するに際して、能動的な決定能力である「意志」と対比されて、受動的な認識能力である「知性」が論じられているのである[14]。

また「知性」は、フランス語 entendement がきわめて正確にラテン語 intellectus に対応している。『規則論』での intellectus の度数は51だが、これを仏訳と対照してみると、ブランシュヴィック訳では一つを除いてすべて entendement、マリオン訳では51すべてが entendement に訳されている。「理性」のフランス語 raison とラテン語 ratio の対応が混乱していたのと対照的である。

『省察』三で、私とは何であるか、との問いにデカルトは次のように答えている。「考えるもの、すなわち、精神 esprit、あるいは知性 entendement、あるいは理性 raison であり、これらの言葉の意味は今まで私にとって未知であった」(A. T. IX-1, 21)。ここで「知性」は、「精神」や「理性」とともに、コギトの経験によって初めて私に明らかになった言葉のひとつであり、おそらく機能的には「理性」raison に最も近く位置づけられる言葉であろう。

「知性」entendement は「認識する能力」(Ibid., 45)である。それはいわば、事物を表象する観念の場であり、事物は「観念によって、対象的あるいは表象的に知性のなかにある」(Ibid., 33)。[15] 観念の原因は、「……原型のようなもので、そこにはあらゆる実在……が形相的に含まれており、それらは単に対象的あるいは表象的に観念のなかにある」(Ibid.)。そして「観念は絵や映像のように私のうちにあり」、そのことは「自然の光」によって明らかなのだ。このように「知性」は、事物の表象観念をわれわれに「提示する」(Ibid., 45)認識能力である。

だが「知性」は、判断する能力はもたない。「知性だけによっては、私は事物を肯定することも否定することもできない。ただ事物の観念をとらえるだけである」(Ibid., 45)。「知性」がわれわれに「提示するもの」を、「肯定し、あるいは否定し……追求し、忌避する」のは、「意志」volonté なのである(Ibid., 46)。「観念が依存することのない」(Ibid., 30)意志が、判断において「決定」するのである(Ibid., 47)。

こうして「知性」は二重の受動性をもつ。[16] 第一に、知性に事物の観念を与える事物の形相的実在 réalité formelle

(Ibid., 33)に対して。第二に、判断する能力である自由な意志に対して。そして知性の能力は無限なるものに及ぶことはできない。「おそらく世界には無限な数の事物が存在するのであり、それらについての観念は私の知性のなかには全くないであろう」(Ibid., 45)。なぜなら実に、「無限な数の事物を理解しないことは、有限な知性に固有のものであり、有限であることは、[神によって創造された]知性に固有のものである……。」(Ibid., 48)

4　自然の光 lumière naturelle

「理性」raison の同義語についてはさきほど「良識」「知性」「自然の光」などをあげたが、このなかで最も大きな意味の広がりをもち、さらには他の同義語を照らしさえするのは「自然の光」lumière naturelle であろう。語彙表には、『方法序説』で1、『省察』で12であり、『規則論』ラテン語テクストでは、naturale lumen(A. T. X, 371), lumen naturale(Ibid., 442), naturae lumine(Ibid., 440)と表現されている。

聖書に起源をもつと思われるこの精神の光のメタファーは、(17)西欧文化のなかでほぼあらゆる時代と宗教にみられる。それは神自身の光の放射ともいえよう。たとえばダンテは『天国』の最後の歌で、「おおいとも高く人間の思いを越える至高の光よ……」とうたい、(18)アウグスチヌスは聖書のことばをひいて、「人の魂は……それ自らは光ではなく、神である御言がこの世に来る総ての人を照らす真の光である……」という。(19)アウグスチヌスのこのような途は、ボシュエやフェヌロンにも影響を与えていく。たとえばフェヌロンにおいては、「明晰な観念」とは「私の内にあって私でない或る光」と定義され、「真理」の光明を求めるとき、「おお、真理よ、わが心の光よ。わが闇をしてわれに語らしめたもうな……」というアウグスチヌスを引いて、心の内奥で超越的な神に出会う。(20)マルブランシュにおいては、われわれが真理を見るのは神の光の中となるであろう。(21)

デカルトの場合はどうか。デカルトもまた『省察』三でこの完全なる神を倦むことなく凝視する。「この無限の光の類いなき美しさを、熟視し、讃嘆し、崇敬する……そのまばゆさに眩んでしまっているわが精神の眼のたえうるかぎり」(A. T. IX-1, 41)。この光は、あらゆる被造物においてと同様、われわれにおいても創造主である神に由来する。ただしデカルトの映像は、マルブランシュのような神においての映像ではなく、神によって与えられたものである。それゆえ、「現に神から受けているよりも、もっと大きな自然の光」を「私に与えてくれなかった」と不平をいうことはできない(Ibid., 48)。

このように自然の光は、神によって与えられたものであって、「私」に由来するものではない。しかしデカルトにおいては、それは人間の精神につながるものとなり、「理性」raison と同様に「人間の」humaine といえるのである。自然の光は私の内にある。「この光の示すところを真でないと教え得るような能力は、私のうちには他に全くない」(Ibid., 30)。自然の光は、精神と身体の結合に属するものではなく、純粋な精神に属する。心身の結合に属するものは[22]、ものごとを私に「信じる」croire ようにさせるのであって、ものごとが「真であることを認識させる」のではない(Ibid.)。そして自然の光は「思弁的真理」verités spéculatives にのみ関わり、「信仰や人生の行い」に関わることはないのである(Ibid., 11)。

自然の光による精神の認識は、身体や感覚と異なる次元でなされるが、一般に認識を説明するときにデカルトが生理的な視覚や物理的光のモデルを用いているのがしばしば見られる。たとえば、「知的直観をどのように用いるべきかは、視覚と対比することによって知られる」(A. T. X, 400)といって、認識の基礎となる知的直観の働きと人間の目の視覚とを、並行的にとらえている。またスコラ哲学に対しても、「これら無秩序な研究と曖昧な考察は、自然の光を混濁させ、精神を盲目にする」(Ibid., 371)、「理性の純粋な光を曇らせる」(Ibid., 372-373)などの比喩を用いている。

さて自然の光のもとでは「見る」ことが問題となるが、『省察』の語彙表では、「見る」voir という動詞の度数は計53である。そのうち45が「見る(認識する)」ものが「私」であることを示している。すなわち、je vois が33、je voyais が2、je voie が2、je と結び付く不定詞 voir が8である。さらに、apercevoir, regarder, remarquer, considérer, distinguer など、視覚や認識作用にかかわる動詞をみても、j'apercevais, je remarque, je considère, je distingue など、一人称「私」je を主語とする用法が圧倒的に多い。このような「見る」「認識する」などの働きは、デカルトにおいては「理性」raison の直観として凝縮されていくが、それは強く「私」Je と結びついている。神に対しては人間であり、他者に対しては「私」であり、究極的には「人間の精神」といえよう。

以上のような精神的次元の認識にたいして他方、感覚的次元の光や視覚はどうなのか。『屈折光学』冒頭では、「われわれの生の行いすべては感覚に依っており、そのなかで視覚は最も普遍的で最も高貴である」と述べられる(A. T. VI, 81)。そして『規則』冒頭では、人間の「智恵」を説明するのに、太陽のような光や、視覚のたとえが用いられている(A. T. X, 360)。

だが感覚による物理的な光と、精神的な自然の光を混同してはならない。感覚的光は、猫の目が暗闇のなかで物を見るようにわれわれの知覚そのものを照らすことはない(A. T. VI, 86)。人間の眼は、「対象から来る作用によってしか見ない」(Ibid.)。たとえば黄疸のような病気による以外は(A. T. VI, 39; A. T. X, 423)、見られる対象の色彩が見る人間によって変わることはない。そして黄疸などの病気の場合でも、見られる対象の色彩が変わるのでなく、人間の身体の側の病気によって感覚が混乱しているのであって、視覚のメカニスムが変わることはないのである。

この視覚のメカニスムは、見られる対象から、見る人間の眼、神経をへて、脳の松果腺にいたる視覚のメカニスムてあり、感覚の光はすべてこのメカニスムによって説明される。これと反対に自然の光は、物質世界のメカニスムとはまったく異質な、精神の働きであって、いうなれば松果腺に伝達される感覚を、知覚のなかで照らし出す。『規則』一二は、われわれが事物を認識する力が純粋に精神的であることを強調する(esse pure spilitualem, A. T. X, 415)。それは血液が骨から区別され、手が眼から区別されるように、「全身体から区別される」。この精神の力は、あらゆる物質的なものから区別される「ただ一つ」のものである(Ibid.)。

こうして、いわゆる「観念」の「明晰」claires と「判明」distinctes は、精神に属するゆえに、感覚的な光とはまったく異質である。純粋に精神的なものでない、心身結合において感覚に由来する「観念」は、「生き生きした」vives「鮮明な」expresses ものであり、「それなりの仕方」でしか、つまり純粋な「観念」とは異なった仕方でしか「判明」でない。「私自身が省察をこらして作りあげた観念や、私が記憶のなかに刻み込まれているのを見いだした観念の、いかなるものよりも、私が感覚を通して受けていた観念はずっと生き生きして(vives)鮮明(expresses)であり、それなりの仕方でいっそう判明(distinctes)なので、それらの観念が私自身から出て来ることはありえないように思われた」(A. T. IX-1, 60)。デカルトの語彙がつねに一定のコードを保っているとはいえないだろうが、一応、vives, expresses という形容詞は、感覚や心身結合に由来する観念につながり、claires、distinctes という形容詞は、純粋に精神的な観念や理性につながる、といえるのではないだろうか。

さて視覚は感覚のなかで「最も普遍的」であったが、それは感覚の光が人間の側からでなく事物の側から作用するからであった(A. T. VI, 81 sq.)。反対に自然の光が普遍的であるのは、それが人間の精神・理性に関わるからである。感覚の光の普遍性は、自然学のメカニスムによって宇宙全体に適用されていく。他方、精神(raison, sagesse)の光の普遍性は、感覚の光とはまったく異なり、あらゆる物質性から区別される純粋に精神的なものである。観念の明晰さも、感覚の光とは異なるであろう。だが先ほど『省察』の語彙表でみたように、視覚をモデルとして人間の認識能力をあらわす動詞群は、一人称「私」Jeにつながっていた。身体性をもつ「私」との結合を示唆しているといえないだろうか。

＊　＊　＊

要約しよう。デカルトの扱う「理性」raisonはまず、人間の理性であり、光のような普遍性をもつ。つまり常に同一で、万人にとってそうであり、言語——理性にとって道具にすぎない——を超越する。生得的ないし自然的であり、観念と相関するが、その多様性とは区別される。心身結合のなかで考えられるときは、感覚や想像力や自然とは違った秩序をもつ。「良識」という表現が稀に用いられるが、その際は、真なるものを偽なるものから区別する能力であることが強調される。それゆえ判断の働きは理性に属するが、自然の光と混同されてはならない。自然の光は、観念を照らし、観念の明晰さは判断の働きにつながる。

「知性」entendementと「理性」raisonの間には、のちにカントが確立するような「悟性」Verstandと「理性」Vernunftの差異はない。デカルトにおいて「知性」は、観念ないし表象によって認識する力として、理性と同義である。観念を世界と神——形相的あるいは優勝的原因である——から受ける場であり、その受動性と限界をもつ。そしてラポルトが人間理性の定義とした「われわれの明晰かつ判明な観念の総体」(本書二四九頁)は知性に当てはまるのではないかと思われる。

付論二　「精神」の曖昧さあるいは重層性

1　精神・思考・意識——反省的思考／直接的思考

「私とは何であるか」との問いにデカルトは、「考えるもの、すなわち精神 esprit、あるいは知性 entendement、あるいは理性 raison」と答えている（A. T. IX-1, 21）。精神は、「私は思考する」の明晰な意識の実体であり、身体と峻別されているが、精神についてデカルトは次のようにも言っている。「精神のなかには……身体のように……私がいかなる観念も持たない、いくつかの特性がありうる。」（一六四二年一月一九日、ジビューフ宛、A. T. III, 478）

デカルトの言葉としては驚くべきものであろう。これにはまずラポルトの指摘するように、人間知性の有限性と、神の能力の無限性の問題が背後にあり[1]、その基本的構造は第三章でみたとおりであった。たとえば『第四答弁』ではこの問題は、人間知性の有限性が越えることの不可能な、神の無限の能力の問題につながる。「或るものの十全な認識を知性がもつためには、知性の認識力がそのものに匹敵する……ことが要求される必要があり、それは……可能です。けれども、知性が、自分はそういう認識をもっていると、いわば神がそのもののうちに知性の認識している以上のものは何も措定しなかったと知ること、そのためには知性の認識力が神の無限の能力に匹敵する……必要があり、それはまったく不可能です」（A. T. VII, 220）。そして『ビュルマンとの対話』でも同様のことが述べられている（A. T. V, 151-152）。このような形而上学的な背景をみたうえで、デカルトのいう「精神」「意識」「観念」などを再検討してみよう。

まず「思考」することについて。「私は思考ということばで(cogitationis nomine)、直接にわれわれが意識しているようにわれわれのうちにあるものすべてを包括する」(『第二答弁』定義一)、あるいは、「私は思考ということばで、われわれによって意識され、われわれのうちに生ずる、しかもその意識がわれわれのうちにあるかぎりのすべてのもの、と解する」(『哲学原理』一-9)。われわれが「意識」し、われわれのうちにあるすべてが、「思考」であるといえよう。「観念」については、「私は観念ということばで、各々の思考の形相――その形相を直接に知覚して私はそれらの思考を意識する――を解する」(『第二答弁』定義二)。これらのテクストをみると、そしてさらにラテン語原文と仏訳とをみると、「観念」「思考」「意識」は密接に結びついたものであることがわかる。

さてそうなると、精神のなかにあって、しかも私がいかなる観念ももたないもの、とは何であろうか。それは究極的には、私の「思考」つまり「意識」からはみ出てしまうのではないか。けれども、「意識」によってその本性が規定される「精神」のなかに、どのようにしてそのような、いわば「無意識」のようなものをみとめることができるのか。さきに引用したジビューフ宛書簡でも、引用テクストにつづけて、「精神はつねに思考する」といって精神の本性が思考して意識をもつことであるのを強調し、「精神は……思考することをやめるとき……存在することをやめるだろう」といっているのである。

この難しさは容易に解決されないが、デカルトはアルノーへの手紙で、「直接的思考」と「反省的思考」を区別している。「反省的思考」とは、成人が何かを感じるとき、それを初めて感じると知覚し、「知性」にかかわる(一六四八年七月二九日、アルノー宛、**A. T. V, 220-221**)。これについて『ビュルマンとの対話』でも、「精神は……いくどでも自分の気にいるままに自分の思考を反省し……自分の思考について意識することができる」と述べている(Ibid., 149)。

「反省的」でない思考が「直接的」思考である。たとえば、胎内で胎児が風のようなものから感じる痛みや、あるいは自分を養う甘い血液から感じる快楽による思考である。このような思考はいかなる知的記憶も残さない。胎児や昏睡状態にある人、卒中者や狂人などの精神が具体的に挙げられる(Ibid.)。その説明は『第五答弁』で次のようになされている。「胎内や昏睡状態において精神がもった思考を、私たちが思い起こせないこと……その理由は精神がひとたび考えた思考を想起するには、精神が身体に結合されているので、その痕跡が脳に残っていることが必要なのであるが……幼児や昏睡状態の者の脳は、そのような痕跡を受容するのに適していない。」(『第三省察』四)

このように「直接的」思考はわれわれに想起されない。ラポルトは、このような思考をライプニッツの「微小表象」にきわめて類似し、今日「前意識」subconscient とよばれるものにつながるとする。(5)

だがこれらは、「われわれがいかなる観念も持たない」ものとは言い切れないのではなかろうか。現代の用語でいえば、まだ「前意識」の段階であり、「無意識」inconscient とはいえない。ラポルトはさらに、精神の作用と能力を区別している。そして身体との結合における精神に、いわば「無意識」を特に動物精気の運動と関連して探っていくのである。

2　精神の作用／能力

ジビューフ宛の手紙ではデカルトは、直接的思考と反省的思考を同質だと考えている箇所があるし(一六四二年一月一九日、A. T. III, 478)、しかもアルノーへの『第四答弁』ではさらに次のように述べている。「思考するものとしての精神のうちには、精神がそれについて意識しないものは何もありはしないということ……精神のうちには、思考でないもの、あるいは思考に依拠しないものはなにもないということを、われわれは知っている。というのは、さもなければ、思考するものとしての精神に、それは属していない、ということになるから。そして、われわれのうちには、われわれのうちにそれを意識することのないようないかなる思考もありえないのである。」

こうなると、先ほどみたような無意識や前意識につながるような思考・精神は斥けられることになるが、デカルトはこのテクストに続けてきわめて重要な留保をしている。「しかしながら銘記すべきは、われわれの精神の働き、つまり作用をこそ、われわれは常に現実的に意識しているということ、［しかし］われわれの精神の能力あるいは力能については、潜勢的にというならばともかく、常に［現実的に意識している］というわけではなく……われわれが或る能力を使用しようとする場合に、その能力が精神のうちにあるとすれば、ただちに現実的に意識するというようになっているということである。だからこそ、その能力が精神の内にあることを、われわれがそれについて意識することができないとしても、否定できないのである。」たしかにここでデカルトは、精神の「働き」や「作用」と、「能力」や「力能」とを区別し、後者がわれわれの精神の内にあって、意識されないままであることをみとめている。[6] 反省的思考に関してみた前掲アルノー宛書簡でも、思考（cogitatio）という語の曖昧さにふれて、「物体の本性を構成する拡がりが……拡がりのさまざまな形象とは大きく異なっているように、思考……は、個々に思考する働きとは異なっています」（A. T. V, 221）と言っている。幾何学上・観念上の拡がりと、具体的な自然学の拡がりとのずれと間隙は、第四章でみたが、ここでもある意味で同様に、思考そのものと、その個々の働きとが区別されている。

ホッブズへの『第三答弁』でも、思考する行為と、思考する主体の問題に答えて、「能力」の概念をとり入れている。「思考は、ときに行為とみなされ、ときに能力とみなされ、そしてときにこの能力が内にあるものとみなされる」（A. T. IX, 135; VII, 174）。『第五答弁』でも、思考を想起するためには精神が自らをふり向ける必要のあることを説き、痕跡が脳に刻まれた思考と、それを想起する精神の働きを区別している（『第三省察』四）。

このように私たちの精神の内にあって「能力」あるいは脳内の痕跡として、意識されないままにあるものが認められる。これら意識に隠れた潜在的な能力は、「生得的」なものともつながる。「いかなる外的事物の助けもなしにこれらの観念を生み出すのに適した、なんらかの能力 faculté あるいは力能 puissance が私のうちにあるだろう。それらは私にはまだ知られていないけれど[7]」(A. T. XX-1, 31)。そして「私の精神の純粋な産出あるいは仮構《フィクション》ではなく」(Ibid., 41)、感覚に由来しない観念、それは「私が仮構したり考案したりしたとはいえない」(Ibid., 51)。デカルトが「生得的 innée」とよぶものがこれである。当時の習慣的な訳によれば、innatae すなわち「私と共に生まれた」となる[8]。

この「生得的」すなわち私と共に生まれた「観念」が、どのようにして私の内にあるのか。ホッブズの反論に答えてデカルトは次のように説明する。「ある観念が私と共に生まれた、あるいは私たちの精神の内に自然的に刻み込まれたというとき、その観念が常に私たちの思考に現前しているとは解さない。……そうではなくて単に、私たち自身の内にそれを産出する能力があるということです」(A. T. IX-1, 147; VII, 189)。ここでの論議はすでに生得観念の能動的産出を否定したうえでなされており、「能力」facultas が潜在的なものを示していることは明らかである。〈Innatas〉、〈Facultas〉についての同様の説明はレギウスへの答弁(Réponse au placard de Regius)にもみられる(A. T. VIII, B, 361)。

このように生得観念は私たちの内にいわば潜在的に存在し得る。アルノーへの『第四答弁』でデカルトが留保したように、精神の「能力」は、作用がなされない限り、無意識あるいは前意識の側面をもちうるのである。

3 身体と結合した精神

「私とは思考するもの une chose」であった。さらに「厳密にいうならば、思考するもの以外の何ものでもない」

（『省察』二）。「私の思考」以外のすべてのものが懐疑に耐えることができず、「私の思考」だけが疑いえない真理となったのであった。そこでのデカルトの表現では、他のすべてのものを「私は存在しないと想定する」。しかし、もしかするとそれらは、「私に知られていないからという理由で私が存在しないと想定したそれらが、私が知るこの私と異なったものではない、ということがありはしないだろうか」と自問する。そして、「私はそれらについて何も知らない。私は今、これについての議論はしない」と言うのである。デカルトはここ『省察』二で明らかに問題を留保している。(9)

この問題は長い迂回のあとで、『省察』六に至って再び取りあげられる。「思考するものであって、拡がりのないものとしてのみ」の精神と、身体に実体的に結合し、身体と「一体のように」なっている精神の次元とを区別することによってである。この問題はまた、エリザベト王女との応答でも取りあげられる。デカルトは、「それ自身によってしか理解されない……原初的概念」として、精神の概念、物体（身体）の概念、両者の結合の概念の三つをあげ、それらは互いの比較ではなくて、それぞれ独自の仕方によって知られる、という（A. T. III, 665, etc.）。

身体に結合した精神は、「思考を前提しない、あるいは部分的にしか前提しないような能力をもつ」。それは、「精神が……身体を動かす能力」の問題として現れる。(10)たとえば私が身体に働きかける力、私はこの力を意識している。さもなければ私は腕や脚を動かそうと自分の意志を向けることなどできないだろう（一六四八年七月二九日、アルノー宛、A. T. V, 222）。この力は動物精気を神経に送り、対応する筋肉を緊張させたり弛緩させたりするわけだが、私はこの作用のすべてを知ってはいない。動物精気による生理学的メカニスムも、精神が働きかける作用も、「私」（精神として、知性として）はその詳細を知らないでいる。(11)それらはいわば意識されないままである。たとえば精神の能動である意志に、「散歩しようとする意志をもち、……脚が動いて、歩くことが行われる場合」（『情念論』一八）、動物精気が神経に送られるこのメカニスムの詳細を、「精神」は知っていない。それゆえ、「たとえば……遠くにある物体を見る目つきをしようと意志するとき、その意志は瞳孔を拡大させる。しかし、単に瞳孔を拡大することだけを考えて、いかにその意志をもっても、瞳孔は拡大されない」（同四四）。意志は本性上、それぞれ腺の運動に結合されているのだが、「習性」によって、腺の別の運動にも結合されうる。デカルトは「習性」habitude をまず一般的には、繰り返しによって身体のなかで動物「習性」によって説明される。言葉を話す場合の「舌や唇の動かしかた」と「意味」の結びつきも精気がよりたやすく入るようになる通路が開かれる、というように純粋に身体的・機械論的に説明している。[12] 歩行したり、他の自然な反射運動すべてのように、「われわれが行うことをいかなる仕方で思考することもなく」、踊ったり、発声したりさえできる（一六四六年二月三日、ニューカッスル宛、A. T. IV, 573）。

だがこれらのことは動物機械論の次元の説明といえる。身体に結合した精神をもつ人間においては、純粋に生理的な自動機械が精神に反映したり、完全に知的な習練が身体に記されたりすることがありえるのではないか。[13] たとえば先にあげた言語の例では、生理的に刻み込まれたメカニスムの痕跡が、概念や論理をよび起こすことになろう。デカルトは言葉の音声や文字を物質的側面とし、その意味を、純粋に精神的な、身体器官に依存しない「知的記憶」によるとする。そしてまたデカルトの新しい方法の適用も、まずは「獲得すべき知的習慣 habitude intellectuelle」であった。[14] 精神と身体の結合によって生じる情念を説明する『情念論』においても、純粋に精神的なものはみられる。まず基本情念の第一「驚嘆」admiration は、[15] ある対象が新奇なものとして立ち現れ、新しい印象が生じて動物精気の運動を変えることにその力がある。「現れてくる他の対象が、精神に少しでも新しく見えさえすれば、それらの対象にも精神が同じ仕方で扱われてしまう習性 habitude を残す」（『情念論』七八）。そして情念が「精気の運動によって起こされる」とき、精神の「傾向」inclinationは「精神がみずからに価値を表示する」ような心的本質をもつ（同一四九）。多くの情念がこのような「傾向」や精神の「意向」dispositionをもち（同一六二、一六三、一六五など）、それらは感情的な傾きや前意識、さらには無意識的適性や能力までも示している。

このような「傾向」や「習性」についてデカルトは次のような例で説明している。「ひとを情念へと向けさせる傾向ないし習性が、情念そのものと混同されることがありますが、これは容易に見分けることができます。実際たとえばある町で、敵方が包囲にやってきたとの知らせが伝えられたとき、身にふりかかってくるであろう禍について住民たちがなす最初の判断は、精神の能動actionであり、受動（情念）passionではありません。……この判断は多くの人たちにおいて一様な形をとって現れるものですが……全員が同じように動かされるのではなく、恐怖に対する習性ないし傾向の内容に応じて、ある者は人並み以上に、またある者はそれほどでもなく、動かされるわけです」（一六四五年一〇月六日、エリザベト宛）。『情念論』一七一でも、情念としての「勇気」は、習慣や生来の傾向としての「勇気」と区別されている。これらの傾向や習性は個人的差異において現れるが、「精神の気質tempérament」といったやや大胆な表現で、生得的な傾向による個人差が説明される。たとえば「老人のうちには不満がもとですぐ泣く者がいるが、彼らにそういう傾向を与えているのは、身体の体質よりもむしろ彼らの精神の気質である。」（同一三三）

他方、方法の実践や徳の習練などによって、得られる習性がある。[16] このような獲得されたものと生来的なものとの結合はモラルの問題にもつながる。「ふつう徳vertuとよばれているのは、精神をある思考にし向ける、精神の内のある習性である。……これらの習性は、それらの思考とは異なるが、しかしそれらの思考を生み出しうるし、また逆にそれらの思考によって生み出されうる。……それらの思考は精神だけによって生み出されうるが、しかし、ある精気の運動がそれらの思考を強めることがしばしば行われ、その場合それらの思考は、徳の能動的活動であると同時に、また精神の受動的情念でもある」(同一六二)。このような習性はしたがって、純粋に精神的でありうるのであり、脳の生理的メカニスムから独立したものでありうる。しかも「思考」すなわち意識の心的作用と同一視できない。それゆえ「たえず徳にしたがっている人々が……もつ満足感は、彼らの精神におけるひとつの習性であって、それは良心 conscience の安らぎ、良心の安堵とよばれるものである」(同一六〇)。このような「習性」による満足感・安らぎは、ときには意識されないままであり、「善なる……ことを果たした直後に得られる満足感」とは異なったものである(同前)。こうして、「傾向」や「習性」は、それが生来のものであっても獲得されたものであっても、精神の知的機能や感情的生のなかに入り込んでいる。これらは、「思考そのもののなかに残っている痕跡」というような曖昧な説明しかなされなかった「知的記憶」、そしてまた精神の前意識や無意識にも、つながるものではないだろうか。

あとがき

本書はパリ大学（I）に提出した学位論文 Bornes et limites de la raison chez Descartes（1979）を出発点としている。そのエッセンスを日本語とし、さらに手を加えたものが第二部を構成している。視点を提示するのみで十分な構想を持ち得なかったテーマを展開したのが第一部と第三部である。

パリ大学での論文準備は、イヴォン・ベラヴァル先生の指導のもとでなされた。『デカルトを批判するライプニッツ』（法政大学出版局より翻訳刊行予定）の著書で知られ、ソルボンヌの哲学史教授として高名な、そして詩人でもあったこの先生は、当初かなり混乱（拡散？）気味のテーマをもってきた未熟な、日本からの留学生をあたたかく受け入れてくださった。私のテーマは全体としては「デカルトにおける理性と、非理性的なもの」ということで、いろいろな事柄と領域が混在していた。ゴルドマン、ミシェル・フーコー、精神分析、言語にかかわるものもあったが、そうしたものをとりあえず捨象して、哲学および哲学史の厳密な方法で積み上げていくことが要求された。そして当時一九七〇年代のデカルト研究の二つの潮流——アルキエのいわば実存主義的なやり方と、ゲルーのいわば構造主義的な方法——を踏まえたうえで、デカルトのテクストや思想体系そのものにおける「非理性的なもの」を明らかにしていくことが方向づけられた。

どのような角度から仕事を進めるのかを決める点でまず厳しい関門があった。これまでの研究史と研究成果を押さえたうえで、オリジナルな仕事を積み上げねばならない。そして論文準備は、部分的にであれ常に、細かいプランのようなかたちで内容の構成を示していくことが要求された。明晰でない部分はやり直し、無意味な飛躍は削除……といった具合で、内容的にも形式的にも厳しいことの連続だった。困難も多々あったが、友人たちの助けもあり、先生自らの丁寧なご指導もあり、五年目の終わりに論文を仕上げることができた。その最後に先生に要求されたこと――論文は水準以上に仕上がったが、あなたの日本人としてのオリジナリティーが見えない。デカルトを研究するにしても、フランスの研究者たちとは異なった何かをあなた(がた)は背負っているはずであり、それゆえフランス人とは違った困難もあったろうし、また異なった視点も持ち得るのではないか。そういった事柄を展開するのは容易ではないだろうが、多少なりとも触れてほしい、と。

十分な考察をする余裕もなく、論文の公開審査の日が来てしまい、私はデカルトとその周辺の哲学を研究する際に、おそらく日本人であるがゆえにもったであろう困難な諸点と諸概念を述べるにとどまった(これについては『省察』4号に「コミュニケーション・共感・差異」という形で記した)。この問題にも何とか答えを出し、併せて学位論文では十分に展開できなかったやや周辺的な諸テーマもまとめるべく、日本に帰国後も仕事は続けていた。そしてこれらすべてにある程度の方向が見え始めた一九八八年、ベラヴァル先生は亡くなられた。死の数カ月後、ローマの学会に出席した帰途パリに立ち寄り夫人や子息と再会したが、遺族と悲しみを分かち合ったこの時は、耐え難いほどつらく悲しかった。ベラヴァル先生のこの突然の死のあと、しばらくはこの方向での仕事の意欲も消えかかってしまったが、デカルトに関する研究はとりあえず日本語でまとめ筑波大学の学位論文として提出することにした。そして今、岩波書店編集部長だった合庭惇氏の深いご理解をいただき刊行を現実化することができた。編集実務を担当され本造りの具体化のために多くの助言をくださった編集部の小口未散さん、綿密で行き届いた作業をしてくださった校正部を借りて厚く謝意を表したい。

の手坂浩之氏、そして製作にあたられた大橋久美さん、これらの方々の努力によってこの本ができあがった。この場

本書が形をなすまでには、さまざまな方々から恩恵を受けた。赤木昭三先生には、（読者としてこれまで）デカルト思想とその周辺・デカルト以後について多くを学んだ。そこから得られた視点や示唆は、このデカルト研究にとっても貴重な推進力となっていたのだが、今回の出版に際して、お力添えをいただいたことは大きな喜びであった。東京大学の塩川徹也氏は、特に第一部について重要かつきわめて綿密なコメントをくださった。

第一部と第三部をまとめるにあたって花田圭介先生から多くの貴重なお教えをいただいた。とくにフランシス・ベイコンやルネサンスの自然魔術については、概念的にも資料的にも貴重なご教示をいただいた。数多くの資料もお借りすることができた。第二部を補完する際にも、デカルトそのもの、科学哲学、フランス現代哲学に関して重要なご指摘とご助言をいただいた。花田先生のお力添えがなかったならば、本書の内容はずっと貧しいものになっていたと思う。工藤喜作先生は筑波大学において、この仕事を完成するためのあらゆる配慮をしてくださった。学位論文としての審査に当たられた工藤喜作、野町啓、廣川洋一、藤田晋吾、花輪光の諸先生には、それぞれの専門領域からの有益なご教示をいただき、本書の最終仕上げに生かすことができた。筑波大学大学院生の名須川学君は資料のチェックや校正を手伝ってくれた。

最後になったが、フランソワーズ・ルヴァイアンはベラヴァル先生を指導教官とすることをすすめて紹介の労をとることから始まり、フランスでの研究を終始支え、見守ってくれた。これらの方々の助けが本当に貴重であったと実感している。

あとがき

本書の出版経費の一部は、平成七年度文部省科学研究費補助金「研究成果公開促進費」（一般学術書）によって賄われた。

一九九五年八月

谷川多佳子

■岩波オンデマンドブックス■

デカルト研究——理性の境界と周縁

1995年9月28日　第1刷発行
2015年7月10日　オンデマンド版発行

著　者　谷川《たにがわ》多《た》佳《か》子《こ》

発行者　岡本　厚

発行所　株式会社　岩波書店
〒101-8002 東京都千代田区一ツ橋2-5-5
電話案内 03-5210-4000
http://www.iwanami.co.jp/

印刷／製本・法令印刷

ISBN 978-4-00-730225-1　　Printed in Japan

デカルト研究

——理性の境界と周縁——

ÉTUDES CARTÉSIENNES:
bornes, limites et marginalités de la raison

TROISIÈME PARTIE : L'IMAGINATION ET LE LANGAGE: AU MILIEU DU DUALISME

Chapitre VI L'imagination entre le corps et l'esprit

Chapitre VII Le dualisme dans le langage et la langue universelle

人名索引

nを伴う数字は注の頁を示す.

ア行

アウグスチヌス Augustinus　52n, 258
アグリッパ Agrippa, Cornelius Heinrich　6-7, 14, 194
アダン Adam, Charles　4, 132
アリストテレス Aristoteles　23, 26-27, 37, 42-44, 52-53, 58-59, 103, 107, 110, 147, 151
アルキエ Alquié, Ferdinand　99, 232, 238
アルノー Arnauld, Antoine　35, 76, 90, 99, 218, 229, 264-268
アルモガット Armogathe, Jean-Robert　249
アンリIII世 Henri III　208
イエーツ Yates, Frances A.　7, 14, 16, 19, 21
ヴァチエ Vatier, S. J.　77
ヴァニーニ Vanini, Giulio Cesare (Lucilio)　29, 45n, 157, 194(肖像), 203-205
ヴァール Wahl, Jean　117-120
ウアルテ Huarte, Juan　11-12, 30, 46, 47n, 223, 230
ヴァレリオ・デ・ヴァレリイス Valerio de Valeriis　9
ヴィーコ Vico, Giambattista　74, 80
ウィルキンズ Wilkins, John　234, 236, 242
ヴィル＝ブレシウ Ville-Bressieu, Etienne de　15, 49-50
ヴォージュラ Vaugelas, Claude Favre de　230
ヴォルテール Voltaire, François Marie Arouet　99-100, 126, 130
エックルズ Eccles, John. C.　175-176
エリザベト王女 Elisabeth　101, 138 (肖像), 149, 150, 152, 158-163, 172, 178, 180-186, 213, 268, 270
エンゲルハルト Engelhardt, Tristan　48n, 172

カ行

ガッサンディ Gassendi, Pierre　99, 143, 148, 174
カッシーラー Cassirer, Ernst　46, 62, 238
カテルス Caterus, Joannes　77, 83
カバニス Cabanis, Pierre Jean Georges　127
ガベイ Gabbey, Alan　105-106
カミッロ Camillo, Giulio　5
ガリレオ Galileo Galilei　103, 124, 129
カント Kant, Immanuel　51n, 80, 262
カンパネッラ Campanella, Tomaso　6, 234
グイエ Gouhier, Henri　24, 30
クラプリ Crapulli, Giovanni　35-36

グレゴワール Grégoire, Pierre 6, 8, 28n
クレルスリエ Clerselier, Claude 35, 85, 113
ゲーベ Gäbe, Lüder 37
ゲルー Gueroult, Martial 74, 76, 79-80, 88, 101,
コー Caus, Salomon de 14
コイレ Koyré, Alexandre 92
コスタベル Costabel, Pierre 21-22
コンウェイ Conway, Anne 105
コンディアック Condillac, Etienne Bonnot de 127

サ 行

シェンケリウス Schenkelius (Schenkel) 6-8, 28n, 194-195
ジビューフ Gibieuf, Guillaume de 263-265
シャニュ Chanut, Hector-Pierre 206-207
シャロン Charron, Pierre 12
シャンジュー Changeux, Jean-Pierre 43n, 173
ジルソン Gilson, Etienne 13, 47, 83, 88
スタロビンスキー Starobinski, Jean 210
スピノザ Spinoza, Baruch de 95, 99, 111, 125, 150, 172, 209, 245, 250
セネカ Seneca 5, 51n, 181
セール Serres, Michel 59-60
ソクラテス Sokrates 55, 61

タ 行

ダニエル Daniel, Gabriel 125, 130
ダランベール D'Alembert, Jean le Rond 124
チョムスキー Chomsky, Noam 142, 223-224, 230, 254
ツァルリーノ Zarlino, Gioseffo 16-17
ドゥルーズ Deleuze, Gille 209
ドーブリー D'Aubry, Jean 9, 29n
トマス・アクィナス Thomas Aquinas 83, 88, 151

ナ 行

ニューカッスル Newcastle (Marquis de), William Cavendish 138, 142, 145, 220, 269

ハ 行

バイエ Baillet, Adrien 9-11, 18-21, 24, 35-36, 45
バシュラール Bachelard, Gaston 51, 127
パスカル Pascal, Blaise 107, 204, 250
パラケルスス Paracelsus, Philippus Aurelos 23, 205
ビュフォン Buffon, Georges Louis Leclerc 180
ファウルハーバー Faulhaber, Johann 21-22, 25
ブーヴレス Bouveresse, Jacques 43n, 175
フェヌロン Fénelon, François de Salignac de La Mothe 258
フェリエ Ferrier, Jean 49-50
フーコー Foucault, Michel 6, 29-30, 225-226
フッサール Husserl, Edmund 77
ブトゥルー Boutroux, Emile 89-90
ブラウワー Brouwer, L. F. J. 84-85
プラトン Platon 23, 77, 91, 146-147, 151, 157
ブランシュヴィック Brunschvicg, Jacques 47n, 251, 257
ブランシュヴィック Brunschvicg, Léon 125
フランソワ François, Jean 13, 63
フリーシャウアー Vleeschauwer,

Hermann-Jean de　11
フロイト Freud, Sigmund　46n, 168, 207, 210
ブンゲ Bunge, Mario　49n, 230
ベイコン Bacon, Francis　8, 10-12, 26-30, 34(肖像), 37, 46, 47, 49n, 52-57, 231, 234, 236
ベークマン Beeckman, Issac　7, 17, 21, 23-24, 28, 30, 32, 194-195
ベサード Beyssade, Jean-Marie　82
ベーメ Böhme, Jakob　234-235, 241
ベラヴァル Belaval, Yvon　36n, 38n, 52n, 211
ベルクソン Bergson, Henri　71, 139
ベルトラン Bertrand, Michèle　209
ボーダン Bodin, Jean　5
ボシュエ Bossuet, Jacques Bénigne　258
ホッブズ Hobbes, Thomas　99, 218, 266-267
ポパー Popper, Karl R.　175-176
ポルタ Porta, Giambattista della　6, 13, 16-17, 26
ポワソン Poisson, Nicolas J.　19, 21, 35
ポンポナッツィ Pomponazzi, Pietro　45n, 204-205

マ 行

マリオン Marion, Jean-Luc　37, 49, 57, 58, 249, 251, 257-259
マリー・ド・メディシス Marie de Médicis　208
マルブランシュ Malebranche, Nicolas　51n, 87-89, 101, 107, 142, 150, 177, 183, 256, 259
ムイ Mouy, Paul　141, 146, 215
メスマー Mesmer, Franz(Friedrich Anton)　46n, 210
メソニエ Meyssonnier, Lazare　42n-43n, 170, 196
メラン Mesland, Denis　84, 90, 174
メルセンヌ Mersenne, Marin　42, 45, 47, 49, 68(肖像), 83, 85, 90, 92, 129, 148, 171, 173, 196, 205, 207, 212-213, 229, 231, 235, 237
メルロ＝ポンティ Merleau-Ponty, Maurice　164-169
モア, ヘンリー More, Henry　98(肖像), 104-106, 221
モンテーニュ Montaigne, Michel Eyquem de　45n, 203-204

ラ 行

ライプニッツ Leibniz, Gottfried Wilhelm　18, 35-36, 36n, 50n-51n, 56, 69, 73, 78, 87-89, 112, 116, 121, 124, 127, 139, 150, 153, 211, 218(肖像), 223, 230, 239-248, 250, 256, 265
ライル Ryle, Gilbert　173, 175
ラカン Lacan, Jacques　47n, 210
ラポルト Laporte, Jean　62, 76, 91, 101, 150-151, 157, 249, 254, 262-263, 265
ラ・メトリ La Mettrie, Julien Offroy de　44n, 179
リーゼ Riese, Walter　207
ルヌヴィエ Renouvier, Charles　92
ルルス Lullus, Raimundus　6-7, 9-10, 27-28, 194-195
レギウス Regius(Henri de Roy)　42n, 147, 149, 158, 182, 267
ロック Locke, John　99
ロッシ Rossi, Paolo　8-9, 26, 194
ロディス(＝レヴィス) Rodis-Lewis, Geneviève　5, 7, 12, 16, 21, 30, 57, 90-91
ロビネ Robinet, André　93, 223, 225, 250
ロヨラ Loyola, Ignatius de　44

事項索引

➡は同義語などで一方に頁数をまとめ，そちらを見よの意.
⇨は対概念，反対概念，関連概念などを参照させる.
→は，例えば「観念」の項と「単純観念」の項のごとく，同じ「観念」という語を含みながらも，概念の性質上，独立項目となっている語を参照させる.

ア 行

愛　187-188, 206-207
悪　189-190
悪魔憑き　202, 205
悪霊 malin génie　73-74, 81
アダムの言葉　233-235, 239, 241
医学　138, 153, 163, 168, 177-179, 214
意志 volonté, voluntas　11, **69-72**, 93-94, **163-164**, 181-182, 184-185, 188, 209, 257　→自由意志
意識 conscience, conscientia　70, 145, 162, 164, 168, 175-176, 180, 183, **188-190**, 199, 207, 209, **264**, 266
イマジネール　209-210
因果性 causalité　69, **77-79**, 83, 102, **154-156**, 181
　因果律　73
インゲニウム ingenium(知力)　11-12, 23-24, 37, 44, 46, 69, **211-212**
印象　➡刻印
運動 mouvement　51, 72, 94, **107-124**, 140, 147, 158, 181-183, 186, 197, 206　⇨静止
永遠真理創造説　**89-92**
演繹 deductio, déduction　30, 48-49, 55, **57-63**, 79, 116-118, 132, 139, 148, 163　⇨帰納
延長　➡拡がり
驚き　➡驚嘆

カ 行

懐疑(疑い) doute　51, 55, 59, 61, 68, **72-76**, 77-79, 81, 166, 232, 268
　方法的── d. méthodique　69-72, 74-75, 81, 143
　誇張的── d. hyperbolique　81
懐疑論(者)　36n, 68-71
確実(性) certitude　48, 50, 62, 68
学問(知) scientia, science　27, **44-46**, 47, 50, 70, 181　⇨知識(知)
隠れた力　29, 166, 204, 224
仮想(想定) supposition　125, 130-133
形(かたち)　➡形象
カバラ(主義)　13, 23, 25
神の存在証明　**77-79**, 80, 82, 83
仮面 larva　5, 8-9, 14
感覚 sens, sensation, sentiment　47, 133, 139, 144, 147, 149, **158-164**, 166-167, 169, 171, 181, 182, 184-185, 197, 201, 207, 211, 213-215, 231, 253, 256, 259-262
　共通──　170, 195-197, 198-200, 202
感情　149, 184
観念 idée, idea　54-56, 69, 72, 78, 80, 89, 91, **94-95**, **101-102**, 107, 154, 160, 167, 195, 201, 223, 225, 226-227, 232, 239, 242, 245-246, 255, 257-258, 261, 264, 267　→単純[観念]

偶有―― 77, 184, 255
形成―― 77
生得―― 77, 79, 91, 101, 107, 246-247, 255, 267
記憶 mémoire 12, 81, 122, 173, 184-185, 188, 190, 193(図)-200, 208, 211, 214, 227-229, 231
身体的―― mémoire corporelle 29, 173, 195, 229
知的―― mémoire intellectuelle 173-174, 195, 229, 265, 269
記憶術(人工記憶論) 5-8, 32, 194-195
幾何(学) 31, 40-41, 62, 102, 106, **108-109**, 139
機械学 14, 31, 138, 140, 153, 163, 177-178, 215
記号 40, 126, 197, **219-221**, 223, 226, 240, **242-245** →普遍[記号法]
帰納 inductio 48, **56-57** ⇨演繹
共感(交感) sympathia, sympathie 6, 16-17, 29, 189, 206, 208
驚嘆(驚き) admiration 53n, 187, 269
空間 espace 84, 102, **108-112**, 122 ⇨時間
空虚 vide 53, 84, 103, 109, 116
寓話 ➡作り話
経験 expérience **47-50**, 56, 69, 71, 78, 93, **138**, 148, 150, 152, 159, 162, 165, 168, 181, 188, 253 ⇨実験
形而上学 métaphysique 86, 90-91, 112-114, 152-154, 163, 177, 213
形象(形) figure 41-42, 53-54, 126, 187, 195, 198, 200, 225
形相 forma, forme 52-54, 93, 257, 264
劇場, 世界―― 4-5, 9, 29
結合法 245-247
原因 causa, cause 7, **77-78**, 110, 115, 146, 156, 198, 251
第一―― 123, 129, 163
原初的概念 notion primitive 158, 164, 167, 169, 268
交感 sympathia ➡共感
コギト(・エルゴ・スム) Cogito(ergo sum) 37n, **59-60**, 63, 68, **72-77**, 80-82, 89, 114-115, 122, 166, 232, 257
刻印(印象) impression 149, 171, 182, 185, 196-201, 205, 208

サ 行

サイバネティクス 140, 175
三段論法 75-76
時間 temps, durée 71, 114-116, 118-119, 188 ⇨空間
思考 88, 139, 145-147, 184, 236-237, 246-247, 249, 264, 267-268
自然(本性) nature, natura 10, 26-27, 29, 31, 46, 50(physis), 52-54, 57, 58(physis), 87, 107, 134, 138, 146, 155, **157-164**, 176, 181, 189-190, 203-206, 215
自然学 physique 17, 41, 80, 90, 102-103, 107-108, 112-114, 132, 135, 138, 153-154, 163, 189
自然の光 lumière naturelle 89, 129, 254-255, 257-260
自然魔術 ➡魔術
実験 expérience 27, 49-50, 129, 131, 133, 138, 156 ⇨経験
実体 substantia, substance 26, 42, 73, 118-119, 127-128, 153, 157-158, 239-241
自動機械 7, 14-16, 140-142, 149, 177, 183, 219, 232, 254
自由意志 libre-arbitre, liberum arbitrium **69-72**, 92-95, 183, 190
習慣, 習性 habitude 11, 46, 81, 190, 225, 228, 242, 269-271
知的―― h. intellectuelle 269
受動(性) passion 72, 94, 149, 162,

181-183, 209, 270 ⇨能動
瞬間 114-119
順序 ➡秩序
松果腺 glande pinéale 148, 153, 162, 170-172, 186, 196-200, 260-261
情動 émotion 170, 185-187, 189, 198, 221
情念 passions 149, **177-190**, **205-208**, 220, 270
思慮分別(実践的賢慮) prudentia, prudence 163, 179, 181
神経 147, 165, 171, 202, 207, 209, 260, 268
人工記憶論 ➡記憶術
心身結合 149-176
身体 corps 92, **140-141**, 149-165, **167-171**, 177-181, 209, 219, 221, 259 →[身体的]記憶
静止 72, 94, **109-114**, 123, 182 ⇨運動
精神 âme ➡魂
精神 esprit 25, 29, **59-62**, 69-71, **143-144**, 148-149, 167-168, 176, 209-210, 213, 218, **222-224**, 231-232, 245, 257, **259-262**, **263-270**
精神分析 208-210
生得的 inné, innatus, ingenitus 101, 107, 246-247, 254-255, 262-269
——光 lumen ingenitum 51
想像力 imagination, phantasia, imaginatio 6-7, 11-12, 41, 45n-46n, 84, 125, 133-135, 141, 146, 161-163, 179, 183, 185, **194-216**, 225, 256
想定 ➡仮想
速度 vitesse 121-124
存在の一義性 89, 247
存在の両義性 88, 90, 116

タ 行

魂(精神) âme 107, 141-145, **146-149**, 150-164, 165-169, **170-172**, 177-178, **184-186**, 190, 197, 206-207, 212, 220-246
単純(性) 41, 50-51, 55, 61
——本性 37, **50-56**, 61-62
——観念 102, 237, 245
知恵 sagesse, sapientia 11-12, 37, 45-46, 128, 153, 163, 253, 255-257, 260
知覚 perception 134, 139, 145, 165-169, 171, 201, 209, 215
知識(知) science, scientia 10, 27, 75, 80-82, 163 ⇨学問(知)
知性 entendement, intellectus 11, 51n-52n, 72, 87, 94, 99, 152, **158-163**, 178-179, 211-214, 231, 233, 243, 245, 247, **256-258**, 262, 263
秩序(順序) ordre, ordo 29, 40, 44, 60, 62-63, 177, 225, 237, 239-240, 243-244
直観 intuition, intuitus 30, 37, 48-49, **56-63**, **69**, 72, 82, 84, **89**, 94, 115, 118, 129, 225, 244-245, 259
——主義 84-86, 89, 103, 247
知力 ingenium ➡インゲニウム
作り話(寓話・物語) fable 114, 125, 126, 130-132, 214-215
定義 69, 93, 240, 247, 250
道徳 ➡モラル
動物機械論 16, 134-149
動物精気, 精気 esprits(animaux) 41n, 141, 144, 148, 171, 184, 189, 198-200, 201, 204-206, 265, 268-269
徳 vertu 11, 154, 270

ナ 行

脳 141, 149, 153, 170-176, 182, 189, 194, 196-202, 206, 209, 229, 243, 260, 265
能動(性) action 72, 94-95, 149, 162, 181-183, 209, 270 ⇨受動

主要参考文献一覧

この文献リストには本書を執筆するために使用した主なものだけを挙げる．これ以外の使用文献は原則として注で示した．基本的には著者(編者)名と刊行年で表示．略記は＊で示した．

I　デカルトのテクスト

Œuvres de Descartes, publiées par Ch. Adam et P. Tannery, 13 vols., 1897-1913, rééd., 1964-74, Vrin.（内訳．本書関連のもののみ．I～V 書簡；V『ビュルマンとの対話』；VI『方法序説』および『屈折光学』『気象学』『幾何学』；VII『省察』:『反論と答弁』；VIII-1『哲学原理』；IX-1『省察』仏訳；IX-2『哲学原理』仏訳；X『思索私記』『音楽提要』『精神指導の規則』『真理の探究』；XI『世界論』『人体の記述』『人間論』『情念論』『動物の生成についての一考察』）　＊略号 A. T.

Œuvres philosophiques de Descartes, édition de Ferdinand Alquié, 3 vols., Garnier, 1963-1973.　＊略号 AL.

Descartes, Correspondance, par Ch. Adam et G. Milhaud, 8 vols., Félix Alcan, 1936-1963.　＊略号 A. M.

Règles utiles et claires pour la direction de l'esprit en la recherche de la vérité, éd. Marion/Costabel, Nijhoff.　＊略号 Marion 1977

Exercices pour éléments des solides, éd. P. Costabel, P. U. F., 1987.　＊略号 Costabel 1987

引用にあたっては，下記に掲げる邦訳を参照させていただいた．ただし，引用文は原則として著者自身の訳出による．

『デカルト著作集』全4巻，白水社，1973；同，増補版，白水社，1993.

『思索私記』森有正訳，所雄章編，白水社，1977.

『デカルト』野田又夫編，世界の名著 27，中央公論社，1978.

『精神指導の規則』野田又夫訳，岩波文庫，1950.

『哲学の原理』井上，小林，水野，平松訳，科学の名著，朝日出版，1988.

II　同時代，16-17-18 世紀のテクスト

D'Alembert, Jean Le Rond

——1763, *Discours préliminaire au Traité de Dynamique*; Paris, 1921.

Bacon, Francis

——1857-74, *The works of Francis Bacon*, collected and edited by James Spedding, R. L. Ellis and D. D. Heath, 14 vols., London, 1857-74; repr. Stuttgart-Bad Cannstatt, 1963; New York, 1968.

——1966,『ベーコン』世界の大思想, 河出書房.
——1979,『ベーコン』世界の名著 25, 中央公論社.
Baillet, Adrien
——1691, *Vie de Monsieur Descartes*; réimp. Slatkine, 1970. *略号 *Vie*.
——1692, *Abrégé de la vie de Monsieur Descartes*, Paris; La Table Ronde, 1945.
Daniel, Gabriel
——1691, *Voiage du monde de Descartes*, Paris; 1720; Réimp. Slatkine, 1970.
Huarte, Juan
——1575, *Examen des Ingenios para las Sciencias*, Baeza; trd. fr. de G. Chappuys, Lyon, 1580.
La Mettrie, Julien Offroyde
——1960, *L'homme-machine*, ed. Aram Vartanian, Princeton U. P.; 杉捷夫訳『人間機械論』岩波文庫.
Leibniz, Gottfried Wilhelm
——*Die philosophischen schriften von Gottfried Wilhelm Leibniz*, hrsg. von C. I. Gerhardt, 7 t. Berlin, 1875-1890; Olms, 1965.（内訳. 本書関連のもののみ：I, II 書簡；IV『認識, 真理, 観念についての省察』『デカルト諸原理の一般的部分考察』『形而上学叙説』；VII『知恵について』『対話』『普遍記号法』『観念とは何か』） *略号 GP.
——*Opuscules et fragments inédits*, éd. Louis Couturat, Paris, 1903; Hildesheim, Olms 1988. *略号 Couturat 1903
——*Sämtliche Schriften und Briefe*, hrsg. von der Akademie der Wissenschaften, Darmstadt(-Berlin), 1923-.（VI-1『結合法論』; VI-6『人間知性新論』） *略号 A.
——*Principes de la philosophie ou Monadologie*, éd. par A. Robinet, P. U. F., Paris, 1954.（『モナドロジー』）
——『ライプニッツ著作集』全 10 巻, 工作舎, 1988-.
Locke
——1690, *An Essay concerning Human Understanding*; collated and annotated by A. C. Fraser, Dover Publications Inc., New York, 1894; 大槻春彦訳『人間知性論』岩波文庫.
Malebranche
——1966, *Réponse à la 3ème lettre d'Arnauld*, *Œuvres*, t. IX, Vrin.
——1962, *Recherches de la vérité*, éd Rodis-Lewis, Vrin.
Pascal, Blaise
——1954, *Œuvres complètes*, éd. Pléiade.
——1978,『パスカル』世界の名著 29, 中央公論社.
Spinoza
——1954, *Œuvres complètes*, éd. Pléiade.
——1990, *Ethique*, trad. Misrahi, P. U. F.

——1983, *Etica, Ethique*, texte et traduction, Ch. Appuhn, Vrin.
——1980,『スピノザ・ライプニッツ』世界の名著 30, 中央公論社.
Vanini, Giulio-Cesare
——1842, *Œuvres philosophiques*, traduit par X. Rousselot, Librairie de Charles Gosselin.
Vico, Giambattista
——1710, *De Antiquissima itarorum sapientia ex lingua latinae originibus eruenda*, Liber primus sive Metaphysicus, Napoli ; 上村忠男訳『イタリア人の太古の知恵』法政大学出版局, 1986.
Voltaire
——1967, *Dictionnaire philosophique*, ed. Etiembre, Garnier.
——1961, *Lettres philosophiques*, in: éd. Pléiade.

III　デカルト及びその周辺に関する論文・研究書

赤木昭三
——1980,「十七世紀のリベルタンとデカルト思想」上～下,『思想』671～673.
Alquié, Ferdinand
——1950, *La découverte métaphysique de l'homme chez Descartes*, P.U.F.
Armogathe, Jean-Robert
——1970, Saisie et maniement de l'information dans le *Discours de la Méthode*, in: *Les applications de l'informatique aux textes philosophiques*, Centres de Documentations Sciences Humaines.
——1983, Note brève sur le vocabulaire de l'âme au dix-septième siècle, in: *Spiritus*, Ateneo, Roma.
Armogathe(J.-R.)et Marion(J.-L.)
——1976, *Index des Regulae*, Ateneo, Roma.
Belaval, Yvon
——1960, *Leibniz critique de Descartes*, Gallimard.
——1961, *Leibniz, initiation à sa philosophie*, Vrin.
——1976, *Etudes leibniziennes*, Gallimard.
——1977, Sur la langue universelle de Leibniz, in: *Langue et langage de Leibniz à l'Encyclopédie*, U.G.E., 10/18.
——1984, Commenius critique de Descartes, in: *Archives de philosophie*, t. 47, c. 3.
Beyssade, Jean-Marie
——1979, *La philosophie première de Descartes*, Flammarion.
Bertland, Michèle
——1983, *Spinoza et l'imaginaire*, P.U.F.
Boutroux, Emile
——1927, *Créations des vérités éternelles chez Descartes*, trad. G. Canguilhem,

Félix Alcan.
Boutroux, Pierre
——1900, L'imagination et mathématique selon Descartes, F. Alcan.
——1920, *L'idéal scientifique des mathématiciens*；河野伊三郎訳『数学思想史——数学者の科学的理想』岩波書店，1943.
Busson, Henri
——1933, *La pensée religieuse française de Charron à Pascal*, Vrin.
Cahné, Pierre-Alain
——1977, *Index du Discours de la Méthode*, Ateneo, Roma.
——1980, *Un autre Descartes, le philosophe et son langage*, Vrin.
Cassirer, Ernst
——1937, Descartes et l'unité de la Science, in: *Revue de Synthèse*, XIV, 7.
——1939, *Descartes, Lehre-Persönlichkeit-Wirkung*, Gerstenberg Verlag, Hildesheim, 1978.
——1923, *Philosophie der symbolischen Formen*, Bruno Cassirer Verlag, Berlin;『象徴形式の哲学』生松他訳，竹内書店；『シンボル形式の哲学』I-III, 生松・木田訳，岩波文庫.
——1922, *Das Erkenntnisproblem in der Philosophie und Wissenschaft der neueren Zeit*, 3 t. Berlin.
——1932, *The Platonic Renaissance in England*;『英国のプラトン・ルネッサンス』花田・三井訳，工作舎，1993.
Chomsky, Noam
——1966, *Cartesian Linguistics*, Harper & Row; trad. fr. *Linguistique cartésienne*, Seuil, 1969；川本茂雄訳『デカルト派言語学』テック，1970.
——1972, *Language and Mind*, Harcourt, Brace, & Jovanovich；川本訳『言語と精神』河出書房新社，1980.
Christin, Anne-Marie
——1993, Leibniz et l'écriture（「ライプニッツと普遍エクリチュール」谷川多佳子訳『人間知性新論』上，月報，工作舎，1993）.
Costabel, Pierre
——1982, *Démarches originales de Descartes savant*, Vrin.
——1987, *Descartes, Exercices pour les éléments des solides*, Vrin.
Costabel（P.）et Marion（J.-L.）
——1978, Quelques résultats de l'indexation des textes de Descartes, in: *Recherches sur le XVIIe siècle*, II.
Couturat, Louis
——1901, *La logique de Leibniz d'après des documents inédits*, Paris; réimp. Olms, 1969.
Crapulli, Giovanni
——1966, *René Descartes, Regulae ad directionem ingenii, texte critique et version hollandaise du XVIIIe siècle*, Martinus Nijhoff, La Haye.

——1969, *Mathesis universalis, genesi di una idea nel XVI secolo*, Ateneo, Roma.

Dascal, Marcelo

——1978, *La sémiologie de Leibniz*, Aubier.

David, Madeleine

——1965, *Le débat sur les écritures et l'hyéroglyphe aux XVIIe et XVIIIe siècles*, SEVPEN.

Denissof, Elie

——1970, *Descartes, premier théoricien de la physique mathématique*, publications universitaires de Louvain.

Fattori, Marta

——1982, Des natures simples chez Francis Bacon, in: *Recherches sur le XVIIe siècle*, V.

Foucault, Michel

——1966, *Les mots et les choses*, Gallimard.

Gabbey, Alan

——1977, Anne Conway et Henry More, Lettres sur Descartes, *Archives de Philosophie*, 1977, t. 40, Cahier 3.

Gäbe, Luder

——1972, *Descartes' Selbstkritik. Untersuchungen zur Philosophie der jungen Descartes*, Hambourg, Meiner Verlag, 1972.

Galison, Peter

——1984, Descartes' comparison: from the invisible to the visible, in: *ISIS*, vol. 75, n. 277.

Garin, Eugenio

——1988, Phantasia e imaginatio fra Marcilio Ficino e Pietro Ponponazzi, in: *Phantasia～Imaginatio*, Roma, Ateneo, 1988.

Gilson, Etienne

——1924, *Descartes. Discours de la méthode, texte et commentaires*, Vrin(本書で用いたのは 4e édition 1969).

——1913, *Index scolatico-cartésien*, 1913, Paris, F. Alcan(本書で用いたのは 2e éd. 1966, Vrin).

Gouhier, Henri

——1958, *Les premières pensées de Descartes*, 2e éd., 1979, Vrin.

Gueroult, Martial

——1953, *Descartes selon l'ordre des raisons*, 2 t. Aubier, 1963.

——1955, *Nouvelles réflexions sur la preuve ontologique de Descartes*, Vrin.

Hall, Thomas Steele

——1972, *Treatise of man, René Descartes*, Harvard U. P.

花田圭介

——1953,「デカルト自然学の位置」北海道大学文学部紀要.

——1980,「フランスにおけるヴァニーニの虚像」『日伊文化研究 XVIII』.
——1982,『ベイコン』勁草書房.
石井忠厚
——1991,「青年デカルトと薔薇十字」東海大学紀要文学部.
——1992,『哲学者の誕生——デカルト初期思想の形成』東海大学出版会.
伊豆蔵好美
——1988,「マテシスの理念と空間の形而上学」『現代思想』1988.10.
Joly, André
——1977, La linguistique cartésienne: une erreur mémorable, in: *La grammaire générale, des Modistes aux Idéologues*, Pub. Université de Lille III, 1977.
——1981, Le rapport langage pensée: de la linguistique cartésienne à la linguistique condillacienne, in: *Bulletin de la société française de la philosophie*, janvier-mars 1981.
桂　寿一
——1966,『デカルト哲学とその発展』東大出版会.
小林道夫
——1982,「現代フランスにおけるデカルト研究の諸問題」『理想』589号, 1982年6月.
——1986,「デカルトにおける自然学の形而上学的基礎づけ」『哲学研究』552号.
——1988,「デカルトの自然哲学と自然学」『デカルト』朝日出版.
——1991,「ライプニッツの夢——百科全書の構想と普遍学」ライプニッツ著作集10, 工作舎.
近藤洋逸
——1954,『デカルトの自然像』岩波書店.
Koyré, Alexandre
——1961, *La révolution astronomique, Copernic, Kepler, Borelli*, Hermann.
——1962, *Entretiens sur Descartes*, Gallimard.
Landormy, Paul
——1902, La mémoire corporelle et la mémoire intellectuelle dans la philosopohie de Descartes, in: *Bibliothèque du congrès internationale de philisophie*, IV(1900), Paris, Colin.
Laporte, Jean
——1945, *Le rationalisme de Descartes*, P.U.F.
Le Blond, J.M.
——1939, Les natures simples chez Descartes, in: *Archives de philosophie*.
前田達郎
——1982,「ルネサンスの科学と非科学——科学思想形成の一局面」新潟大学教養部研究紀.
Marion, Jean-Luc
——1975, *Sur l'ontologie grise de Descartes*, Vrin.

——1981, *Sur la théologie blanche de Descartes*, P.U.F.
Mattern, Ruth
——1978, Descartes' correspondance with Elisabeth: concerning both the union and distinction of mind and body, in: *Descartes, Critical Essays*, Johns Hopkins.
Mesnard, Pierre
——1937, L'esprit de la physiologie cartésienne, in: *Archives de philosophie*, vol. XIII, cah. II.
Milhaud, Gaston
——1921, *Descartes savant*, Félix Alcan.
森　有正
——1971,『デカルトとパスカル』筑摩書房.
村上勝三
——1982,「疑いと確実性」『理想』1982. 6.
——1990,『デカルト形而上学の成立』勁草書房.
Namer, Emile
——1980, *La vie et l'œuvre de J. C. Vanini*, Vrin.
野田又夫
——1971,『デカルトとその時代』筑摩書房.
——1966,『デカルト』岩波新書.
Noreña, Carlos G.
——1975, Juan Huarte's naturalistic philosophy of man, in: *Studies in Spanish Renaissance Thought*, Martinus Nijhoff.
小沢明也
——1990,「『規則論』における "Ego sum" と "Ego cogito" の順序関係について」『北海道大学哲学会』26 号.
Percival, W. Keith
——1972, On the non-existence of cartesian linguistics, in: *Cartesian Studies*, Oxford-Blackwell.
Pérouse, Gabriel
——1972, *L'examen de l'esprit de Juan Huarte, sa diffusion et son influence en France aux XVIe et XVIIe siècles*, Les Belles Lettres, 1972.
Pons, Alain
——1979, Les langues imaginaires dans les utopies de l'âge classique, in: *Critique*, août-septembre 1979.
Riese, Walter
——1965, *La théorie des passions à la lumière de la pensée médicale du XVIIe siècle*, S. Karger, Bâle(Suisse).
Robinet, André
——1970, Descartes à l'ordinateur, in: *Etudes philosophiques*, 1970.
——1976, "*Cogito* 75" *René Descartes: Méditations métaphysiques*, Vrin.

——1978, *Le langage à l'âge classique*, Klinksieck.
Röd, Wolfgang
——1971, *Descartes' Erste Philosophie*, in: Kantstudien. Erganzungshefte, 103, Bouvier.
Rodis-Lewis, Geneviève
——1950, *Le problème de l'inconscient chez Descartes et le cartésianisme* P.U.F.
——1950b, *L'individualité selon Descartes*, Vrin.
——1954, Le principe de vie chez Platon et Descartes, in: *La Vie, la Pensée*, P.U.F.
——1956, Machineries et perceptions curieuses dans leur rapports avec le cartésianisme, in: *XVIIᵉ siècle*.
——1971, *L'Œuvre de Descartes*, Vrin.
Rossi, Paolo
——1957, *Francesco Bacone, dalla magia alla scienza*, editori Laterza, Bari; 前田達郎訳『魔術から科学へ』サイマル出版会.
——1960, *Clavis Universalis, arti mnemoniche e logica combinatoria da Lullo a Leibniz*, il Mulino, Bologne, 1983; 清瀬卓訳『普遍の鍵』国書刊行会, 1984.
——1960b, La memoria artificiale come sezione della logica, in: *Rivista critica di storia della Filosofia*, 15.
——1962, *I filosofi e le machine 1400-1700*, seconda edizione, Milano, 1971; 伊藤和行訳『哲学者と機械』学術書房, 1988.
Roy, Jean-H.
——1945, *L'imagination selon Descartes*, Gallimard.
佐々木力
——1987,「〈われ惟う, ゆえにわれあり〉の哲学はいかにして発見されたか」『思想』1987.10
——1989,「ルネサンス的思想家デカルト?」『思想』1989.
佐々木能章
——1986,「ヘンリー・モアの空間論」三重大学研究紀要.
Scott, J.F.
——1952, *The Scientific Work of René Descartes 1596-1650*, Taylor & Francis, London; 1976.
Serres, Michel
——1969, Descartes: la chaîne sans chaînons, in: *La communication*, Minuit; 豊田彰訳「デカルト——環のない鎖」『コミュニケーション』法政大学出版局, 1985.
——1972, *L'interférence*, Minuit.
塩川徹也
——1985,『奇蹟と表徴』岩波書店.

——1985b,「17, 18 世紀までの心身関係論」新岩波講座哲学 9.
——1990, Imagination, fantaisie et opinion: pourquoi Pascal prend-il le thème l'"imagination" dans le fragment 44-78 des *Pensées*? in: *Equinoxe* 6.
下村寅太郎
——1979,『無限論の形成と構造』みすず書房.
Springmeyer, Heinrich.
——1970, Eine neue kritische Texteausgabe der 'Regulae ad directionem ingenii' von René Descartes, *Zeitschrift für philosophische Forschung*, 24, n. 1.
竹田篤司
——1965,『デカルトの青春』勁草書房.
田中仁彦
——1986,「デカルトの夢」『思想』1986. 3.
——1989,『デカルトの旅/デカルトの夢』岩波書店.
谷川多佳子
——1979, Bornes et limites de la raison chez Descartes, thèse de 3e cycle, Université de Paris-I.
——1980,「デカルトの動物機械論」『フランス語フランス文学研究』37.
——1982,「デカルトと心身問題(2)」札幌医科大学人文自然科学紀要.
——1982b,「デカルトにおける supposition——ガブリエル・ダニエルの *Voiage du Monde de Descartes*(1691)をめぐって」*Flambeau* 8.
——1988, La transposition du terme *imagination* dans la philosophie moderne japonaise, in: *Phantasia~Imaginatio*, Roma, Ateneo.
——1989,「デカルトと精神分析」『筑波大学哲学思想論集』14.
——1993,「ベイコンとデカルトの間」『フランシス・ベイコン研究』御茶の水書房.
所雄章
——1967『デカルト I』勁草書房.
——1971『デカルト II』同.
——1978「『思索私記』訳解・その 1」中央大学文学部紀要, 89 号.
——1980「『思索私記』訳解・その 2」同 91 号.
——1982「『思索私記』訳解・その 3」同 93 号.
Vleeschauwer, Hermann-Jean de
——1962, *Le plan d'études de R. Descartes*, Pletoria.
Vuillemin, Jules
——1960, *Mathématiques et métaphysique chez Descartes*, P. U. F.
——1967, *De la logique à la théologie——cinque études sur Aristote*, Flammarion.
Wahl, Jean
——1920, *Du rôle de l'idée de l'instant dans la philosophie de Descartes*, Paris; Réimp. Vrin, 1953.

Weber, Jean-Paul
——1964, *La constitution du texte des Regulae*, SEDES, Paris.
Yaguello, Marina
——1984, *Les fous du langage——des langues imaginaires et de leur inventeurs*, Seuil; 谷川・江口訳『言語の夢想者』工作舎, 1990.
Yates, Frances A.
——1966, *The Art of Memory*, Routledge & Kegan Paul; 1984 ARK Edition, London; trad. fr. Daniel Arasse, *L'Art de la mémoire*, Gallimard, 1975.
——1967, The hermetic tradition in Renaissance Science, in: *Art, Science, and History in Renaissance*, ed, by Charles S. Singleton.
——1972, *Rosicrucian Enlightenment*, Routledge & Kegan Paul; 山下知夫訳『薔薇十字の覚醒』工作舎, 1986.

Ⅳ　その他の使用文献

アリストテレス
——『形而上学』*Metaphysica*(略号 Meta.), 出隆訳, 全集 12, 岩波書店, 1968; trad. fr. J. Tricot, *La Métaphysique*, 2 vols., Vrin, 1991-1992.
——『分析論後書』*Analytica Posterioria*(略号 An. Post.), 全集 1, 1971.
——『自然学』*Physica*, 出・岩崎訳, 全集 3, 1968.
——『霊魂論』*De anima*, 全集 6.
——『動物部分論』*De partibus animalium*, 全集 8.
——『動物発生論』*De generatione animalium*, 全集 9.
Brouwer, L. F. J.
——1975, *Collected Works*, t. I. Philosophy and Foundations of Mathematics, A. Heyting ed., Amsterdam, Oxford, New York.
Bloch, Olivier
——1985, *Matérialisme*, P. U. F., coll. Que sais-je ?
Bunge, Mario
——1984, Philosophical problems in linguistics, in: Erkenntnis, vol. 21, n. July; 氏家洋子訳『言語とは何か』誠信書房, 1986.
Canguilhem, Georges
——1955, *La formation du concept de réflexe aux XVIIe et XVIIIe siècles*, P. U. F.
Changeux, Jean-Pierre
——1983, *L'homme neural*; 新谷訳『ニューロン人間』みすず書房, 1989.
Chertok, L. & R. de Saussure
——1973, *Naissance du Psychanalyste*, Payot; 長井真理訳『精神分析学の誕生』岩波書店, 1987.
Ellenberger, H. F.
——1970, *The Discovery of the Unconscious*, New York; 木村・中井監訳『無意

識の発見』弘文堂，1980.
Gusdorf, Georges
——1960, *Introduction aux sciences humaines*, Strasbourg.
Husserl, Edmund
——1929, *Cartesianische Meditationen. Eine Einleitung in die Phänomenologie*, Felix Meiner Verlag, 1977; trad. Peiffer & Levinas, *Méditations cartésiennes, introduction à la phénoménologie*, Vrin, 1969；船橋弘訳『デカルト的省察』中央公論社，世界の名著，1980.
Lalande, André
——1972, *Vocabulaire technique et critique de la philosophie*, 11 éd., P.U.F.
Merleau-Ponty, Maurice
——1942, *La structure du comportement*, P.U.F.；滝浦・木田訳『行動の構造』みすず書房，1964.
——1945, la *phénoménologie de l'esprit*, Gallimard；竹内・小木・木田・宮本訳『知覚の現象学』I, II, みすず書房，1967, 1974.
——1969, *La prose du monde*, Gallimard.
中村雄二郎
——1965,『パスカルとその時代』東京大学出版会.
——1975,『感性の覚醒』岩波書店.
Popper, Karl (& Eccles, John. C.)
——1977, *The Self and its Brain, an Argument for Interactionism*, Spring International；大村・西脇訳『自我と脳』思索社，1986.
Renouvier, Ch.
——1869, *Science de la morale*, Paris.
Spicker & Engelhardt ed.
——1976, *Philosophical Dimensions of the Neuro-medical Sciences*, D. Reidel.
Starobinsky, Jean
——1988, En guise de conclusion, in: *Phantasia～Imaginatio*, Roma, Ateneo, 1988.

注

第　一　部

第一章

（1）『思索私記』Cogitationes privatae は1冊の書物としてできあがったものではない．デカルトが1650年2月スウェーデンで客死したあと，その遺稿は整理され，その目録がつくられた——「ストックホルム遺稿目録」（これについては現在二つの写本が残っている），その目録「C項」の「1冊の小さな羊皮紙のノート」のなかにデカルトが若いころ書いたと思われる手記・覚書きがあり，『序　章《プラエアンブラ》，主への畏怖は知の初め』（Praeambula. Initium sapientiae timor domini），『パルナッスス』Parnassus，『オリュンピカ』Olympica，『デモクリティカ』Democritica，『エクスペリメンタ』Experimenta の名が挙げられ，そのほか，学問についてのものや，代数などを含む無題の手記もあったことが記されている．アダン＝タヌリ版全集では213ページから248ページに収められ，アダンの解説が付けられている（A. T. X, 207-212）．後4分の3弱は「石の落下」や「水の重さ」，コンパスを使って3次方程式を作図するためのメモなど，物理－数学的研究のノートに占められており，当時のデカルトがこの領域の研究に多くの時間を費やしていたことが窺われる．デカルトの手稿そのものは今日残っていない（その経緯については，森・所編訳『思索私記』pp. 29-30参照）．伝記作者バイエ Baillet は散逸以前に原稿を直接読む機会をもちえたようであり，原典中の章句をしばしば引用している．しかし断片的である．他方ライプニッツは，バイエより早く，クレルスリエが遺稿を保管していたときに，自ら筆写し，さらにチルンハウスにも筆写を依頼した．それらの写稿はハノーヴァー図書館に埋もれていたが，19世紀にフーシェ・ド・カレイユが見いだし，『デカルトの未完著作集』として刊行した．『思索私記』の題名はそのときにつけられたと推定されている．

（2）Rodis 1971, p. 444.

（3）所 1978, p. 5; Gouhier 1958, p. 68, n. 35.

（4）Rodis 1971, pp. 37-38; 所 1978, pp. 5-6.

（5）Giulio C. Camillo, *L'idea del teatro dell'eccellent*, 1550; Rossi 1960, pp. 104-107, p. 18 sq.; cf. Yates 1966, tr. fr. p. 166 sq.

（6）Rossi 1960, pp. 53-54. なお記憶術については，cf. Yates 1966.

（7）Rossi 1960, pp. 72-74. そのような視点からのルルス思想の側面と流れについては Ibid., cap. II-3. また当時の象徴的イメージや類似を中心としたエピステーメについては，Foucault 1966, chap. II.

（8）Rossi 1960, pp. 79-83, 邦訳，pp. 91-94.

(9) グレゴワールの著書の題名は正確には『提起されたことがら全部について，多くの，ほとんど無数の根拠にもとづいて議論あるいは論述し，万物を総合的に把握できるような7巻からなる驚異の術体系』(1583-87，リヨン)であるが，フーコーは1610年版を用いている(Foucault 1966, p.32). Cf. Rossi 1960, pp.79-80.

(10) Rodis 1971, p.458, n.14.

(11) このベークマン宛書簡の詳細な解説は，石井 1991, pp.56-58参照.

(12) Rodis 1971, p.78. なお，シェンケリウス『記憶術』(1595)の正確なタイトルについては，Rodis 1971, p.464, n.40. Cf. A.T.X, 251.

(13) ロッシは記憶術の二つの流れを対置しているが(Rossi 1960, cap.I-IV)，それに続く章でデカルトのシェンケリウスに対するこの反応をとりあげ(Ibid., pp.124, 145, 153-155, 253)，デカルトが記憶術をめぐる論争でみられたキケロ流論者の用語と問題設定そのものは評価している点を指摘する．なおロディスはデカルトによるシェンケリウス批判が，当時ひろまっていた批判とも共通部分があるとして次の書物を例に挙げている．Le Cuirot, *Le magasin des sciences...*, Paris, 1623(Rodis 1971, p.464, n.40).

(14) Yates 1966, trad.fr.p.401. ヨハンネス・ペップの著作はちょうど1617年から1619年にかけてリヨンで上梓されている．そのうちの1冊はシェンケリウス『記憶術』の註解であった(正確な題名とこれらペップの著作については，Rossi 1960, pp.145-146).

(15) Cf. Yates 1966, Rodis 1971, p.78.

(16) Rodis 1971, p.444, n.93(Rossi 1960, pp.51-61).

(17) Rossi 1960, p.81 sq.

(18) Ibid., p.75, p.81.

(19) Ibid., pp.104-107; Rodis 1971, pp.458-459, n.14.

(20) Rossi 1960, pp.176-177. ロッシはこれを若者にありがちな哲学的流行への譲歩としてだけでなく，このような知と宇宙(ないし自然)の両者に介在する緊密な対応をデカルトがずっと後にも強調していることを指摘する．1639年，コメニウスの『汎智論予告』を読み，熟考を重ねたデカルトは，コメニウスの構想を実行不可能としながらも，「単一で素朴で連続し，きわめてわずかの原理に還元できる」知と，その知の「絵画」ないし「鏡」とされるような「単一かつ素朴で連続した自然」との，この「知」と「自然」に介在する緊密な対応は依然強調されている(Rossi, Ibid.). メルセンヌ宛書簡の一節にデカルトは次のように書いている．「神は唯一であり，単一かつ素朴で連続し，いたるところ首尾一貫して調和を保ち，ごく少数の原理，原則から不変の自然を創造し，その後ほぼ無数の事柄を，それぞれ一定の秩序と階層に区分された三界，鉱物界・動植物界へと導入したが，同じように，事柄の認識も，唯一の創造主と唯一の自然に似て，唯一・素朴で，中断することなく連続し，少数の原理……をもって一定不変でなければならない．ゆえに他のものは，何であれ，不可分の脈絡と巧妙な秩序にしたがって，ごく特殊なものにいたるまでことごとくいつでも演繹されることになる．かくして一般・個別についてのわれわれの考察は，絵画とかその個別部分のイメージをそっくりそのまま映し出す世界の鏡と類似することになる」(A.T.Sup. 97-98; Rossi Ibid., p.177). ただ

し，これは後のデカルトに確立される理性の連鎖・演繹であって，必ずしもルルス主義的なものとはいえないのではないだろうか．その痕跡がみられるとしても．なおデカルトとコメニウスに関してはベラヴァルの次の論文を参照．Belaval 1984.

(21) ドーブリーは魔術による手術を施したとの非難から身を守るためこのような学問連鎖・知識と自然の対応などの概念をちらつかせた(Rossi 1960, pp. 178-179)．ドーブリーがこれを書いたのはデカルトの『プラエアンブラ』手稿より後のことであり，デカルトはこのノートを見ることはなかったはずである(Rodis 1971, p. 444, n. 93)．鎖のイメージはすでにプラトンにみられ(*Menon*『メノン』98a)，さらにピコ・デラ・ミランドラの著作に示されている(Rodis 1971, p. 444, n. 93)．ロッシもこうした「一元化される学問」の源泉にプラトン＝ピュタゴラス的伝統をあげている(Rossi 1960, pp. 80-81)．

(22) 田中 1986, p. 29. 以下は田中氏のこの論文を参照した．

(23) Rossi 1960, pp. 88-90.

(24) Rossi 1960, pp. 153-161; Rodis 1971, p. 444, n. 93.

(25) 『良識の研究』(Studium bonae mentis)の草稿は失われ，「ストックホルム目録」にも出ていないが，バイエの記述により知ることができる(*Vie*, II, 406; A. T. X, 191)．ジルソンの注釈によれば，「1620年，復活祭までに」書かれるべき書物がこれであったとされる(Gilson 1924, p. 180)．Cf. Rodis 1971, p. 72 sq., p. 462.

(26) *Vie*, II, 474; A. T. X, 202.

(27) Rodis 1971, p. 75.

(28) これについてはジルソンの詳しい註釈がある(Gilson 1924, pp. 81-83)．

(29) Vleeschauwer 1962, p. 19.

(30) Juan Huarte, *Examen de Ingenios para las sciencias*(1575)．フランスにおけるこの書の影響については，Pérouse 1972を参照．スペイン・ルネサンス思想のなかでのウアルテの哲学の特徴については，Noreña 1975を参照．

(31) Vleeschauwer, Ibid.

(32) Rodis 1971 p. 82, p. 89, p. 463; Pérouse 1972.

(33) Rodis 1971, p. 463；なおウアルテの書のベイコン，シャロン，デカルトへの影響はNoreña 1975にも触れられている(p. 263)．

(34) Gilson 1924, p. 109; cf. Jean-François Niceron, *La Perspective curieuse ou Magie artificielle des effets merveilleux de l'optique....*, Paris, 1638.

(35) 田中 1989, p. 70；石井 1991, pp. 47-50.

(36) Gouhier 1958.

(37) Rodis 1956.

(38) デカルトがアグリッパのこの書を読んだ可能性がないわけではないが，グイエは，「鳩」はよく知られた話で，たとえばイエズス会で権威のあったコインブラの神学者たちの『アリストテレス註解』でも言及があると指摘している(Gouhier 1958, p. 111, n. 34)．

(39) Yates 1972. Cf. 前田 1982. なおロッシは当時の背景としてルネサンスにおける古代ギリシアの技術的著作の復興や機械的技術の発展などを実証的に示し

ている(Rossi 1962). イエーツも，以下に述べるルネサンスの機械的技術への関心と嗜好が，この種の驚異を記したアレクサンドリアのヘロンとその学派の古文献の再発見によっておこったことを記している(Yates 1972, 邦訳 31 頁).

(40) Yates 1972, 邦訳 130 頁.

(41) 所 1980, pp. 14-15.

(42) Ibid., pp. 15-17. 以下は所氏の解説を参照した.

(43) Yates 1972, 邦訳 166 頁.

(44) Rodis 1956, p. 56.

(45) 石井 1991, p. 52.

(46) Ibid., p. 52-53 ; 石井 1992.

(47) 石井 1991, pp. 53-54.

(48) フロイトもこの夢を検討し，いくつかの重要な留保を残しつつも解釈不可能としている(cf. 谷川 1989, pp. 59-61).

(49) 田中 1989, p. 172 sq. ; 田中 1986, pp. 28-31.

(50) 田中 1989, pp. 159-161; 田中 1986, pp. 34-35.

(51) 田中 1989, pp. 183-184.

(52) Yates 1972.

(53) L. du Fresnoy, *Histoire de la philosophie hermétique*, 1747(Rodis 1971, p. 445, n. 95); Ch. McIntosh, *The Rosicrucians: The History, Mythology and Rituals of an Occult Order*, 1987 ; 吉村正和訳『薔薇十字団』平凡社, pp. 71-77. なおマイアーの著作についてはポワソンの言及がある(A. T. X, 197-198). 17 世紀における薔薇十字のテクストや著名思想家への影響については次を参照. Sédier, *Les Rose-Croix*, Bibliothèque des “Amitiés spirituelles,” Paris, 1964, pp. 59-72.

(54) 石井 1991, p. 64 sq.

(55) *Commentaires ou remarques sur la méthode de R. Descartes*, Vendôme, 1670, p. 30(A. T. X, 197). ポワソンは，クレルスリエによって保管されていたデカルトの手稿を参照している.

(56) Baillet, *Abrégé de la vie de M. Descartes*, Paris, 1692, in-12, La Table Ronde, 1945. なおロディスはこれらのことを，「伝説のざわめき」であろうかとも言う(Rodis 1971, p. 445, n. 97). Cf. A. T. X, 199.

(57) Yates 1972, chap. VIII.

(58) Rodis 1971, p. 40 ; 石井 1991, p. 64.

(59) これがいつ執筆されたかが問題であるが，ミローは 1619-1620 年冬とし(Milhaud 1921, p. 86)，コスタベルは 1620-1621 年冬とする(Costabel 1987, pp. 107-108).

(60) Costabel 1987, p. 54; Milhaud 1921, pp. 86-87.

(61) 田中 1989, pp. 113-123.

(62) Costabel 1987, p. 53 ; 石井 1991, pp. 66-67.

(63) Costabel 1987, p. 90, p. 54.

(64) 『規則』IV ではおそらくこれらの問題との関連で「説明不可能な図形から

解放される……」と言っている. Cf. Costabel 1987, pp. 89-90, p. 90, n. 16; Costabel, Les *Regulae* et actualité scientifique de leur temps, in: Costabel 1982. なお『規則論』のこの箇所についてはMarion 1977, p. 154, n. 28.

(65) ベークマンとの共同研究におけるこの点は, 石井 1992, 3章参照.

(66) 以下は石井氏の綿密な解釈に負うところが大きい. 石井 1991, pp. 68-71参照.

(67) フーシェ・ド・カレイユはこの後に《*F. Ros. Cruc.*》を付け加えている(A. T. X, 214). 薔薇十字兄弟団を意味すると思われるこの括弧は, フーシェ・ド・カレイユが挿入したものなのか, あるいはライプニッツの筆写原稿にあったものなのか, さらにはデカルトの自筆原稿にあったものなのか, 事実的考証は現在不可能である(所 1978, p. 16). 次に来る最後の一文の「ふたたび」(denuo)の事実的意味も今日詳らかにすることはできない(所 1978, p. 17).

(68) 所 1978, p. 11. なお所氏はこれを, 偽作者名で仮面をして「世界という劇場(舞台)」へ登場しようとするデカルトと解釈する.

(69) Gouhier 1958, pp. 109-110.「ポリビウス」についてグイエは「ポリビウス・メガロポリタヌス」という著名な歴史家の仮面のもとで, 事実を説明し, 原因を解明し, そこから教訓を引き出そうとしている「若き数学者」の姿を想像している(Ibid.). Cf. 所 1978, pp. 11-12 ; 石井 1991, p. 69.

(70) Gouhier 1958, p. 114.

(71) 石井 1991, p. 66.

(72) 佐々木力 1989, p. 142.

(73) 石井, Ibid.

(74) Ibid., pp. 68-70.

(75) 所 1978, pp. 13-14.

(76) 石井 1991, p. 70 ; 所 1978, p. 15.

(77) 石井 1991, p. 71.

(78) 田中 1989. 無論現在, 事実的意味の確定不能なものは多く残っている.

(79) 石井 1991.

(80) Ibid., pp. 71-72.

(81) ただしベイコンは政治思想・社会思想においては近代の創始者であり, 学問の方法全体において中世的学問の『大革新』をめざしたことは無論である.

(82) Rossi 1957, 前田訳 pp. 11-12.

(83) Ibid., 前田訳 p. 21; *Novum Organum*(以下N. O. と略記)I. 74; Spedding(ed.), *De dignitate et augmentis scientiarum*(以下D. A. と略記)I, 457-8, 572; Spedding(ed)., *Advancement of Learning*(以下Adv. と略記)III, 28-90 (Rossi 1957, 前田訳 p. 9).

(84) D. A. VI, 2(Ibid., 前田訳 p. 80).

(85) Milhaud 1921, chap. X ; 谷川 1993.

(86) Denissoff 1970; Gilson 1924, p. 444 sq.

(87) ロディスは, デカルトがそれでも「注意ぶかく」(diligentius)特別の関心をもって(X, 165)老人と語り合ったことを強調している. なおルルスの術に関し

てのデカルト＝ベークマンの書簡については石井氏の詳細な分析がある(石井 1991).

(88) ロッシはこのデカルトの評価を，先ほどみた『学問の尊厳と進歩』でのベイコンのルルス批判に関連づけ，次のようなアグリッパの見解に従ったのではないかとする.「この術は知識の修得よりも，才能を誇示し学識をひけらかすために役立つ……またその効用以上に大胆さが問題となる」(H.C. Agrippa, *Opera*, 1600, II, pp. 31-32); Rossi 1960, pp. 164-165.

(89) マリオンはベイコンのテクストをあげ(D.A.I, I, 456)，さらにスアレスの見解を引き合わせる(Marion 1977, pp. 204-205).

(90) Foucault 1966, pp. 65-66.

(91) Rodis 1971, pp. 45-47, 448-449.

(92) 小林 1986, p. 104.

(93) その詳細は石井 1992, p. 151 sq.

(94) Ibid., p. 260.

(95) 佐々木力氏の解説によれば，彼が乗り越えようとしている対象はクラヴィウス『代数学』(1608年刊)であり，デカルトのこの構想は1628年頃までに『代数学』と名づけられる著書となっていく(佐々木 1989, p. 141).

(96) その詳しい過程は，cf. 石井 1992, pp. 273-276.

(97) Ibid., p. 276.

(98) Schuster, J.A., Descartes and the scientific revolution 1618-1634, A dissertation to Princeton University, 1977. Cf. 石井 1992, p. 277 および p. 289, n. 56.

(99) 『思索私記』はほぼすべて，「羊皮紙の手帖」からライプニッツが抄出して写したものであることに研究者の意見は一致しているが，どのような順序で筆写したのかは疑問が残されている(Gouhier 1958, p. 16). ここではグイエによる分析，石井氏の検討を尊重した(石井 1992, p. 251).

(100) 石井 1991, p. 49.

第二章

(1) 執筆時期は正確には不祥. アダン＝タヌリによれば，1628年頃と推定され(A.T.X, 486 sq.)フランスの片田舎で書かれたというのが定説(所 1972, I, p. 102). なおJ.-P. Weberは，各規則について現行の新旧の別を細かく考証し，それをもとに方法についてのデカルトの考えの発展段階を細分している. 1619年前後には八つの段階を，1628年に近い時期も二つに分ける，というように(Weber 1964).

(2) article F.——Neuf cahiers, reliez ensemble, contenant partie d'un Traité des Règles utiles et claires pour la direction de l'esprit en la recherche de la vérité(A.T.X, 351). Cf. *Vie*, II, 427-428.

(3) 以上は次を参照した. Crapulli 1966.

(4) Marion 1975, p. 14.

(5) Ibid., p. 15. ただしメルセンヌ宛の手紙に可能的例外がある——「……私

が書き始めたあの小さな論文.」(A. T. I, 136)

(6) Marion 1975, p. 18.

(7) ただし関連的な次のような用法や表現はみられる. A Mersenne, 15 avril 1630: "elles(=les vérités éternelles)sont toutes mentibus nostris ingenitae, ainsi qu'un Roi imprimerait ses lois dans le cœur de tous ses sujets s'il en avait ainsi bien le pouvoir"(A. T. I, 145);『方法序説』"qui sont naturellement en nos âmes"(A. T. VI, 64); "connaissance... naturelle à nos âmes"(A. T. XI, 47; A. T. VI, 41).

(8) Gäbe 1972. Cf. Bulletin cartésien III, Archives de Philosophie 1974, 37/3, pp. 468-470. なおベイコンのデカルトへの影響, 特に『方法序説』執筆への影響を詳細に論じたものに次がある. Denissof 1970.

(9) Marion 1975.

(10) 佐々木力 1987, p. 32 ; ヨーロッパにおけるデカルト直前の Mathesis universalis のさまざまな動向に関しては, cf. Crapulli 1969.

(11) 以下は次を参照した. 小林 1986, pp. 104-105.

(12) これは解析幾何学の端緒となる考え方で,『幾何学』第1巻初めにこれと同様の操作が展開されている.

(13) 小林 1986, p. 105. Cf. Vuillemin 1960, pp. 99-128.

(14) P. Boutroux 1920, 河野訳, pp. 107-108.

(15) Ibid., 河野訳, p. 108.

(16) Belaval 1960, p. 45.『ビュルマンとの対話』でも, 記録・記憶にもとづく術〈art〉にすぎない通常の数学から「数学的学問」への移行が代数の応用を介してなされることが自覚的に語られ(A. T. V, 176-177),「代数から汲み出されるべき」ことが強調されている(Regulae ad directionem ingenii〔Reg. と略記〕, VIII, A. T. X, 393-395).

(17) Belaval Ibid.

(18) このような普遍学の構想は, デカルトがのちに『方法序説』――『屈折光学』『気象学』『幾何学』への序文として公刊する――の題名としてメルセンヌに予告した次のような表現からも窺われる.「われわれの本性をその最高度の完全性へと高めうる普遍学 Science Universelle の試案. 著者の提唱する普遍学を立証するために著者が選び得た, 最も興味深い題材が, 学んだことのない人々にも理解されるように説明される, 屈折光学, 気象学, 幾何学を付す」(A. T. I, 339). Cf. 伊豆蔵 1988, pp. 110-112.

(19) P. Boutroux 1920, 河野訳, p. 110.

(20) たとえば科学史におけるコイレや哲学におけるフッサールによって, この問題は詳しく論じられている.

(21) Belaval 1960, p. 45.

(22) Cf. 伊豆蔵 1988.

(23) 1638. 3. 31, メルセンヌ宛「これら(数論の問題)が幾何学の問題よりも難しいという理由からではなく, それらがおよそ可能な限り最も偉大な精神の才知によるよりも, 数の系列を根気よく吟味して行くような勤勉な人間によって見いだし

うる場合があり，しかもきわめて無益であるという理由から，私はそれらに時間をさく気持ちがない……のです．」(A. T. II, 91)

(24) デカルトが数論の問題を解くことを承知する場合も不承々々なのである．たとえば若いジローのような徒弟に尊大にその仕事を任せていられないような場合である．「しかし彼(フェルマー)は，私があまりに簡単だとして省いた当の問題がきわめて難しいと言いますので，私は若いジローに試させてみようと思いました．……彼はそれを容易にこなしました」(1638. 6. 29, メルセンヌ宛，A. T. II, 179). Cf. Belaval 1960, p. 39, n. 7.

(25) Ibid., p. 39.

(26) Ibid.

(27) 小林 1986, pp. 105-106; Marion 1975, p. 64 sq.

(28) Cf. Vuillemin 1967, I(L'analogie), II(Le système des Catégories d'Aristote...); 小林 1986, p. 106 sq.

(29) Vuillemin 1967, pp. 13-17; Tricot, J., *Aristote: La Métaphysique*, t. I, p. 334, n. 1. Cf. 小林 1986, p. 106.

(30) 小林，Ibid., p. 106.

(31) Marion 1977, pp. 238-239.

(32) Ibid., p. 89 sq.

(33) Ibid., pp. 25-26.

(34) *Discours de la méthode*, A. T. VI, 51, 59; A Mersenne, novembre 1630, A. T. I, 271.

(35) Marion 1975, p. 32.

(36) Cassirer 1937, pp. 11-12. なおマリオンはアリストテレスの「潜勢的に知性は」(*De anima* III, 4, 429b30-31)というテクストを引いて，それまでの，知性と可知的なものとの関係を示している(Marion 1975, p. 29).

(37) この概念がのちの『方法序説』第5部の「普遍的道具」instrument universelであるような「人間理性」raison humaineにつながっていくことは勿論である．Cf. Marion 1975, p. 31の指摘．

(38) 谷川 1992.

(39) Gilson 1925, pp. 451, 456-457.

(40) Marion 1975, pp. 42-44.

(41) Ibid., pp. 43-44.

(42) Ibid., p. 43.

(43) Ibid., p. 45. なおintuitusとデカルトの方法の第1規則については，Belaval 1960, chap. I参照．

(44) Marion 1975, p. 46.

(45) 花田 1953参照．

(46) Ibid., pp. 26-27.

(47) Bachelard, *Nouvel esprit scientifique*, chap. IV. 以上は主としてMarion 1975, p. 136参照．

(48) 以上は小林 1986, pp. 110-111参照．

(49) Ibid., p. 111.

(50) Marion 1977, pp. 240-241(デカルトの naturae simplices とベイコンの naturae/formae とのつながりを当然の事柄としつつ，かつ両者の差異も強調されている)；花田 1982.

(51) 花田 1982, p. 162 sq.

(52) Fattori 1982.

(53) この「形相」については，花田 1982, p. 162 参照.

(54) Marion 1977, p. 240 sq.

(55) 花田 1982, p. 195-196.

(56) Belaval 1960, p. 41.

(57) Ibid.

(58) Reg. VII, A. T. X, 388, 389, 390; Reg. XI, A. T. X, 408, 407. Cf. Marion 1977, p. 118.

(59) N 版はオランダ語 afleiding をもとに deductio とし，グイエやアルキエ＝J. ブランシュヴィックの編集による版も deductio と直している. A 版，H 版，アダン＝タヌリ全集では inductio を保持している.

(60) Rodis 1971, p. 171.

(61) Marion 1975, pp. 100-101.

(62) Rodis, Ibid. マリオンはさらに——やや強引な感もあるが——inductio の頻度の少なさを illatio の多数の出現に結びつける(Marion 1977, p. 107). 以下は次を参照，Marion 1977, p. 118.

(63) Marion 1975, p. 46.

(64) A Mersenne, 16 oct., 1639, A. T. II, 599; *De Anima*, III, 4, 429a22；以下は次を参照——Marion 1975, p. 48, 小林 1986, pp. 109-111.

(65) Reg. XII, 420; Reg. VIII, 368, 399(“res... prout ab intellectu attinguntur”); Meditationes, A. T. VII, 7, 46, 52, 165; A Mersenne, 27 mai 1630 “toucher de la pensée,” A. T. I, 152; A Silhon(?), mars-avril 1648 “... nous touchons de l’esprit,” A. T. V, 137. アリストテレス注釈書においても thigein-thigganein は attingere と訳されている(Marion 1975, p. 48, n. 48).

(66) 小林 1986, p. 110; Marion 1975, p. 48, 特に n. 49.『形而上学』のこの箇所は次のように仏訳されている “... toucher et proférer, c’est le vrai...; ignorer, c’est ne pas toucher.”(Marion, Ibid.)

(67) Marion 1975, p. 48, n. 51.

(68) Ibid., p. 49 そして n. 53.

(69) Reg. A. T. X, 362, 364, 365, 366, 368, 382, 401, etc. また「容易」と「単純」の両タームが同値の用いられ方をしていることも指摘される(Marion 1977, p. 172, n. 5).

(70) Marion 1975, p. 50.

(71) Ibid.

(72) Serres 1969, p. 122 sq. 邦訳 p. 137 sq. Cf. 小沢 1990.

(73)『規則』XIV は「次元」を「そのもとで対象が測りうるとみなされる関

係」と定義している(A. T. X, 447).

(74) Serres 1969, pp. 116-117, 邦訳 pp. 130-131.

(75) 小沢 1990, pp. 9-10 参照.

(76) 「すぐに……困難で厄介なことに携わるべきではなく，まず最もたわいなく最も単純な技術，とりわけ順序がより支配的な技術を検討すべきである．例えば，布や敷物を織る職人たちの技術，刺繡したり，無限に多様な織物の糸を混ぜ合わせたりする女性たちの技術，同様に数のあらゆる遊びと数論に関するものすべて，および同様のもの．」(A. T. X, 404)

(77) Laporte 1945, p. 321. ベラヴァルはこのラポルトの要約を引いて，前者のスコラ的考え方は数学による近代化をともなってライプニッツのものとなっていくことを付け加えている(Belaval 1960, p. 42, n. 1). なおこの問題の詳細は Belaval 1960, chap. III 参照．この場合の確証が論理的であるというのは，空虚な規則を取り払われた論理学の仕事が明晰判明な概念を見て取り，かつこの見て取ることをそれぞれの関係ごとに維持して行くことにある．かくして，直観的演繹という「この方法に内在する原理から生まれた自然の果実」(A. T. X, 373)，数論と幾何学の必然的厳密性が明らかになる．

(78) Belaval 1960, p. 41.

(79) Cassirer 1922, t. II, p. 77. カッシーラーは次のようなジクヴァルトの引用を付け加えている．「デカルトの直観は数学的直観である．他方スピノザの直観は，少なくとも『知性改善論』の段階では神秘的直観である．」Cf. Belaval 1960, p. 39.

(80) Belaval, Ibid., p. 43.

(81) ベラヴァルの表現による，Ibid., p. 43.

(82) Gilson 1913, Essence; cf. Belaval 1960, p. 43.

(83) Belaval 1960, p. 46.

第　二　部

第三章

(1) デカルトが実際どの程度まで懐疑論者たちの理論や歴史を知っていたのか，あるいは学校教育から受けた懐疑論のイメージがどのようなものだったか，これらのことは別に検討しなければならないが，ここではまずデカルトが懐疑論者の懐疑に affecter という語を用いていることに注意しよう．後にライプニッツがデカルトの方法的懐疑を非難するときに用いる言葉も，やはり affecter, affectation である(Animadversiones in partem generalem Principiorum Cartesianorum〔Animad. と略記〕GP. IV, 354-355). ライプニッツの解釈は心理主義的あるいはレトリックの角度からのもので，デカルト的直観主義の立場をとらないことによる．デカルトの懐疑は affectation ではありえない．デカルトの懐疑は，真正さを疑いえない或る「経験」を決していく企図なのだから．Animad. GP. IV, 354-355.

(2) デカルトは直接キリスト教モラルに疑問を呈するのを避けるために，異教徒たちの著作を問題としたのではないだろうか．

(3) Belaval 1960, pp. 59-60.

(4) 「コギト」はもちろん確実性の原理ではあるが，しかしその確実性はライプニッツによれば，アポステリオリな，自然学的な確実性であって，アプリオリな形而上学的な確実性の原理ではない．アプリオリな最も高次の確実性は，矛盾律と充足理由律にもとづく．「コギト」は，「私の現在の思考についての一切の知覚は真である」という，アポステリオリな論理的確実性の原理の一部をなすにすぎない(Couturat 1903, p. 515)．以上はBelaval 1960, pp. 51-52参照．なおこれについてはさらにSerres 1972参照．

(5) 谷川 1979, pp. 22-23.

(6) デカルトにとって確実なものとは，まず疑いえないものである．『規則論』で「確実で疑うことのできない」認識，という表現はしばしばみられ，『省察』でも「確実」と「疑いえない」は対をなしている(『省察』については，村上勝三 1982, 参照)．

(7) たとえば "... Pourquoi il est dit ici que cela répugne, ou a de la contradiction..."(IIIèmes Objections, A. T. IX-1, 148, 下線は筆者)．

(8) Vico 1710, 上村訳, pp. 48-49.

(9) Gueroult 1953, t. I. p. 54, n. 8. アルキエもまたデカルトのエゴが，「自らの記憶や，過去や，幼年時代と断絶し……歴史が拒絶されている」という(Alquié 1950, pp. 178-179)．なおこの問題については多くの議論がある(Rodis 1971, pp. 525-526)．

(10) Laporte 1945, p. 95 sq.

(11) Ibid., p. 97, n. 4; Gueroult 1953, t. I, p. 54, n. 8.

(12) Bulletin cartésien VII, in: *Archives de philosophie*, cahier 4, 1978.

(13) 「生得観念」idées innéesについてはデカルトの同時代人にも多くの言及がある(Rodis 1971, p. 457, n. 10)．

(14) ヴァチエ神父その他の人々の驚きと対応，デカルトのテクスト等々，すべての参照部分は次に示されている．Gilson 1924, pp. 320-323.

(15) Husserl 1929, p. 26; 仏訳(Vrin 1969) p. 21, 邦訳 p. 204.

(16) Gueroult 1953.

(17) Gueroult 1955.

(18) なおデカルトのコギトにおいては，existo(j'existe)とsum(je suis)が混同ないし相互浸透していると思われる(谷川 1979, p. 43)．

(19) たとえばE. Boutroux 1927は，これを示すデカルトのテクストを収録している．

(20) Gueroult 1953, t. I, p. 360.

(21) このようなゲルーの解釈にたいして，たとえばロディスは，欺きの想定が「神の誠実」の保証にいたるまで介入し，それゆえ，それ以前に言及される明証性の法則は，真理の標識としての暫定的性格しかないとする(Rodis 1971, p. 226 sq.)．なおフランスにおけるゲルーのこの書の位置づけについては，小林道夫 1982参照．

(22) Beyssade 1979.

(23) Ibid., p. 253.

(24) Gilson 1924, pp. 345-346. この問題については『気象学』『世界論』『第一答弁』『第二答弁』にわずかの記述しかなく, しかもきわめて控えめに触れられているだけである.

(25) Ibid., p. 346.

(26) 谷川 1979, p. 49; Brouwer 1975, t. I, p. 128; cf. 下村 1979, p. 108; cf. Max Black, *The Nature of Mathematics*, III, Intuitionism, Routledge & Kegan Paul, 1933, 1952.

(27) Belaval 1960, pp. 221-227. ベラヴァルはまず, デカルトが数学的直観主義によって直面した最大数の問題が, 今日ブラウワーやワイルがあつかった問題につながることを指摘し, さらに17世紀にデカルトが喚起した問題点や論議を整理している.「無際限」については, cf. 中村 1965, p. 43 sq.

(28) これについての詳細は, Belaval 1960, pp. 227-230.

(29) 下村 1979, p. 108; A. Heyting, Intuition in Mathematica, in: *La philosophie au milieu du vingtième siècle*, t. I, La Nuova Italia Editrice, Firenze, 1958.

(30) Brouwer 1975, t. I, p. 128: "Finally, this basal intuition of mathematics, in which the connected and the separate, the continuous and the discrete are united, gives rise immediately to the intuition of the linear continuum, i. e. of the "between" which is not exhaustible by the interposition of new units and which therefore can never be thought of as a mere collection of units."

(31) Gilson 1924, pp. 337-339.

(32) Guerout 1953, t. I, p. 194.

(33) E. Boutroux 1927. なおマリオンは, ハイデッガーの問題提起をうけて, デカルトの永遠真理創造説にその回答を探求しているが, この説に関する著作の一覧表がある(Marion 1981, pp. 270-271).

(34) Rodis 1971, pp. 134-135.

(35) 小林 1982, p. 72.

(36) Laporte 1945, pp. 165-168.

(37) Rodis 1971, pp. 127-128.

(38) Laporte 1945, p. 277.

(39) Koyré 1962, p. 61. なおラポルトも同じ引用をしている(Laporte 1945, p. 280).

(40) Renouvier 1869, I, 1-2.

(41) デカルト及び当時の哲学におけるフランス語にはラテン語の意味の残存が多くみられる.

第四章

(1) Laporte 1945, p. 227 sq.

(2) Locke 1690, IV, chap. III, 6: "...we have the ideas of matter and thinking, but possibly shall never be able to know whether any mere material being

thinks or no. . . . "

(3) AL. t. II, p. 606, n. 1.

(4) Voltaire, *Dictionnaire Philosophique*, "Gloire."

(5) 『省察』IVの最初の部分を参照.

(6) Laporte 1945, pp. 126-132.

(7) Gueroult 1953, t. I, p. 138 sq.

(8) Ibid., pp. 140-141.

(9) Malebranche, *Réponse à la troisième lettre d'Arnauld*, Œuvres, t. X.

(10) Koyré 1961, p. 119 sqq.

(11) Belaval 1960, pp. 221-231.

(12) 近藤洋逸 1959, p. 149 sq. ; 佐々木能章 1986, p. 173 sq.

(13) Gabbey 1997, pp. 379-404.

(14) Pascal, *Pensées*, Br. 77.

(15) デカルトがこの『世界論』の一節で引いているスコラ学者によるラテン語の定義は, アリストテレス『自然学』III にあり, そこでは運動は, 根本的に形相や目的実現の過程と考えられる. また運動変化には, 実体変化, 量的変化, 性質変化, 位置変化があり, 自然学者は運動についてこれらすべての面を考察しなければならない. デカルトは, このような伝統的な運動概念を斥け, 運動変化を数学的に記述しうる位置変化のみに帰着させる. Cf. 小林 1988, p. xxxiii ; 白水社『デカルト著作集』4, p. 219, 注(2).

(16) 谷川 1979, p. 81.

(17) 前掲注(15)参照.

(18) ライプニッツは相対空間の立場をとるが, デカルトは絶対空間の立場をとる.

(19) 力の抽象をおこなって物質の本質を拡がり(延長), さらには不可入性とする人々は, 物体を絶対的静止において捉えると, ライプニッツは指摘する(*De primae philosophiae Emendatione*, GP. IV, 470).

(20) Scott 1952, p. 161.

(21) Belaval 1960, pp. 23-83.

(22) Animad. GP. IV, p. 360.

(23) Cf. "la longue chaîne des raisons dont les géomètres ont coutume de se servir." (『方法序説』II); "un mouvement continu et ininterrompu de la pensée." (Reg. VII, XI)

(24) 前掲注(23)参照.

(25) Wahl 1920, pp. 18-19.

(26) Ibid., p. 18.

(27) *Pacidius Philalethi*, Couturat 1903, pp. 594-627.

(28) 谷川 1979, p. 97.

(29) 神の意志の不変性, 創造行為の一回性については E. Boutroux 1927 及び本書 3 章 II -3 参照.

(30) gravitas sit dimensio, secundum quam subjecta ponderantur (A. T. X,

447).

(31) 『スピノザ・ライプニッツ』中央公論社, 世界の名著 30, p. 401.

(32) マッハ『力学』伏見訳, 講談社, p. 269 sqq. Cf. D'Alembert, 1763.

(33) Brunschvicg, L., *L'expérience humaine et la causalité physique*, Paris, 1922.

(34) Spinoza, *Œuvres complètes*, Pléiade, p. 1355.

(35) 『哲学書簡』第 14 の手紙, éd. Pléiade, Paris, 1961, p. 57 ; 中川信訳「哲学書簡」『ヴォルテール・ディドロ・ダランベール』世界の名著 29, p. 144 参照.

(36) Condillac, *Dictionnaire des synonymes*, *Œuvres*, éd. Leroy, Paris, 1951, p. 375.

(37) Cabanis, *XIe rapport du physique et du morale*, *Œuvres*, éd. Lehec et Cazeneuve, Paris, 1956, tome I, pp. 600-601.

(38) Condillac, *Cours de philosophie*, Paris, M. DCCC. xxi, p. 93.

(39) Cf. Robert Blanché, *La science physique et la réalité*, Paris, 1946; *Les attitudes idéalistes*, Paris, 1948, etc.

(40) Daniel 1691, p. 5 verso.

(41) 『方法序説』における fable と histoire のつながりについては, 谷川 1982 b.

(42) これについての具体例は, Ibid.

(43) アダン=タヌリの注を参照(A. T. IX-2, p. 214).

第五章

(1) Cf. 谷川 1980.

(2) Leibniz, *La Monadologie*(『モナドロジー』), article 17.

(3) Bergson, *Matière et mémoire*, chap. I, Œuvre, P. U. F., 1959.

(4) 『方法序説』の次の箇所も参照.「以下のことを読む前に, 肺臓のある何か大きな動物の心臓」を切ってみるよう読者はすすめられる.「なぜならそれは全体において人間の心臓にかなりよく似ているから.」(A. T. VI, 47)

(5) Paul Mouy, *Onzième semaine du Centre de Synthèse*, P. U. F., 1945 (ギュスドルフによる引用 : Gusdorf 1960, p. 106).

(6) ポール=ロワイヤルでも, 動物を自動機械と「語らぬ隠士はひとりもなく」, 打たれて鳴く犬の声は,「時計の小さなぜんまいの音」にほかならぬと考えられた. 野田又夫 1971, pp. 77-78.

(7) 中村 1975, pp. 83-87.

(8) Chomsky 1969, p. 18.

(9) Cf. Lucretius, *De rerum natura*, II, 177, 230. なおエピクロスやデモクリトスとの関係も指摘される.

(10) 『省察』では, esprit に対応して spiritus を用いることがはっきりと避けられ, mens が用いられているが, その背景については Armogathe 1983, p. 330.

(11) Platon, *Respublica*(『国家』), IV, 435e-444e; Aristoteles, *De anima* 413a20-b31.

(12) Aristoteles, *De anima*, 414a12-13.

(13) Platon, *Timaeos*(『ティマイオス』), 42e-44a, 44d, 69c-71a, 73b.

(14) Ibid., 73bd.

(15) Aristoteles, *De partibus animalium*, 666a11-12, 17-18. Cf. Canguilhem 1955, p. 12.

(16) Aristoteles, *De part. anim.*, 656a.

(17) Rodis 1954, p. 328.

(18) アリストテレスも pneuma という語を，空気・気息・風の意味に使っているが，それに加えて天体の構成物質に似た熱い泡のような実体もその一種として導き入れている．これが心臓から発して，感覚や運動における心身結合の役を果たしているという(*De. gen. anim.*, 736a-737a).

(19) デカルトによれば âme (anima)の本性すべてはけっきょく「考える」ことになるので，mens もまた âme (anima)の同義語になる(AL. t. II, p. 797, n. 1).

(20) Yves Pélicier, *Histoire de la psychiatrie*, coll. Que sais-je? P. U. F.; 三好暁正訳『精神医学の歴史』白水社，p. 73. なお 17 世紀は前世紀に主流を占めていた静態的な解剖学に替わって，身体の機能と運動の学である生理学が優位になる時代であった(Ibid., 三好訳，pp. 70-71).

(21) ガレノスによるプネウマの三つの精気のうち，心的作用につながる動物精気 esprits animaux のみをデカルトは受け継ぎ，それによって脳と神経の働きを説明していく(Canguilhem 1955, pp. 18-19; Hall 1972, p. 80). デカルトの生理学をガレノスとの比較で明らかにした論文には，P. Mesnard 1937 があり，動物精気と生命精気 esprits vitaux の違いにふれている．1631 年にデカルトはまだ動物精気と生命精気の両方を用いており，七つの化学元素を七つの伝統的体液と対応させている(A. T. XI, 601). 当時は 16 世紀半ば以来リプシウスの *Physiologia stoicorum* が流布され，esprits すべてが esprits animaux に還元されようとしていた．デカルトはこれに matière subtile のような新しい構造をあたえたとされる(Rodis 1971, p. 498, n. 33).

(22) 日本では桂寿一氏が近世哲学史におけるこの問題を扱っている．桂 1966 など参照.

(23) Laporte 1945, p. 254.

(24) Ibid., p. 229.

(25) Gilson 1924, pp. 430-431; cf. Laporte 1945, p. 229. この水夫と船のメタファーは『方法序説』V でも用いられている．なお cf. Aristoteles, *De anima*, II, 1, 413a.

(26) ここで「哲学」というとき，それは知性が明晰かつ判明に認識する限りにおいて意志が判断を下すことを意味している．感覚の原因として外界の物体の存在を信じないわけにはいかない．この信じる傾向は「自然的」であり，「自然」によって教えられる.

(27) 重さについては，cf. Mattern 1978.

(28) しかし物質の精神化はモナド間の位相的関係を可能にすることになり，空

間がその性質を変えて観念的なものになることを要する．ライプニッツは1712年デ・ボスに宛てて次のように述べる．「モナドの間には……空間的あるいは絶対的ないかなる距離もない……モナドが一つの点に含まれているとか，空間のなかに散らばっているとかいうこと」はフィクションである……(GP. II, p. 436).

(29) すでに17世紀において「デカルト哲学の殉教者」とよばれたユトレヒト大学のレギウスは，しだいに唯物論的な見解を抱くようになりデカルトから離れた．レギウスとデカルトの具体的な関係，ユトレヒトでの状況については最近Theo Verbeekの次の研究がある．*Descartes et Regius, autour de l'explication de l'esprit humain*, Rodop, Amsterdam, 1993; *Une université pas encore corrompue...*, Universiteit Utrecht, 1993.

(30) Cf. Gilson 1924, pp. 320-323.

(31) Laporte 1945, p. 254.

(32) Cf.『第四答弁』(A. T. VII, 222), Lettre à Regius, janvier 1642(A. T. III, 493), *Discours*(A. T. VI, 59)etc.

(33) 痛みは現代においても心身の関係をさぐるうえで重要なテーマであろう．たとえばポパーは歯の痛みを，精神と身体のinter-actionの例として説明するし(Popper & Eccles 1977, p. 36), エンゲルハルトらも精神と神経組織の関係を考察するときの痛みの意味を指摘する(Spicker & Engelhardt 1976, p. 3).

(34) AL. t. III, p. 45, n. 1-2.

(35)『方法序説』VIも参照.

(36) この意味で，再晩年の心身結合問題にぶつかって初めて，デカルトが実生活の実践的立場への自覚的転換をはたしたとする，わが国の従来の解釈は再検討されるべきではないだろうか．なお本章の注(68)も参照.

(37) Merleau-Ponty 1969, pp. 134-135.

(38) Merleau-Ponty 1942, p. 30, 邦訳, p. 50.

(39) Ibid., pp. 284-285.

(40) Ibid., p. 310.

(41) Ibid., p. 210.

(42) Ibid., p. 211.

(43) Ibid., chap. 4.

(44) Ibid., p. 212; cf.『情念論』第一部.

(45) Merleau-Ponty 1945, p. 231.

(46) Ibid., p. 108.

(47) Ibid., p. 114.

(48) AL. t. II, p. 486, n. 2.

(49) Hall 1972, p. 86, n. 135参照．以下も同様．なお動物精気が血液から松果腺，脳室へと運動するというデカルトの考えかたは，アンブロワーズ・パレによって用いられたガレノスの見方を展開したものといえる(Hall, Ibid.).

(50) Lazarre Meysonnier(1602-1672). 医者でリヨンの外科教授．1642年国王侍医となった評判の高い医者．なお占星医学，手相術，人相学の研究家としても名高く，『哲学・医学の五陵堡(ペンタゴン)あるいは新記憶術』(1639)には，記憶医

学，ルルス思想，カバラの諸テーマが繰り返されている．『すてきな魔術あるいは心学』では，魔術医学にかわるものとして「理性を導く方法」と「もろもろの問題を解くための自然論理」をもちだしている(Rossi 1960, p. 151, p. 212).

(51) AL. t. II, p. 156, n. 1. conarium という語はギリシア語源で「小さな毬果」という意味であった(Descartes: lettres textes choisis, éd. M. Alexandre, P. U. F., 1954, p. 60, n. 1).

(52) このメルセンヌ宛の手紙をみると，メルセンヌがメソニエの手紙を仲介してデカルトに送っていることが察せられるので，実際にはメソニエ宛の答えとみられる．

(53) P. Roux, Contribution à l'étude historique de la glande pinéale, *Hyppocrate*, 1936 によれば，この腺は hypophyse ではなく，épiphyse であろうとされ，Francastor, *Opera omnia*, Venezia, 1555 や Du Laurens, *Historia anatomica humani corporis*, trad. 1613 が引用されている(Rodis 1971, pp. 499-500 参照). P. メナールは，Sylvius, *Introduction à l'anatomique partie de la Physiologie d'Hypocrate et Galien*, trad. Paris, 1555 の「コナリオンは松の実のかたちをしていて精気の配分をおこなう」という箇所を引用している(P. Mesnard 1937).

(54) 以下は Spicker & Engelhardt 1976, pp. 4-7 参照.

(55) Changeux 1983. シャンジューは，神経組織の構造を条件づける遺伝的決定論を明らかにしつつも，統合的プログラムであるようなサイバネティクスのモデルを斥ける．胎児の形成過程における細胞間の(ときにはニューロン間の)相互作用をモデル化し，個人の脳の生後の構築，つまりある種の「後成説」をみとめるのである．それによって，遺伝によるサイバネティクス・モデルの決定論を排除し，コルテックスの組織過程のなかにまで，文化の痕跡の余地をみとめることを可能とする．

(56) Gilbert Ryle, *The Concept of Mind*, Hutchinson, 1949；坂本他訳『心の概念』みすず書房(cf. Bloch 1985, pp. 117-121).

(57) デカルトの身体的記憶については，cf. 谷川 1990.

(58) AL. t. II, p. 166, n. 1.

(59) Spicker & Engelhardt 1976.

(60) Popper & Eccles 1977.

(61) Bouvresse, Le retour de Descartes, *Le Monde*, le 26 août 1978. 以下ブーヴレスのこの記事を参照した.

(62) ブーヴレスは，このようなポパー＋エックルズの見解に対しては意識とその統合性は結局，脳のある部分の，他の部分への特権的な働きによって説明されるだろう，とし，このような相互作用の存在を想定することが必要不可欠ではない，というような反論が唯物論の側から出るだろうとして，ヴィトゲンシュタインの一節を引いて問題の難しさを示している．なおアームストロングの次の書評も参照. D. M. Armstrong, Between matter and mind, *TLS*, Feburuary 17, 1978.

(63) このような心身問題に対応する脳の科学はまだ揺籃期にしかなく，脳の真相の究明がまだ遥かに遠いことは，日本の脳生理学者たちによっても述べられてい

る(たとえば伊藤正男「脳の科学の地平線」『現代思想』1982.3). なおこの問題に関しては, cf. 谷川 1982.

(64) デカルトはそれに触れてはいるが, 天使的知覚についてである(A Regius, janvier 1642, A.T. III, 493).

(65) homme de science, savant として.

(66) 『規則』XIV. なお学問の樹のたとえの歴史的流れについては, cf. Rossi 1960.

(67) Cf. Leibniz, *Monadologie*, article 17.

(68) ただしデカルトは初期の『規則』Iですでに「生活のいちいちの場面において理性が意志に何を選ぶべきかを示すようにする」ことを強調しており, このような実践的な理論目的は以来一貫して繰り返し示されている.

(69) ラ・メトリに関して, 基本的には*L'Homme-machine*(杉捷夫訳『人間機械論』岩波文庫)参照. デカルト動物機械論などとの関係では, cf. Ann Thomson, L'homme-machine, mythe ou métaphore? in: *Dix-huitième siècle*, 1988など.

(70) これらについては, cf. Riese 1965.

(71) in rebus corporeis omnis actio et passio in solo motu locali consistunt... (A.T. III, 454).

(72) ex parte motoris qualis est volitio in mente; passionem veroex parte moti, ut intellectus et visio in eadem mente (Ibid., 455).

(73) 野田又夫 1971, pp. 73-78.

(74) 谷川 1979, chap. III-3.

(75) このcommeには先ほどわれわれが指摘した, 純粋に精神的な実体にとって情念(受動)とは何かについての, デカルトの微妙な配慮が感じられる.

第六章

(1) シェンケリウスはルルスの弟子で, 彼の浩瀚な著作『記憶術』のヨハンネス・ペップによる注解が1617-19年にリヨンで出版されている(Rossi 1960, pp. 124,145,153-155,253). 当時の「記憶」についての著名な著作や論議については, cf. Rodis 1971, p. 464, n. 40.

(2) Rossi, Ibid.

(3) デカルトの知的記憶については, cf. 谷川 1990.

(4) 『規則論』における想像力の両義性(身体の部分/身体から区別された認識能力)については, 村上 1990, p. 66参照.

(5) impressionは普通は「印象」と訳されるが, デカルトでは, 物質的な意味しか持たない場合が多く, その場合「刻印」と訳される(白水社『デカルト著作集』4, 伊東・塩川訳, p. 293, 訳注70).

(6) 以上はLandormyの解釈による. Landormy 1902, p. 262 sq.

(7) AL. t. I, p. 139, n. 1; Gilson 1913, p. 267.

(8) Landormy 1902, p. 275.

(9) Ibid., p. 277 sq.

(10) Ibid., p. 278 sq.

(11) 「デカルト著作集」4，伊東・塩川訳 p. 294，訳注 82 参照.

(12) 以下は主として次を参照した. 塩川 1985，pp. 5-24; Busson 1933，p. 310 sq.

(13) *Mercure françois*，*1608*，1611; *Effroyable rencontre apparue proche le château de Lusignan*，Paris，1620(Busson 1933，pp. 311-312 参照). なお同誌 *Mercure françois*, 1619, n. 5 にはヴァニーニの焚刑最期の記事がのっている. 花田 1980，p. 42 参照.

(14) テクストには「対象によく似た絵が形づくられ」とある. 対象と，それに対応する脳内の刻印との類似を否定する，デカルトの他のテクスト(たとえば本章 I-1 での引用)とやや矛盾するので，検討しなければならない.

(15) Vanini，Giulio Cesare(本名 Lucilio，1585-1619). 当時のパリのサロンにおけるヴァニーニの位置とデカルトとの関係については，花田 1980 に史実に即した叙述がある. 母斑や小犬の像がルネサンス的な「想像力」の当時の典型的例であったことについては，塩川 1990，p. 72.

(16) この『エセー』第 I 部 21 章には，夜中に角が生えることや，男から女，女から男への変身が珍しいものではないことが語られ，想像力が肉体的物理的に力を及ぼす例が多様にあげられている. しかしモンテーニュはまた，奇跡や幻覚や魔法を「俗衆の比較的やわらかな魂に働きかける想像力」に由来するという微妙な言い方もしているし，また imagination*s* を「精神の捉えるもの」と解しているのが他の章にみられる(cf. Starobinski 1988，pp. 565-566).

(17) Vanini 1842，p. 233. 母斑については Namer 1980，p. 245 などに言及がある.

(18) Vanini 1842，p. 281.

(19) ポンポナッツィおよび 15-16 世紀の哲学者や医者たちにおける精気(spiritus)と想像力とのつながりについては次を参照. Eugenio Garin 1988. ただしヴァニーニは，当時パドヴァのクレモニーニなどとは対照的に，ガリレオの新しい天文学・機械論に接していた(Namer 1980，pp. 34-36，p. 257).

(20) 以上は Busson に拠る(*op. cit.*，pp. 331-333). なおパスカルの「想像力」の独自性については，cf. 塩川 1991.

(21) Starobinsky 1988，p. 573 sq. なおロバート・バートンはその *The Anatomy of Melancholy*(1621)が著名. Cf. Ilza Veith，*Hysteria: The History of Disease*，Univ. Chicago Press，1965，p. 124 sq. バートンのこの著の影響はのちの *Theophrastus redivivus* などにもみられる(*Theophrastus redivivus*，La Nuova Italia Editrice，Firenze，1981-1982 の注を参照). *Theophrastus redivivus* へのヴァニーニの影響はさらに大きく根本的である(Tullio Gregory，Omnis philosophia mortalitatis adstipulatur opinioni: quelques considérations sur le Theophrastus redivivus，in: *Le matérialisme du XVIII*e *siècle et la littérature clindestine*，Vrin，1982).

(22) Thomas Feyens，*De viribus imaginationis*，Louvain，1608. 子供の母斑に示されるような想像力の問題は当時きわめてポピュラーで，夫の不在期間の妊娠に関する裁判にまで援用された(cf. Busson 1933，p. 339). なお Feyens には *De*

formatrice fœtus liber secundus..., 1620 などの著作がある.

(23) Riese 1965, p. 6 sq.「内受容性・自己受容性の感覚」とは現代, 神経の末端や臓器などの壁に受容器らしきものがあるとされ, 感情や情緒と密接な関係をもつとみなされる. 特に自らの身体感覚にかかわるのが自己受容性感覚.

(24) フロイトはそれを「苦痛」の体験のなかに求め, この「苦痛」の様式として根源的「分離」の体験が想起される. ランケの出産外傷説に興味をもったのもそれゆえであったろうし,『草稿』の時期のフロイトは, この「分離」が「通道」Bahnung として神経系に登録されると考えた. 初期のフロイトがシャルコーのヒステリー講義から大きな影響をうけ,「事後性」Nachträglichkeit にもつながる問題である(cf. 谷川 1990, p. 128).

(25) Riese 1965, p. 8.

(26) Rodis 1950, pp. 44-45.

(27)「デカルト著作集」3, 花田訳, 白水社, 注 283 頁 ; Rodis 編注, *Les Passions de l'âme*, Vrin, 1950, p. 162.

(28) テクストはこのあと「太鼓に張られた羊の皮は別の太鼓で狼の皮が鳴り響いているときは, 叩かれても沈黙するのと同じ理由からである」という奇妙な一節が続くが, これについてはアンブロワーズ・パレとのつながりが指摘され(A. T. X, 90), また, 羊の狼にたいする過去の恐怖から説明されうるとの見方もある(石井 1992, p. 214 sq.).

(29) Bertland 1983, pp. 51-54.

(30) Gille Deuleuze, *Spinoza, philosophie pratique*, Minuit 1981, p. 28; Bertland 1983, p. 38.

(31) 谷川 1989. スピノザの引用は『エティカ』第3部定理2註解(cf. Bertland 1983, p. 37 sq.).

(32) 以下は Starobinsky 1988, p. 573 sq. 参照. 精神分析, 力動精神医学の進展のなかでの想像力については, H. F. Ellenberger 1970, 木村・中井監訳 117, 137, 369 頁(メスマーについては p. 76)参照. Chertok & Saussure 1973 にもメスマーと想像力についての説明があり(長井真理訳, 16-17 頁), 19 世紀後半には「想像力」という語が「暗示」の概念にとって代わられることが指摘されている(pp. 56, 67).

(33) フロイトにおいては Einbildungskraft が Einbildungen に席を譲ることになる(Starobinsky の指摘, 1988, p. 576). 人間に備わる心的な力で医学的生理学的意味をもつ「想像力」が, 19 世紀以降テクストのなかで消失するというのはスタロビンスキーの指摘であるが(art. cit.),「想像力」は 19 世紀の実証主義・科学主義のなかで, 神経系の問題と表象の問題とに分かれていくようである. かつて「想像力」として捉えられた事柄は, 科学的生物学的文脈から外れた場合,「表象」(représentation, Vorstellung)あるいは「観念」として説明されることが多くなり, フロイト, ジャネ, シャルコーらは, 神経組織の問題と,「表象」「観念」の問題の二つの系を調和させようとしたともいえる(cf. Francis Schiller, *A Möbius Strip, Fin-de-Siècle, Neuropsychiatry and Paul Möbius*, Univ. California Press, 1982, p. 28 sq.).

(34) 以上はStarobinskyによるが(art. cit., pp. 578-579), ただしラカンの「想像的なもの」は, 生態学的・動物行動学的な攻撃性, 人間の鏡像段階などの問題を含んでおり検討を要する(Laplanche, Pontalis, *Vocabulaire de la psychanalyse*, P. U. F., pp. 195-196 など参照).

(35) 「一種の連続的な想像の運動 imaginationis motus」(A. T. X, 388)をマリオンは "un certain mouvement de la pensée" と仏訳している(Marion 1977, p. 22). J. ブランシュヴィックは imagination と訳しているが, この箇所が少し前に書かれた cogitationis motus と同じ事柄を示していると注記している(AL. t. I, p. 109, n. 1). ただし『規則論』が刊行を意図して書かれたのではなかったことも考慮すべきであろう.

(36) たとえばスペインの医者 Juan Huarte の *Examen de Ingenios para las Sciencias*(1575)は仏訳も 1580 年以降多くの版を重ね, イタリア語訳, ラテン語訳, 英訳なども版を重ねている. インゲニウムはまず知性・記憶・想像力の三つに分けられ, 諸学問との関連で考察され, 国家に役立つよう訓練・発展されるべき意図もある. デカルトとの関係についてはRodis 1971, pp. 463, 480. 当時のフランスへの影響についてはPérouse 1972 参照. 現代ではチョムスキーも『デカルト派言語学』でウアルテのこの書をとりあげている(Chomsky 1966, pp. 78-80).

(37) Belaval 1960, pp. 29-31.

(38) Marion 1975, p. 15.

(39) 以下についてはJean H. Roy 1945, p. 15 sq. 参照.

(40) 谷川「デカルトと想像力(imagination)」*Flambeau* 10, p. 17.

(41) 脳内の位置については先にみたように「松果腺」がこの二つを兼ねることになる.

(42) 認識におけるこのような想像力の役割の排除と, デカルトにおける考える主体 sujet の確立の対応については, 谷川 1988 を参照.

(43) パスカルを想わせるこの表現は J. H. Roy による(1945, p. 14). ただし数学と想像力・知性に関しては注意を要する. Cf. P. Boutroux 1900.

(44) AL. t. III, p. 45, n. 1-2.

(45) 谷川 1982b, p. 21.

(46) Galison 1984.

(47) Paul Mouy, *Onzième semaine du centre de Synthèse*, P. U. F., 1945 (Gusdorf 1960, p. 106).

第七章

(1) 機械の判断が人間よりも正確であるのは, やはり時計を例に『方法序説』第 5 部でも指摘されている.

(2) 前述ニューカッスル宛の手紙にも,「身体のなかにある……精神」という表現がある(A. T. IV, 573).

(3) Chomsky 1966.

(4) Percival 1972.

(5) Joly 1977.

(6) たとえばJules Scaliger, *De causis Linguae Latinae*, 1540; Sanctius, *Minerva*, 1587などの影響. また17世紀のフランスでの普遍文法への影響をチョムスキーがまったく示していないという批判も, 当時の思想状況を考えるうえでは納得できる(Percival 1972).

(7) Joly 1977; Robinet 1978, p. 103.

(8) Chomsky 1966, p. 9.

(9) フアン・ウアルテについては第6章注(36)及び6章III-1及び1章I-2参照. Cf. Bunge 1984, 氏家訳 p. 109.

(10) 「言語」と「理性」のもつ, 感性的・身体的基盤とのかかわりについては, 中村1975, p. 89.

(11) このような「学者たち」をデカルトはさらに次のように激しく非難している.「学者たちは……自然的理性を消耗しつくすほど細かい区別を用い, しかも, 田舎者たちが熟知しているもののうちにさえ闇を見いだすのだ」(『規則』XIV, A. T. X, 442).

(12) ロビネもデカルトの言葉への不信, 直観への信頼を強調している(Robinet 1978, pp. 80-81).

(13) Ibid., p. 80.

(14) Foucault 1966, pp. 65-68.

(15) Ibid., p. 70.

(16) Rodis 1971, p. 151 ; 谷川 1992.

(17) Foucault 1966, pp. 65-66. なおフーコーはこのデカルトのテクストとともに, ベイコンのイドラ論の一節(N. O. I, 45)を「類似」への批判として引いている.

(18) 塩川徹也「"レトリックなき哲学者"の美文――デカルト20歳の未公刊論文の発見」『図書』1987年5月号.

(19) 1972年のPeter France, *Rhetoric in France from Descartes to Diderot* (Oxford, Clerandon)では, デカルトにおいては数学的演繹を中心とした真理の探求はレトリックを必要としないという基本的見方をもったうえで, レトリックにかかわる具体的諸問題を扱っている. しかし近年, Marc Fumaroliは『方法序説』においてデカルトの独自の哲学がレトリックと緊密に結びついている有り様を示し(Ego scriptor: philosophie et rhétorique dans le *Discours de la méthode*, in: *Problématique et réception du* Discours de la méthode *et des* Essais, Vrin, 1988), Thomas M. Carr, Jr. はさらに広くこの問題を論じている(*Descartes and the Resilience of Rhetoric――varieties of cartesian rhetoric theory*, Southern Illinois Univ. Press, 1990).

(20) こうした言語観は, フンボルトの「世界観」~「言語形式」のような考えかたと対極をなす.

(21) AL. t. II, p. 166, n. 2.

(22) 20世紀の現代, 哲学と医学の学際領域で仕事をしているH. T. Engelhardtらは, デカルトのこの「脳に依存しない記憶」をとりあげて, その意味を現代の脳生理学との関連で考察しようとしている(Spicker & Engelhardt

1976, pp. 5-6).

(23) Cf. Vaugelas, *Remarques sur la langue française*, 1547; Yvon Belaval, Vaugelas, in: *Tableau de la littérature française*, Gallimard, 1962; 谷川 Le langage chez Descartes, in: *Flambeau* 4.

(24) Bunge 1984, 邦訳, pp. 111-112.

(25) Ibid., p. 109. なおブンゲはこのようなウアルテの説について, 現代の神経科学と生理心理学とが, 彼がガレノスから取り入れた脳髄の配列についての原初的観念を受け入れずにではあるが, 彼を支持する傾向にある, という.

(26) ベイコンは「市場のイドラ」について次のように言っている.「人々は語ることによって互いに結ばれるが, しかしその語る言語は, 一般人の理解に応じて定められる. したがって言語がまちがって不適当に定められると, 知性はじつに驚くべきほどに妨害される……」(N. O. I, 43).「人々は自分の理性が言語を支配すると信じているが, しかし言語が知性に反作用して知性を動かすこともおこる……このことこそ, 哲学と諸学を詭弁に走らせ, 無為無能にした.」(Ibid., I, 59)

(27) 池部義教「デカルトの言語観」(『フランスの哲学』I, 1975, 東京大学出版会)参照.

(28) Pons 1979.

(29) Ibid. ただしベイコン自身は, ヒエログリフの具体的探求に向かうなど, 問題の方向は異なることにもなる. Cf. Marc Fumaroli, Hiéroglyphes et Lettres: la "Sagesse mystérieuse des Anciens" au XVIIe siècle, in: *XVIIe siècle*, n° 158, 1988 など.

(30) ゴドウィン『月世界の人』1638; シラノ・ド・ベルジュラック『月世界旅行記』1649,『太陽世界旅行記』1652.

(31) フォワニィ『ジャック・サドゥールの南方大陸発見冒険旅行記』1676, ダルガーノ『記号術』1661, ウィルキンス『絶対記号に向けての試論』1668, コメニウス『光の道』1668. なおコメニウスとデカルトについては, cf. Belaval 1984.

(32) Cassirer 1923, Bd. I, S. 90.

(33) Cf. Geneviève Rodis-Lewis, Un théoricien du langage au XVIIe siècle, Bernard Lamy, in: *Le François Moderne*, 1968, pp. 21-22; Georges Mounin, *Histoire de la linguistique*, P. U. F., 1974, pp. 135-136.

(34) Belaval 1960, pp. 181-182; Rodis 1971, p. 493, n. 15.

(35) David 1965; Pons 1979.

(36) ティソ・ド・パト『ジャック・マセの冒険旅行』1710.

(37) Yaguello 1984, chap. IV.

(38) Christin 1993.

(39) メルセンヌが伝えたこの文書は消失しているが, 同様なテーマを扱ったものとして次のものが挙げられる. J. Douet, *Proposition présentée au Roi d'une écriture universelle*, 1627 (David 1965, p. 36). 普遍言語についてメルセンヌ神父自身は『普遍調和』(*Harmonie universelle*, 1636)で次のように述べている.「自然的」原理に立つ, つまり慣用システムの媒介なしに, ダイレクトな意味表出のできる言語を探求することになるが, しかしまたどんな言語も恣意性に立脚し, この構

想がユートピア的であることを認めている．なお，唯一できるとすれば，それは音を感覚あるいは観念に結びつけるオノマトペによるものだろうとしている(cf. Yaguello 1984, p. 62, n. 14).

(40) これについて次の論文がある．奥村敏「デカルトと言語」『哲学』26号, p. 122 sq.

(41) Robinet 1978, p. 83.

(42) AL. t. I, p. 232, n. 1.

(43) Cassirer 1923, Bd. I, S. 68；生松・木田訳, 岩波文庫, pp. 118-119.

(44) Couturat 1903, p. 28; Couturat 1901, pp. 57-58.

(45) Belaval 1960, pp. 187-188.

(46) 以下は次を参照．Christin 1992.

(47) こうした視点の多様性と多数性をライプニッツは，一つの都市を見るときの視点の相異による多様なセノグラフィアを例にして説明する(A. VI-6, III, ii, 1).

(48) Christin 1993.

(49) 小林 1991, p. 288.

(50) Christin 1993.

(51) 以下は主として次を参照．Belaval 1960, pp. 184-185.

(52) Ibid., p. 185. クチュラは次の書でライプニッツの記号論の展開をあとづけている．Couturat 1901.

(53) *Dissertatio de arte combinatoria*, 1666(A. VI-1, pp. 165-230)；『ライプニッツ著作集』1.

(54) たとえば "L'amour de Dieu" や "Jean aime Marie plus que Pierre" という文はそれぞれ,「神への愛」「神の愛」,「ジャンはピエールよりもマリーの方が好きだ」「ジャンの方がピエールよりもマリーを好いている」と二通りの解釈が可能．ライプニッツの改良ラテン語ではそれぞれ別の文を用いて解釈の二重性を排除しようとしている．逆に「私はこの家を所有している」と「この家は私に所有されている」という二つの文は，一つの文に簡略化されるべきだと考えられている．

(55) 下村 1979, pp. 81-86. このようなデカルトの直観主義とライプニッツの(概念の)形式主義の厳密な対比は次を参照．Belaval 1960, chap. I.

(56) Cf. Dascal 1978, p. 174 sq.

(57) Belaval 1977, pp. 48-49; cf. 米山優，訳及び解説『ライプニッツ著作集』8, pp. 23-24.

(58) Belaval 1977.

(59)『ライプニッツ著作集』4, pp. 110-111, 訳注(岡部英男).

(60) 小林 1991, pp. 303-304.

(61) Couturat 1903, p. 561.

(62) Belaval 1977, p. 48.

(63) 小林 1991, pp. 308-9.

付論一

（1） Laporte 1945, p. 13.

（2） このようなコンピューターによる語彙調査の成果を紹介した論文には以下のものがある．Robinet 1970は，アメリカ・ミシガンのJohn M. Morrisの仕事を紹介してデカルト研究にかかわる具体的諸点を指摘している．また，ベルリンのGottfried Martinのカント語彙調査をもちいてのカントの作品へのデカルトの影響，リエジュのLouis Daletteを中心にLaboratoire d'analyse statistique des Langues anciennesで行われているセネカ諸著作の語彙調査をもちいてのセネカとデカルトの語彙比較などの研究可能性も示唆している．このRobinet論文の紹介は，Bulletin cartésien, in: *Archives de philosophie*, avril-juin 1972, pp. 315-316. Armogathe 1970は，特に『方法序説』についてのこの種の研究の現況を紹介している．Costabel & Marion 1978は，『幾何学』における数学用語，『規則論』におけるfigureを分析している．

（3） Cahné 1980, p. 38.

（4） 鳥居正文「ラテン語ratioからフランス語raisonへ」*Flambeau* 5, 1977.

（5） たとえば『哲学事典』(平凡社)をみると，中性スコラ哲学ではratioが論証的認識の意味に，intellectusがnous(ヌース)の意味に用いられ，両者は混同され同義に用いられることもあり，この区別と混同が近世にも受け継がれたことが記されている．

（6） 続けて「この点で[スコラ]哲学者たちの意見に従いたい」ともデカルトはいっているが，スコラ哲学によっても，人間とは「理性を備えた動物」animal raisonnableであって，理性によって人間の「種」espèceが定義され，「理性」の多い少ないは「個体」individuの「偶有性」accidentにすぎない．AL. t. I, p. 569, n. 1.

（7） Chomsky 1966.

（8） Laporte 1945, pp. 116-121.

（9） ブランシュヴィックによる仏訳はgrâce à une sorte de lumière innée(t. I, p. 145).

（10） Rodis 1971, p. 457, n. 10.

（11） 『ディオニシウス偽書』Summa Philosophiae III, 2.

（12） Heinrich Bechtoldt, Der französiche Wortschatz im Sinnbezirk des Verstandes. Die geistliche und lehrhafte Literatur von ihren Anfängen bis zum Ende des 12. Jahrhunderts, in: *Romanische Forschungen*, 1935, p. 137 sq.

（13） Cf. Lalande 1972, Gilson 1913. なお「知性」entendementをライプニッツやマルブランシュは次のように捉える．「私のいう意味での知性entendementはラテン民族においてintellectusと呼ばれているものに対応する．そしてこの能力の行使は知的理解intellectionと呼ばれ，熟慮反省の能力と結びついた判明な表象……」(Leibniz, A. VI-6, II, xxi, 5)．「純粋知性entendement purというこの語によって，表象するのに脳のなかに物体的イメージを形成することなしに外部の対象を認識する，精神のもつ能力のみを指し示す……」(Malebranche 1962, III, I).

（14） Belaval 1960, chap. III.

(15) それゆえデカルトにとって観念の対象的実在 realité objective は，事物の形相的実在 realité formelle よりも下位にある(AL. t. II, p. 440, n. 2).

(16) Belaval, Ibid. ただし『規則論』の時期には，「知性」にはまだ能動的な力がみられた(A. T. X, 415-416. Cf. Rodis 1971, p. 106).

(17) 『新約聖書』ヨハネ伝 I-9.

(18) ダンテ『神曲』野上素一訳，筑摩書房，世界文学全集，p. 332.

(19) アウグスチヌス『告白』服部英次郎訳，岩波文庫，p. 24. アウグスチヌスはまた次のようにも言う――Ratio insita sive inseminata lumen animæ dicitur, *De baptismo*(Lalande 1972).

(20) 朝倉剛「Fenelon と〈doute méthodique〉」*Flambeau* 4, 1976. アウグスチヌスとフランス古典時代の思想については，cf. Nigel Albercrombie, *Saint Augustin and French classical thought*, 1936, reed. 1972, Russel & Russel, New York.「光」と「真理」については p. 30 sq. なお全般的には次を参照. Bernard Toccane, *L'idée de nature en France dans la seconde moitié du XVIIe siècle*, Klinksieck 1978.

(21) Malebranche 1962, III, II, X^e éclaircissement.

(22) 心身結合に関するもの，感覚や欲望に関するものは，「自然が私に教える」la nature m'enseigne という表現で示されていた(A. T. IX-1, 30). この「自然」は「傾向」inclination であって，「光」lumière ではない(AL. II, 435, n. 2).

付論二

(1) Laporte 1945, p. 192 sq.

(2) ラテン語は ut eius immediate conscii simus, 仏訳は que nous en sommes immédiatement connaissants(下線は筆者，以下同様).

(3) ラテン語：illa omnia quae nobis consciis in nobis fiunt, quaetenus eorum in nobis conscientia est. 仏訳：tout ce qui se fait en nous de telle sorte que nous l'apercevons immédiatement par nous-même.

(4) ラテン語 conscius sum, 仏訳 nous avons connaissance. 以上三つのテクストでは，ラテン語 conscientia に対応する仏訳で，conscience は一切もちいられず，connaître, connaissant が用いられている. デカルトの他のテクストの仏訳も多く同様で，17 世紀の仏訳者は conscientia をやや遠回しなフランス語で訳している. デカルト以前，conscience というフランス語は「意識」という心理的な意味ではあまり使われていなかったが，デカルト自らが『省察』IV や『ジビューフ宛書簡』などで明確な意味を与えたことになるようだ(cf. Rodis 1950, p. 29).

(5) Laporte 1945, pp. 192-195. ただしラポルトのこの見解に対してベラヴァルは，ライプニッツの被造物における観念に内在する限界と，観念の「表出」にふれて，むしろデカルトとの差異を指摘する(Belaval 1960, pp. 146-149).

(6) Laporte 1945, pp. 193-194; Rodis 1950, pp. 61-62.

(7) 同様のテクストは『省察』IV にもある(A. T. IX-1, 61).

(8) Rodis 1950, p. 71. innata という語が "née et produite avec moi" と訳されている箇所が『省察』に数多くみられる(ibid., p. 71, n. 10).

(9) Laporte 1945, p. 194 sq. 参照.

(10) Ibid., p. 195, n. 4. それはエリザベトにこう質問させた問題である.「……そのためには，私たちに知られていない精神の特性があると思います. それらは，かくも確実な論拠で精神の非延長性について私を納得させたあなたの『形而上学的省察』をひっくり返すことになるかもしれません」(デカルト宛，1643. 7. 1). この手紙に対するデカルトの返事は残念なことに失われている.

(11) Laporte 1945, p. 194.

(12) A Meysonnier 1640. 1. 29; A Mersenne 1640. 4. 1; cf. Rodis 1950b, pp. 158-161.

(13) Rodis 1950, p. 96.

(14) Gilson 1924, p. 208. Cf. Rodis 1950, p. 98. デカルトがスコラ的 habitus をどのように否定していったかについては，cf. Marion 1975, p. 27 sq.

(15)「驚嘆」は，ストア派の情念分類と比べてデカルトの独創であった(塩川，1985b, p. 37).

(16) Laporte 1945, p. 194, n. 4.

デカルトの住い（アムステルダム）